필기와 실기를
한권으로 끝내는

동력수상 레저기구
조종면허 1·2급
[필기+실기]

수상레저연구회 편저

도서출판 책과 상상
www.SangSangbooks.co.kr

동력수상레저기구 조종면허 필기시험

일반조종면허

제1급, 제2급 문제은행

700 문제

# 동력수상레저기구 조종면허시험안내

동력수상레저기구 조종면허시험이란?
수상에서 최대 출력이 5마력 이상의 동력수상기구를 조종하고자 할 때 필요한 국가자격면허증입니다

일반조종면허
- 제1급 조종면허 : 수상레저의 종사자, 일반조종면허, 시험대행기관의 시험관, 비영리단체의 교육 훈련강사가 취득하여야 하는 면허
- 제2급 조종면허 : 세일링요트를 제외한 모터보트, 수상오토바이, 고무보트, 스쿠터, 호버크래프트 등의 레저활동을 즐기기 위해 동력수상레저기구를 조종하려는 사람이 취득하여야 하는 면허

수상레저기구 종류
- 모터보트, 세일링요트, 수상오토바이, 고무보트, 스쿠터, 호버크래프트, 수상스키, 패러세일, 조정, 카약, 카누, 워터슬레드, 수상자전거, 서프보드, 노보트

시험방법 및 시간

시행구분	과목명	문항수	배점	시험방법	문제지 추첨	비고
필기시험	수상레저안전	10	20%	객관식 4지선다형	응시생 중 2명이 2개 유형 문제지 추첨	50분
	운항 및 운용	10	20%			
	기관	5	10%			
	법규	25	50%			
실기시험	코스시험(조종능력 평가)					

※ 자격시험에 대한 정보는 시행처 사정에 따라 변동될 수 있음

응시자격

만 14세 이상인 자

※ 다만, 14세 미만이라도 「국민체육진흥법」 제2조 제11호의 규정에 의한 경기단체에 동력수상레저기구의 선수로 등록된 자는 응시 가능합니다.

응시제한

다음에 해당하는 사람은 「수상레저안전법」 제5조(조종면허의 결격사유)에 의거 조종면허를 받을 자격이 없습니다.

- 14세미만인 자. 다만, 제7조제1항제1호에 해당하는 자([국민체육진흥법] 제2조제10호의 규정에 따른 경기단체에 동력수상레저기구의 선수로 등록된 자)는 그러하지 아니한다.
- 정신질환자·정신미약자 또는 알콜중독자
- 마약.대마 또는 향정신성의약품 중독자
- 제13조제1항의 규정에 의하여 조종면허가 취소된 날부터 1년이 경과되지 아니한 자
- 제20조 본문의 규정에 위반하여 조종면허를 받지 아니하고 동력수상레저기구를 조종한 자로서 그 위반한 날부터 1년(사람을 사상한 후 구호조치 등 필요한 조치를 하지 아니하고 도주한 자는 그 위반한 날부터 4년)이 경과되지 아니한 자
- 조종면허시험 중 부정행위로 적발된 경우 2년간 응시불가

필기시험 과목

과목명	세부과목	
수상레저안전	• 수상환경(조석, 해류) • 구급법(생존술, 응급처치, 심폐소생술) • 안전장비 및 인명구조	• 기상한 기초(일기도, 각종 주의보·경보) • 각종 사고시 대처방법
운항 및 운용	• 운항계기 • 신호	• 수상레저기구 조종술
기관	• 내연기관 및 추진장치 • 연료유, 윤활유	• 일상정비
법규	• 수상레저안전법 • 해상교통안전법	• 선박의 입항 및 출항 등에 관한 법률 • 해양환경관리법

합격기준

구분	일반조종면허	점수
필기시험	일반 1급	70점 이상
	일반 2급	60점 이상
실기시험	일반 1급	80점 이상
	일반 2급	60점 이상

시험일정

- 매년 2월 중순경에 발표되며, 1~2월을 제외하고 지역별로 매달 시험이 있습니다
- 자세한 조종면허시험 일정은 해양경찰청 수상레저종합정보(https://imsm.kcg.go.kr)에서 확인하실 수 있습니다

응시접수

PC 시험 (필기)
- 방법 : 시험기간 중 평일 방문 접수
- 시간 : 평일 09:00 ~ 17:00
  (점심시간 접수 및 응시 불가 : 12:00 ~ 13:00)
- 준비물 : 증명사진 1매, 신분증, 응시료 4,800원(현금, 신용카드)
  ※ 당일(현장)접수 및 응시, 1일 2회 시험응시 가능

인터넷 응시접수 (필기, 실기)
- 시험 공고일 2개월 전부터 시험 공고일 2일 전까지 접수가능
- 결제방법 : 신용카드 및 실시간 계좌이체
- 컴퓨터(PC)에서만 결재 가능, 스마트폰 결제 불가
- 환불안내 : 시험일 기준 1일전까지 취소(100% 환불) 가능 / 이후 환불 불가
※ 필기·실기 시험은 1일 1회 응시 가능

우편접수 (필기)
- 응시원서, 본인 신분증 사본1부, 수수료 4,800원(정부수입인지)
- 회송용 봉투(등기우표 첨부)
- 연락처 및 응시희망 일시 및 장소를 기재
- 우체국에서 중형(제4호) 행정봉투 구입하여 등기우편으로 해당 시험장 관할 해양경찰서로 발송

응시원서접수

- 동력수상레저기구 조종면허시험에 최초로 응시하고자 할 때 작성하는 경우입니다.
- 전국의 해양경찰서, 면허시험장에 방문, 또는 인터넷, 우편접수가 가능하며, 응시일정 중 희망일자 및 장소를 선택할 수 있으나 선착순으로 접수되며 공고된 시험일 기준 2개월 전부터 2일 전까지 가능합니다.
- 접수 후 일시변경은 당해연도 공고된 시험일 기준 2개월 전부터 2일 전까지 가능합니다.
  (횟수 1회 제한)
- 접수 후 종별변경은 신규접수 후 최초시험일 기준 2일 전까지 가능합니다.
  (횟수 1회 제한, 일반에서 요트 또는 요트에서 일반 종별 변경 불가)
- 장소변경은 원칙적으로 불가능 하나 관할 해양경찰서가 같은 경우 (인천해양경찰서 : 서울↔경기, 태안해양경찰서 : 충남↔충북, 포항해양경찰서 : 경북↔경북제2)에는 당해연도 공고된 시험일 기준 2개월 전부터 2일전까지 변경 가능합니다.

구분	내용
구비서류	• 응시원서(해양경찰청 소정양식) 1통 • 사진 1매(3.5cm×4.5cm) • 시험면제사유에 해당하는 사람은 해당 증빙서류(해양경찰서 방문접수만 가능) • 주민등록증 또는 국가발행 신분증(여권, 자동차 운전면허증 등) – 사진 첨부된 것(미 발급자 학생증)
수수료	4,800원
대리접수	응시자 신분증, 대리인 신분증 지참 접수가능
우편접수	응시원서, 본인 신분증 사본1부, 수수료 4,800원, 회송용 봉투(등기우표 첨부), 연락처 및 응시희망 일시 및 장소를 기재한 후 우체국에서 중형(제4호) 행정봉투 구입하여 등기우편으로 해당 시험장 관할 해양경찰서로 발송
기타	최초 응시일로부터 1년 이내 필기시험에 합격하여야 하며, 1년 이내 필기시험에 합격하지 못할 경우 신규접수 해야 합니다. 원서접수 시 핸드폰 번호 및 이메일 주소를 기입하시면, 면허발급현황을 문자메시지 및 이메일을 통해 받으실 수 있습니다.

실기시험접수

- 필기시험에 합격한 자 또는 필기시험을 면제 받은 자가 실기시험에 응시하거나, 실기시험에 불합격하여 실기시험에 재 응시 하기위해 접수하는 경우입니다.
- 필기시험에 합격한 날로부터 1년간 재 접수가 가능합니다.
- 필기시험 합격 후 시험장에서 바로 접수할 수 있으며, 그렇지 않은 경우에는 인터넷 또는 우편으로 접수가 가능하며, 응시일정 중 희망일자 및 장소를 선택할 수 있으나 선착순으로 접수됩니다.
- 접수 후 일시변경은 당해연도 공고된 시험일 기준 2개월 전부터 2일전까지 가능하나, 장소변경은 불가합니다.
- 장소변경은 원칙적으로 불가능 하나 관할 해양경찰서가 같은 경우 (인천해양경찰서 : 서울 ↔ 경기, 태안해양경찰서 : 충남 ↔ 충북, 포항해양경찰서 : 경북 ↔ 경북제2)에는 당해연도 공고된 시험일 기준 2개월 전부터 2일전까지 변경 가능합니다.

구분	내용	비고
구비서류	• 응시표 • 시험면제사유에 해당하는 자는 해당 증빙서류(해양경찰서 방문접수만 가능) • 주민등록증 또는 국가발행 신분증(여권, 자동차 운전면허증 등) 　- 사진 첨부 된 것(미 발급자 학생증)	수수료는 시험일 기준 2일 전 까지만 반환됨
수수료	64,800원	
대리접수	응시표, 응시자 신분증, 대리인 신분증지참 접수가능	

자세한 조종면허시험 일정은 해양경찰청 수상레저종합정보(https://boat.kcg.go.kr/home/)에서 확인하실 수 있습니다

동력수상레저기구 조종면허 취득 절차 요약

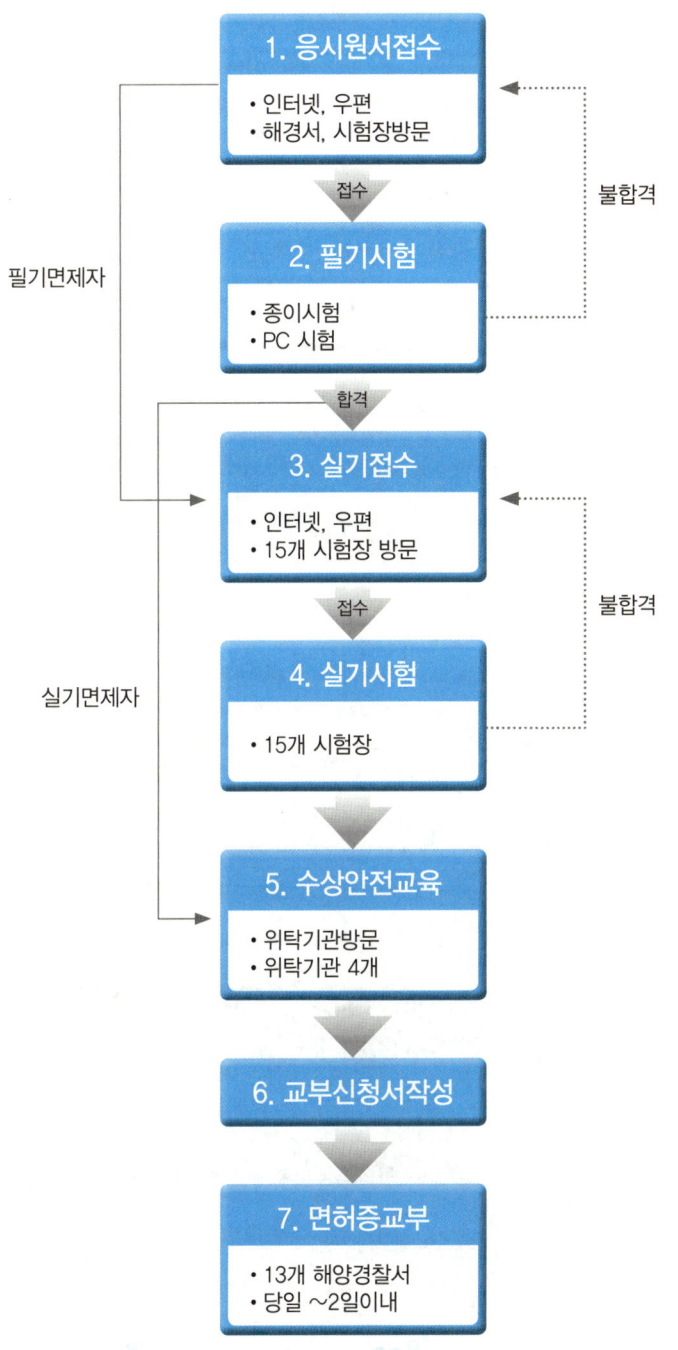

글 싣는 순서

CHAPTER 4 · 필기시험 대비 핵심이론요약 · 13

SECTION 01 수상레저 안전 ········· 14
- 01 수상환경
- 02 기상학 기초
- 03 구급법
- 04 각종 사고 시 대처방법
- 05 안전 장비 및 인명구조

SECTION 02 운항 및 운용 ········· 26
- 01 운항 계기
- 02 수상레저기구 조종술
- 03 신호

SECTION 03 기관 ········· 35
- 01 내연기관 및 추진기관
- 02 기관정비
- 03 연료유, 윤활유

SECTION 04 법규 ········· 39
- 01 수상레저안전법
- 02 선박의 입항 및 출항 등에 관한 법률
- 03 해상교통안전법
- 04 해양환경관리법 등

CHAPTER  필기 문제은행 700제 · 53

SECTION 01　수상레저안전 ……………………… 54
SECTION 02　운항 및 운용 ……………………… 88
SECTION 03　기관 …………………………………… 122
SECTION 04　법규 …………………………………… 138

- 수상레저안전법 / 시행령 / 시행규칙
- 선박의 입항 및 출항 등에 관한 법률 / 시행령 / 시행규칙
- 해상교통안전법 / 시행령 / 시행규칙
- 해양환경관리법 / 시행령 / 시행규칙
- 선박에서의 오염방지에 관한 규칙

CHAPTER  실기시험 가이드 · 221

SECTION 01　실기시험 기초 …………………………… 222
SECTION 02　실기시험 채점기준 …………………… 224
SECTION 03　조종면허 실기시험 절차 및 방법 ……… 228

CHAPTER 01

필기시험 대비 핵심이론요약

SECTION 01 수상레저 안전

01 수상환경

(1) 조석
달·태양 등 천체의 인력작용으로 해면이 1일 2회 주기적으로 오르내리는 현상. (우리나라의 경우 12시간 25분의 주기를 가진다.)
① **고조(만조)** : 조석으로 인해 해면의 높이가 최고가 되었을 때
② **저조(간조)** : 조석으로 인해 해면의 높이가 최저가 되었을 때
③ **조수** : 아침에 들어왔다 나가는 물
④ **석수** : 저녁에 들어왔다 나가는 물
⑤ **조석의 주기** : 1일 통상 2회 고조와 저조가 발생 (약12시간 25분 간격)

(2) 조차
연속된 고조(만조)와 저조(간조) 사이의 해수면 높이의 차이
① **대조(사리)** : 고조(만조)와 저조(간조) 사이의 격차가 가장 큰 조석(15일 주기) (달의 모양이 보름이나 그믐일 때 일어난다.)
② **소조(조금)** : 고조(만조)와 저조(간조) 간의 격차가 가장 적은 조석 (15일 주기) (달의 모양이 반달일 때 일어난다.)

(3) 해류
일정한 방향과 일정한 속도를 갖으며 이동하는 해수의 흐름.
해류는 표층수의 움직임과 심층수의 움직임으로 나눌 수 있으며 우리나라 주변 바다는 쿠로시오해류의 영향을 많이 받는다. (바닷물의 염분과 열을 순환시키는 역할을 한다.)
① **표층수** : 바람과의 마찰력으로 움직인다. 따뜻한 흐름인 난류와 차가운 흐름인 한류가 이동하면서 열을 순환시킨다.
② **심층수** : 온도와 염분의 차이로 인해 움직인다. 차고 짠 해수는 밀도가 크므로 중력의 힘에 의해 가라앉은 열과 염분을 순환시킨다.

난류와 한류
- 난류 : 저위도에서 고위도로 흐르는 따뜻한 해류. 같은 위도의 평균치보다 수온과 염분이 높다. 영양염류와 용존 산소량이 적어 플랑크톤이 적다.
- 한류 : 고위도에서 저위도로 흐르는 수온이 낮은 해류. 영양염류와 용존산소량이 많아 플랑크톤이 많다.

(4) 조류
조석에 의해 물이 들거나 나면서, 그 물의 높이 차이에 의해 바닷물의 흐름이 생기는 현상. 하루에 두 번씩 만조와 간조가 생긴다.

(5) 암초
돌출된 암석이 해수면보다 낮은 고도에 위치하여 바다 속에 있다가 저조로 인해 해수면이 낮아지면 수면 위로 나타나는 암석
① **노출암** : 조석에 의한 만조나 간조에 관계없이 항시 노출되어 있는 바위
② **간출암** : 조수간만의 차에 따라 수면 위로 드러나기도 하고 수면 아래로 잠기기도 하는 바위
③ **세암** : 암석의 정상부가 저조시 해수면의 높이와 같은 바위
④ **암암** : 저조시에도 바위의 정상부가 수면에 노출되지 않는 바위

02 기상학 기초

(1) 기상요소
① **기압(대기압)** : 단위면적 ($1m^2$)에 작용하는 공기의 무게에 의한 압력. 기압은 같은 크기로 모든 방향에서 고르게 작용한다.
   ㉮ 고기압
      ㉠ 주변보다 기압이 높은 상태
      ㉡ 북방부 기준 바람은 중심부에서 시계방향으로 분다.
      ㉢ 날씨가 좋음
   ㉯ 저기압
      ㉠ 주변보다 기압이 낮은 상태
      ㉡ 북방부 기준 바람은 중심부에서 시계 반대 방향으로 분다.
      ㉢ 날씨가 좋지 않음
② **기온** : 지표면에서 1.5m 높이에서 측정한 대기 온도
   ㉮ 지면에서 약 1.5m 높이의 온도측정
   ㉯ 해면에서 약 10m 높이의 온도측정
   ㉰ 온도단위 : 섭씨온도(℃), 화씨온도(℉), 절대온도(°K)로 측정 및 표기한다.

③ **대기 성층** : 대기권이 거의 동심구 모양으로 지구를 둘러싼 채 이루는 여러 성질의 층.
기온, 분자량, 전리 따위의 차이에 따라 대류권, 성층권, 전리권, 외권(외기권) 등으로 나뉜다.

㉮ **대류권** : 대기의 최하층으로 지표면에서 높이 약 12km까지의 대기를 말한다. 지표면에서 발생하여 방출된 열로 인해 고도가 낮은 곳은 온도가 높고, 높아질수록 기온이 내려간다. 대기 중에 수증기를 포함하고 있어 비와 구름, 눈 등 기상현상이 일어나고 대기가 불안정하여 대류운동이 매우 활발하다. (대류권의 높이는 약 10~15km사이, 평균 12km 정도)

㉯ **성층권** : 대류권의 위로부터 고도 약 50km까지의 대기층이다. 성층권의 하부에서는 기온이 높이에 따라 일정하다가 상부에서는 높이에 따라 기온이 증가한다. 그 이유는 오존층이 태양의 자외선을 흡수하기 때문이다. 대류권과 달리 대류현상이 없으므로 일기 변화 현상도 거의 없다.

㉰ **전리권** : 지구 대기권에서 전자가 밀집되어 있는 공간. 지표면에서 약 50km 이상인 고도의 대기는 전체적으로 중성이나 전자 또는 양이온이 많이 존재하는데 이 부분을 전리권(전리층)이라고 한다.

㉱ **외권(외기권)** : 지상에서 약 500km 이상의 고도에 있는 대기의 최상층. 외기권의 상한은 지구 반지름(약 6,400km)의 몇 배 또는 그 이상이다.

④ **습도** : 공기 중에 수증기가 포함된 정도

⑤ **수증기** : 온도나 압력에 의한 물의 상태변화로 생성된 무색, 무취의 투명한 기체. 공기중에 0.001%를 포함한다.

⑥ **바람** : 같은 고도에서도 장소와 시각에 따라 기압이 달라지고, 같은 시각에도 기압이 높은 곳과 낮은 곳이 생긴다. 이 때 공기는 기압이 높은 곳에서 낮은 곳으로 이동하는데, 이렇게 두 지점의 기압 차이에 의해 수평방향으로 이동하는 공기의 흐름을 바람이라고 한다.

바람이 부는 원인

지표가 가열되거나 냉각될 때 지역에 지표의 성질에 따라 기온차가 생기면서 기압차가 나타난다. 즉, 두 지점의 기압차에 의해 바람이 분다.

⑦ **안개** : 대기 중의 수증기가 응결하여 지표 가까이에 작은 물방울이 떠 있는 현상. 가시거리를 10km 미만으로 감소시킨다.

⑧ **해무** : 바다에 끼는 안개의 총칭. 기상학적으로 따뜻한 해면의 공기가 찬 해면으로 이동할 때 해면 부근의 공기가 냉각되어 생기는 안개를 가리킨다. 우리나라에서는 4~10월에 주로 나타나며 7월에 가장 많이 발생한다. 경기만 일대와 남해 중부 해역 및 울릉도 근해에서 많이 발생한다.

⑨ **구름** : 물방울이나 작은 얼음입자가 모여서 하늘에 떠 있는 것으로 우리 눈에 보이는 것을 말한다.

㉮ **구름생성과정** : 공기가 상승하면 기압이 낮아져 부피가 늘어나고, 기온이 낮아진다. 이 과정을 단열팽창이라 한다. 단열팽창으로 기온이 이슬점 아래까지 낮아지면 공기 중의 수증기가 응결되어 물방울이 된다. 이렇게 생긴 물방울이 모인 것이 구름이다.

㉯ 자연 상태에서 구름이 생성되는 경우
  ㉠ 저기압 중심으로 공기가 모여 들면서 상승할 경우
  ㉡ 산을 향해 바람이 불면서 산을 따라 공기가 상승할 경우
  ㉢ 태양열에 의하여 덥혀진 지표 부근의 공기가 상승할 경우
  ㉣ 찬 공기가 더운 공기 밑을 파고들면서 더운 공기를 상승시킬 경우
  ㉤ 더운 공기가 찬 공기 쪽으로 이동하면서 찬 공기 위로 상승할 경우
⑩ **강수** : 대기 중의 수분이 액체 또는 고체가 되어 지표면에 낙하하는 현상. 그 형태에 의해 비·눈·우박·안개 등의 여러 가지로 구별되어 불리고 있는데 그 중에 비와 눈이 가장 보편적인 강수 형태이다.
⑪ **시정** : 대기의 혼탁도를 나타내는 척도. 시정은 대기 중에 안개·먼지 등 부유물질의 혼탁도에 따라 좌우되며, 시정 장애의 큰 요인은 안개·황사·강수 등으로 육상에서는 항공기의 이착륙에 결정적인 영향을 준다. 해상에서도 선박 운항에 막대한 지장을 주고 있기 때문에 항공 및 해상 기상에서는 안개주의보를 취급한다.

(2) 기상주의보 및 경보

① **기상도** : 각 관측소에서 측정한 기온, 기압, 바람, 구름 등의 기상요소를 지도상에 숫자나 기호로 표시하고 등압선을 그려 넣어 저기압, 고기압, 전선 등을 나타낸 것
② **해도** : 바다에 관한 모든 상황을 일목요연하게 표현한 항해용 안내지도. 해도에는 바다의 깊이, 해저의 지질, 섬의 모양, 해류나 조류의 성질, 해안의 지형, 항로 표시, 등대나 부표 등 바다를 항해하는데 필요한 여러 가지 사항이 기록되어 있다.
③ **풍랑주의보 및 경보**
  ㉮ 풍랑 : 해상에서 바람에 의해 일어나는 파도
  ㉯ 풍랑주의보 : 해상에서 10분 동안 평균 풍속이 14m/s 이상인 상태가 3시간 이상 지속되거나 유의 파고가 3m를 초과할 것으로 예상될 때
  ㉰ 풍랑경보 : 해상에서 10분 동안 평균 풍속이 21m/s 이상인 상태가 3시간 이상 지속되거나 유의 파고가 5m를 초과할 것으로 예상될 때
④ **태풍** : 북태평양 서부에서 발생하는 열대저기압 중에서 중심부근의 최대 풍속이 17m/s 이상으로 강한 폭풍우를 동반하는 자연현상으로 해수면 온도가 20℃ 이상인 열대 해역에서 발생한다.

03 구급법

(1) 생존술

목적 : 체온 손실을 최소화시켜 구조 시까지 견디는 것
① 물로 인한 체온손실을 막기 위하여 부유물이나 전복된 보트의 상부로 이동한다.
② 불필요한 행동으로 인해 옷 사이로 차가운 물이 유입되지 않도록 해야 한다.

③ 저체온증을 예방하기 위하여 다리는 교차하여 모아주고, 한 손은 겨드랑이 사이에 넣어 밀착시키고 다른 한 손은 코와 입을 감싼다.
④ 무릎 아래 다리를 최대한 들어 올려 두 무릎사이에 공간이 없도록 한다.
⑤ 머리는 물 밖으로 내밀어야 한다.
⑥ 2명 이상일 경우 서로 옆 사람의 구명조끼를 껴안으며 다리는 최대한 많은 부위가 밀착이 될 수 있도록 한다.
⑦ 어린아이나 환자가 있을 경우 가운데 위치해서 서로 체온손실을 막는다.

(2) 응급처치

사고나 갑작스런 질병이 발생했을 때 전문 의료인이 사고현장에 도착하기 전까지 도움을 주어 부상자의 고통을 경감시키고 위급한 상황으로부터 생명을 구하는 수단이다.

① **저체온증** : 중심 체온이 35℃보다 낮은 상태를 말한다.
  ㉮ 원인
    ㉠ 낮은 기온의 환경에 노출되었을 경우
    ㉡ 저혈당증, 갑상선기능저하증, 패혈증 등의 내과적 질환
    ㉢ 종양, 두부손상, 뇌경색 등의 시상하부 및 중추신경계 기능 이상
    ㉣ 에탄올, 수면제 등의 약물
    ㉤ 화상, 다량의 수액요법 혹은 수혈
  ㉯ 증상
    ㉠ 중심체온 32~35℃ : 심장 박동수 및 혈압이 증가하게 되며 점차 체온이 떨어지면서 박동수와 혈압이 떨어진다.
    ㉡ 중심체온 30~32℃ : 신체의 전반적인 기능과 대사 작용이 저하되는 시기. 심장의 기능 감소와 유효 순환량의 감소가 동반되어 치명적인 결과를 가져온다.
    ㉢ 중심체온 30℃ 이하 : 심정지가 일어나거나 혈압이 떨어져 의식을 잃게 된다.
  ㉰ 저체온증 응급조치 : 환자를 주위에 노출된 장소로부터 대피시키고, 환자의 의복을 제거한 후 따뜻한 물과 고열량의 음식물을 섭취하게 하고 따뜻한 옷이나 담요로 체온을 유지한다.
② **인공호흡법** : 급작스런 변화에 의하여 가사 상태에 빠져 일시적으로 호흡이 정지된 사람의 호흡을 인공적으로 회복시키는 방법
  ㉮ 인공호흡법 종류 : 실베스터법, 홀하워드법, 세퍼법, 니루센법, 구강대 구강법
  ㉯ 구강대 구강법 : 공기를 직접 환자의 폐안에 불어넣는 방법으로 환자를 뉘어놓고 환자의 혀가 기도를 막지 않도록 한 손으로 환자의 턱을 위로 치켜 올리면서 집게손가락으로 혀를 잡아둔다. 다른 손으로는 환자의 코를 쥐어 콧구멍을 막고 숨을 크게 들어 마신 다음 환자의 입에 대고 그 숨을 불어 넣는다. 이 방법을 1분에 12회 정도 반복한다. 어린이의 경우는 1분에 20회 정도 실시한다.

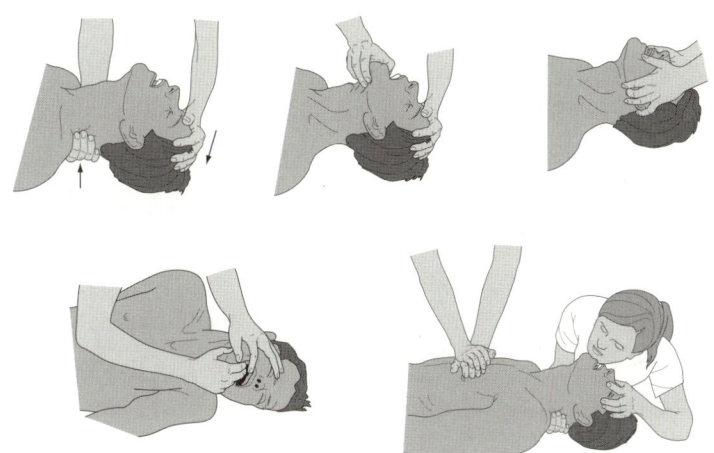

인공호흡 순서

③ **심폐소생법(심폐소생술)** : 정지된 심장을 대신해 심장과 뇌에 산소가 포함된 혈액을 공급해 주는 응급처치

㉮ 심정지와 뇌손상 : 심정지가 발생한 후 4~6분이 지나면 뇌에 혈액 공급이 끊기면서 뇌 손상이 급격하게 진행된다. 혈액 공급이 차단되는 시간이 길어질수록 뇌 손상이 심각해져 사망에 이르거나 살아나도 대부분 의식을 회복하지 못하고 지속적인 치료를 받아야 하거나 타인에 의존하여 살아가게 되는 경우가 많다.

㉯ 심폐소생술 순서 : 심정지 상태 확인 → 119 신고 및 도움 요청 → 가슴압박 → 기도유지 → 인공호흡

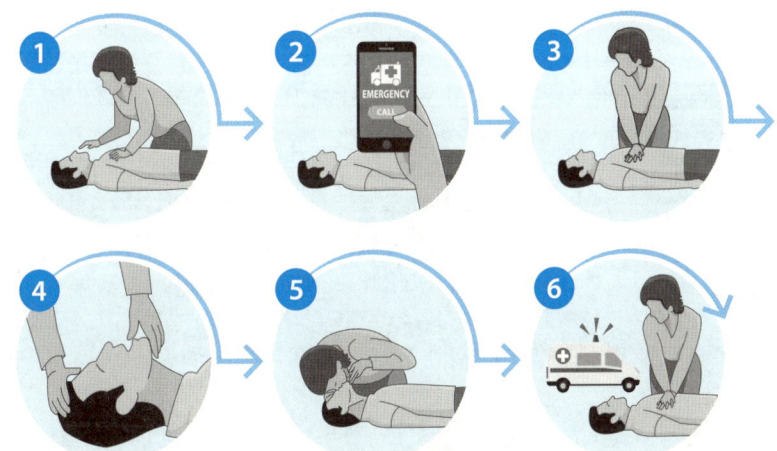

심폐소생술 순서

㉠ 심정지 상태 확인 : 사고 현장의 안전을 확인하고, 환자의 양쪽 어깨를 두드려 반응(의식)과 호흡 상태를 확인한다.
㉡ 119 신고 및 도움 요청 : 주변에 도움을 요청하고 119에 빠르게 신고한다. 119에 신고할 때는 발견 장소 및 현 상황을 정확히 설명한다.

ⓒ 가슴 압박 : 양손을 깍지 끼어 손바닥 뒤꿈치로 가슴 중앙(명치를 피한 자리)을 압박하되 손가락 끝이 몸에 닿지 않도록 한다. 심폐소생술 시행자의 팔이 바닥과 수식을 이루게 팔꿈치를 펴서 체중을 이용해 가슴 압박을 시행한다. 분당 100~120회 속도로 빠르게 진행하며 성인 기준 약 5cm 정도로 압박이 전달될 수 있도록 강하게 총 30회 시행한다.
ⓔ 기도유지 : 환자의 고개를 젖혀 호흡이 전달될 수 있도록 기도를 개방해 준다.
ⓜ 인공호흡 : 환자의 코를 막고 입을 밀착하여 1초에 총 2회 시행한다. (인공호흡 진행 시 환자의 가슴이 부풀어 오르는지 꼭 확인한다.)
ⓑ 가슴압박과 인공호흡 병행 방법 : 가슴 압박 30회, 인공호흡 2회, 이를 번갈아서 시행한다.
㈐ 자동제세동기(AED) : 심실세동이나 심실빈맥으로 심정지가 되어있는 환자에게 전기충격을 주어 심장의 정상리듬을 가져오게 해주는 도구

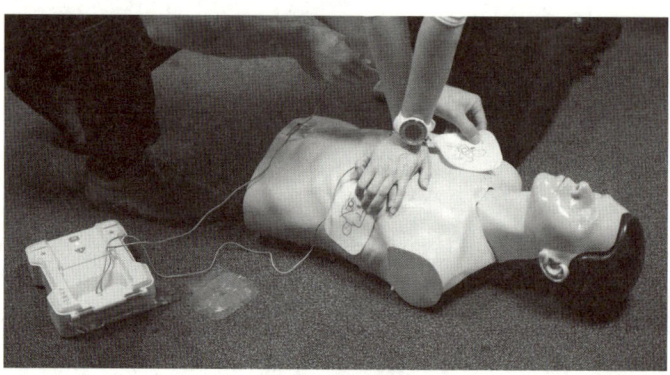

자동제세동기(AED)

▶▶ **사용방법**

ⓐ **전원 켜기** : 자동제세동기의 전원을 켠다. 전원이 들어오면 음성이 나오며 절차를 안내해 준다.
ⓑ **패드부착** : 상체를 노출시킨 후 우측 쇄골 아래쪽에 패드를 부착한다. 또 다른 패드는 좌측 유두 바깥쪽 아래의 겨드랑이 중앙선에 부착한다.
ⓒ **심장리듬 분석** : 패드를 부착하면 기계가 심장의 리듬을 자동으로 분석한다. 분석 중에는 환자를 건드리지 않도록 한다.
ⓓ **전기 충격** : 기계분석이 끝난 후 심장충격이 필요하다면 기계가 충전 이후 심장충격 버튼을 누르라고 한다. 주변 사람 및 구조자가 환자와의 접촉이 없음을 확인한 후에 심상충격 버튼을 눌러 심장충격을 시행한다.
ⓔ **무한반복** : 기계는 2분마다 심장리듬을 분석한다. 심폐소생술 도중에 기계에서 음성 지시가 나오면 기계의 지시에 따라서 위의 절차를 반복한다.

04 각종 사고 시 대처방법

(1) 화재
선박을 정지시키고 현장을 확인한 다음 통풍을 차단한다. 화재물질을 파악하고 소화방법을 선택한다. 선박용 소화기로는 분말소화기, 폼소화기, CO_2 소화기 등이 있으며, 대부분 선박 화재는 기름 누유에 의한 유류화재인데 바닷물이나 식수로 화재 진압을 할 경우 화염이 더 크게 확산돼 큰 피해가 날 수 있어 반드시 선박용 소화기를 사용해야 한다.

(2) 충돌
새벽시간 (04~08시)에 가장 많이 발생

① **발생원인**
　㉮ 적절한 전방 경계와 레이다 탐색도 하지 않고 전속 항진
　㉯ 조종 불능선의 안전조치 불이행
　㉰ 예망중인 어선을 늦게 발견하여 너무 가까이 접근함
　㉱ 어로작업 중 주위 경계 소홀로 경고신호를 하지 못함
　㉲ 상대 선박이 피항할 것을 예상하고 피항 동작을 취하지 않음
　㉳ 제한된 시계에서 양측 모두 레이더로 접근성을 관측하고도 미리 피항 동작을 취하지 않음

② **예방대책**
　㉮ 항해 중에는 경계원 및 레이다로 전방 탐색 철저
　㉯ 조정 불능선은 현상물(주간) 또는 등화(야간) 표시
　㉰ 적절한 경계로 접근 선박에 대한 경고신호 발신
　㉱ 구명조끼 착용
　㉲ 해상 충돌 예방 방법 교육 실시
　㉳ 안전한 속력으로 항해

(3) 암초에 걸린 경우
① 암초에 걸린 부분의 흘수를 줄이고 이초를 시도한다.
② 자력 이초 시 고조가 되기 직전에 시도한다.
③ 선체 중량의 경감은 이초 시도 직전에 실시
④ 선미가 마초에 얹힌 경우 키와 스크루에 손상이 발생하지 않도록 선미 흘수를 줄인 후 기관을 사용한다.

05 안전 장비 및 인명구조

(1) 구명자켓

수상레저 활동에 있어 꼭 착용해야 할 개인안전장비이다. 자신의 몸에 맞게 양 옆에 줄임 버클을 이용해서 헐렁하지 않게 착용하고 하단에 생명끈을 반드시 착용해야 한다.

① 부력식 ② 팽창식

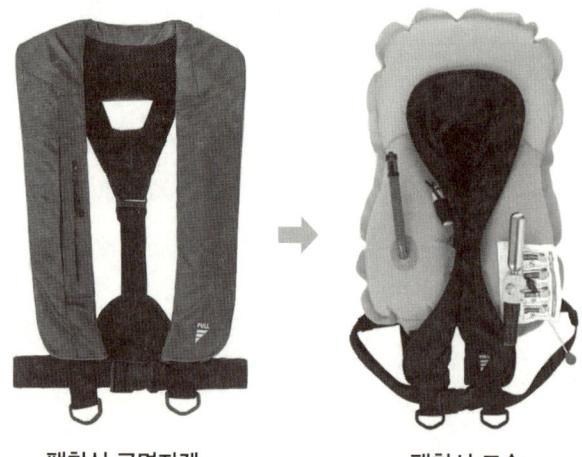

부력식 구명자켓 　 팽창식 구명자켓 　 팽창시 모습

(2) 구명부환

익수자가 발생하였을 경우 익수자를 구하기 위해 배에서 던져주는 원형의 부력을 지닌 물체. 일정한 길이의 구명줄이 부착되어 있어야 하며, 익수자를 향해서 던질 때에는 구명부환이 익수자를 지나서 떨어지도록 충분히 멀리 던져야 한다.

(3) 레스큐 튜브

인명구조용으로 개발된 제품으로 한쪽에는 버클이 있고, 반대쪽에는 끈이 길게 연결되어 있다. 선박 내 구명부환 대체제품으로 사용된다.

(4) 드로우 백

익수자를 구조하기 위해 던지는 구명장비로 구명줄을 담아 놓은 가방. 구명로프 주머니의 입구를 열어 로프를 뽑아 한 손으로 잡고 다른 한 손으로 주머니를 익수자 쪽으로 아래에서 위로 던지면 로프가 풀리면서 나가는 장비

| 구명 부환 | 레스큐 튜브 | 드로우 백 |

(5) 조명탄 (자기발연부 신호)
선박이 좌초 또는 침몰의 상황이 발생하여 구조가 필요한 상황에서 사용하는 제품

 종류

① **스틱형 섬광 조명탄**
② **자기발연부 신호** : 안전마개를 제거한 후 격발고리를 본선에 고정시키고 하부의 끝을 구명부환에 연결하고 구명부환을 해상에 투하하면 자동으로 발화되면서 연막이 발생하는 원리

| 스틱형 섬광 조명탄 | 자기발연부신호 | 자기점화등 |

(6) 자기 점화등
야간에 좌초 및 구조가 필요한 상황에서 익수자의 위치를 나타내기 위해 스스로 해상에서 빛을 내는 제품. 자기 점화등에는 줄이 달려 있는데 이것을 구명부환이나 구명자켓에 매달아 자신의 위치를 알리기 위한 것이다.

(7) 선박 패스(V-PASS) : 선박위치 발신기

해안사고 발생 시 신속한 대응을 위해 어선의 위치 및 긴급구조 신호를 발신하며 어선의 출입항 신고를 자동으로 처리할 수 있는 무전 설비. 선박이 60도 이상 기울어지면 자동으로 SOS 신호가 발신되는 기능이 있으며 선박 위치도 자동으로 송신 돼 구조에 용이하게 사용되고 있다.

(8) 소화기

화재 진압을 위해 꼭 필요한 장비로서 선박용 소화기를 비치해야 한다.

 종류

① 분말소화기
② 폼 소화기
③ 탄산가스(CO_2) 소화기

(9) 인명 구조

① 익수자가 발생할 경우 항해사에게 익수자 발생사실을 전하는 동시에 구명부환 등 인명 구조를 위한 구명설비를 투하한다.
② 항해사는 즉시 기관을 정지시키고 익수자 방향으로 전타하여 익수자가 프로펠러에 휘말리지 않도록 조종한다.
③ 선내 비상소집을 행하여 구조 작업을 실시한다.

(10) 인명 구조시 선박의 조종

① **윌리암스 턴**(William's turn)
　㉮ 익수자가 빠진 방향으로 전타하여 원 침로상에서 60도 벗어나면 반대현으로 전타를 실시한다.
　㉯ 반대침로 20도 전 Midship을 하여 반대침로에 정침한 후 구조를 실시한다.
　㉰ 야간에 익수자가 빠진 시간을 모를 경우 효과적이다.

② **사르노브 턴**(Scharnov-turn)
　㉮ 타를 전타하여 원침로상 240도 벗어나면 반대현으로 전타를 실시한다.
　㉯ 반대침로 20도 전 Midship을 하여 반대침로에 정침한 후 구조를 실시한다.
　㉰ 윌리암슨 턴 보다 빠른 시간 내 선회가 가능하다.

③ **싱글 턴**(A single turn)
　㉮ 익수자가 빠진 현으로 전타를 실시한다.
　㉯ 선미에 벗어나면 1분간 항주하여 원침로상 230도 선회하였을 쯤 선수에서 익수자가 보이기 시작한다.
　㉰ 230도 회전하면 Midship을 하여 초기침로로 돌아간다.
　㉱ 가장 빠른 구조방법이나 구조에 어려움이 있다.

④ **반원 2회 선회법**(Two 180 turn)
　㉮ 전타 및 기관 정지를 사용하여 익수자를 벗어나면 전속 전진하여 반대침로로 항해한다.
　㉯ 익수자가 정횡 후방 30도에서 보이기 시작하면 전타하여 원침로상에서 정침하여 구조를 시작한다.
　㉰ 풍향이 침로에 수직일 경우 효과적이다.

⑤ **부표 이용법** : 길이 200m 이상의 로프에 구명부환과 구명동의를 달아 조난자들을 풍하측에서 풍상측으로 죄어서 구조한다.

⑥ **구조선 이용법**
　㉮ 구조선의 풍하측에 구명부환과 구명동의를 연결하여 띄우고 구조선을 풍상측에서 표류하여 조난자들을 구조한다.
　㉯ 선박의 표류속도가 조난자보다 빠르기 때문에 가능하다.

⑦ **구명정을 이용한 구조법**
　㉮ 구조선은 조난선의 풍상측으로 접근하되 바람이 압류될 것을 고려한다.
　㉯ 구조선은 조난선의 풍하쪽에서 대기하다가 구명정이 풍하측에 오면 사람을 옮겨 태운다.

SECTION 02 운항 및 운용

01 운항 계기

선박이 항해할 때 자기 배의 위치나 침로 결정을 위해 사용하는 항해용 기기

(1) 컴퍼스(나침의)

항로 설정 후 방향을 잡는 역할을 하는 장비.

선내에는 고정형 컴퍼스가 비치되어 있어야 하며, 휴대용 컴퍼스는 찾기 쉬운 곳에 비치하여야 한다.

 종류

① **자기나침의(마그네틱 컴퍼스)** : 자석의 원리를 이용한 것. 지구의 자기를 이용하여 자침으로 방위를 가르키는 나침의
  ㉮ 자기나침의 오차
    ㉠ 편차 : 진자오선과 자기 자오선의 차이로 어느 지점을 지나는 진자오선과 자기 자오선이 이루는 교각을 말함.
    ㉡ 자차 : 지구의 자기장에 상호 작용하는 선박 내의 자기장에 의해서 발생하는 오차
  ㉯ 자기 자오선
    ㉠ 지구상의 어느 한 지점에서 볼 때 그 지점에서 발생하는 자장에 의해 수평 자력방향을 나타내는 선
    ㉡ 컴퍼스의 자침이 가리키는 남과 북을 이은 선
  ㉰ 액체 자기나침의 액체 비율은 알코올 : 증류수 = 4 : 6
  ㉱ 자기 컴퍼스 설치 시 주의사항
    ㉠ 주위에 전자가 흐르거나 전류도체가 없는 곳에 설치할 것
    ㉡ 선체 및 기관의 진동이 덜한 곳에 설치할 것
    ㉢ 선체의 중앙부분 선수나 선미에 위치할 것
    ㉣ 시야가 좋아 방위를 측정하기 쉬운 곳에 설치할 것
② **전륜나침의(자이로컴퍼스)** : 빠른 속도로 회전하는 팽이의 축이 지구의 자전하는 힘에 의하여 항상 남북을 가르키도록 한 장치
  ㉮ 전륜나침의의 특징
    ㉠ 선박 출항 4시간 전에 가동을 시킴
    ㉡ 자차와 편차가 없음

ⓒ 전기를 사용하여 진북을 가르킴

㉣ 전륜나침의 오차 발생 : 가속도, 속도, 위도에 따른 오차 발생

(2) 선속계 (로그 : Log)

선박의 속력과 거리를 측정

▼종류 핸드 로그, 예항 측정의, 전자식 선속계, 음파 선속계, 유압식 선속계, GPS 선속계 등

(3) 측심기

수심을 측정하는 장치

▼종류 음향측심기, 랜드레드(수용측심연)

(4) 육분의

배의 위치를 판단하기 위해 천체와 수평선 사이의 가도를 측정하는 장치.

항해를 함에 있어 임의의 3점 사이의 각도나 태양, 달, 항성 등의 고도를 측량하는데 사용

(5) 전파항법장치

항해의 안전과 효율을 극대화 하기 위해 설치

전파의 특성인 직진성, 반사성 및 등속성을 이용하여 전파 표지 및 항법장치를 이용하여 선위를 결정하고 주위 상황을 살피며 항해하는 방식

▼종류 레이더, 로란, GPS

(6) 레이더

무선탐지와 거리측정의 약어로 마이크로파 정도의 전자기파를 물체에 발사시켜 그 물체에서 반사되는 전자기파를 수신하여 물체와의 거리, 방향, 고도 등을 알아내는 무선 감시 장치

① X밴드(파장 3.2cm, 주파수 9375MHz) 레이더 : 화면이 선명하고 물체의 방위와 거리를 정확하게 측정할 수 있다. 조그만 물체를 탐지하기 유리하다.

② S밴드(파장 10cm, 주파수 3000MHz) 레이더 : 먼 거리 물체의 탐지와 눈, 비, 스콜, 안개가 있을 때에 유리하다.

(7) GPS (Global Positioning System)

위성에서 보내는 신호를 수신해 사용자의 현재 위치를 계산하는 위성항법시스템이다.

02 수상레저기구 조종술

무동력 요트	윈드서핑	웨이크보드
카이트보드	워터슬레드 – 플라이피쉬	워터슬레드 – 땅콩보트
워터슬레드 – 빅마블	공기주입형 고정식 튜브	물추진형보드(flyboard)
오리보트	범버보트	수면비행선박(아론 M80)

모터보트의 종류

| 수상스키 전용 보트 | 웨이크 보드 전용 보트(서핑보트) |

레저용 선외기

레저용 선내외기

낚시전용 보트

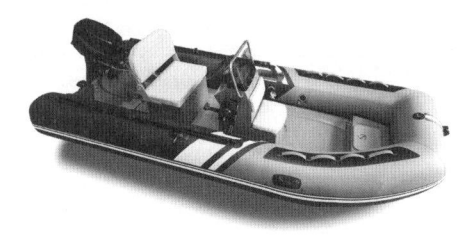
콤비 보트

3인용 제트스키

1인용 제트스키

파워요트

파티선

(1) 핸들조작

자동차와 동일하게 핸들을 조작하는 방향으로 선박이 선회한다. 단, 추진기관이 뒤에 있어 저속일 경우 핸들을 돌리고 난 후 시간이 지나 방향전환이 이루어지므로 목표지점을 향해 저속으로 회전할 경우 과도한 핸들 조작을 피한다.

(2) 속도전환 레버 조작

운전석 우측에 위치하고 있으며, 손잡이 아래 적색부분을 당겨 올려 전진 또는 후진으로 변환하게 된다. 전진상태에서 후진으로 변환할 경우 적색 손잡이를 잡아당기지 않고 뒤로 밀어 중립으로 전환 후 후진으로 변속을 해야 한다.

(3) 출발전 점검사항

① 선체 파손상태, 물이 새는 곳이 없는지 점검
② 엔진오일, 냉각수 점검
③ 배터리 접지상태, 유격 확인, 빌지 펌프 점검
④ 각종 계기류, 프로펠러 이상 유무 확인
⑤ 연료량 및 비상연료 확인
⑥ 소화기, 예비 노, 조난신호용품 등 안전장비 확인

(4) 저속주행 및 정지

① 저속주행(직진) 시 조류 및 바람, 파도의 영향을 받으므로 목표지점으로 이동하기가 쉽지 않다. 따라시 방향키를 미세하게 조정해야 하며 중속에시 운전하는 깃이 편리하다.
② 엔진 정지 후 타력이 생기므로 저속에서 타력이 어느 정도 이동하는지 미리 숙지하고 있어야 한다.

(5) 중속, 고속에서의 주행 및 정지

① 직진으로 운행하기 위해서는 멀리 있는 지형지물을 목표지점으로 설정한 후 그 목표물과 일직선이 되도록 조정해야 한다.
② 해수면에 특별한 목표지점이 없는 경우에는 나침반을 이용하여 일정한 방향으로 조종한다.
③ 감속할 경우에는 속도조절 레버를 천천히 중립 쪽으로 이동하여 서서히 속도를 줄여야 하며 급정지는 위급한 상황에서만 실시해야 한다.
④ 고속에서의 타력은 저속보다 크므로 멈춰야 할 곳과의 거리를 충분히 확보한 후 고속에서 중속 및 저속으로 천천히 접근해야 한다.

(6) 장애물 회피 요령

① 고속주행일 경우 사고를 미연에 방지하기 위해서 견시를 이용하여 주변 환경을 미리 파악해야 하며 넓은 시야를 확보하여 장애물과 충돌이 일어나지 않도록 하여야 한다.

② 특히, 어선의 그물부표를 주의해야 한다. 해상의 장애물은 사전에 크게 회전을 하여 피하여야 한다. 급할 경우는 속도를 줄이면서 급회전이 필요하다.

(7) 후진 요령
① 몸을 완전히 뒤로 돌려 좌·우측과 후방에 대한 안전 확인을 먼저 실시한다.
② 후진할 경우는 최저 속도로 천천히 이동해야 하며 저속에서 후진이 어려울 경우 증속하여 후진한다.

(8) 인명 구조 요령
① 보트 탑승자가 낙수하는 경우 낙수자의 위치와 안전을 확인하며, 선미가 낙수자와 멀어질 수 있도록 조정한다. 속도조절 레버를 중립에 위치해 프로펠러로 인한 상해를 예방한다.
② 구명부환 등 구조물을 전달하며 주변 안전을 점검한다.
③ 주변에 이동하는 보트가 있을 경우 수신호와 신호음으로 위험을 알리고 신속하게 낙수자를 구조한다.

03 신호

(1) 해양신호
① **후진신호** : 선박이 상호 시계 내에서 기관을 후진으로 돌리고 있음을 통지하는 음향신호를 말한다. 단음 3회 또는 3회의 섬광에 의한 발광신호를 하도록 규정
② **무중신호** : 안개, 눈, 폭우 등으로 시계가 불량한 경우나 선박 충돌 등을 예방하기 위하여 기적 또는 다이어폰 등으로 소리를 내는 신호
③ **조난신호** : 선박이 조난을 당하여 다른 배나 육상에 대하여 즉시 구조가 필요하다는 것을 알리는 긴급신호를 말한다.

(2) 선박신호
① **깃발신호** : 신호기에 의한 신호
② **발광신호** : 서치라이트, 발광신호기에 의한 신호
③ **음향신호** : 기적을 알리는 신호
④ **무선통신신호** : 전파에 의한 신호

(3) 등화
① 신호의 전달수단으로 사용되는 빛이며, 항로표지 및 선박의 신호전달 매개체로 사용된다.
② 야간 또는 시계가 제한된 상황에서 항행하는 선박간의 충돌을 방지하기 위해서 충돌의 위험성이 있는 다른 선박의 성질 및 침로에 대한 정보를 제공하는 기능을 한다.

① **설치위치와 용도에 따른 종류** : 마스트등, 현등, 전주등, 섬광등
  ㉮ 마스트등 : 자선의 등화를 전달수단으로 사용한 발광신호의 하나로서, 선박의 마스트에 설치하는 백색등을 말한다. 육안으로 인식할 수 있는 범위의 다른 선박에 대하여 현등의 인식범위보다 더 멀리 자선의 존재 및 항해 중인 동력선임을 나타내는 기능을 하는 것이 특징이다. 국제해상충돌예방규칙(COLREG)에서는 선체의 중심선상에서 양쪽으로 112.5°, 합계 225°를 계속적으로 비추는 마스트등을 설치하여야 하며, 길이 50m 이상인 선박에는 같은 모양의 등을 뒤쪽 마스트에도 설치하도록 규정하고 있다.
  ㉯ 현등 : 선박의 좌우현에 설치된 항해등의 일종. 계속적인 불빛이 각기 112.5°에 이르는 수평의 호를 비추고, 또 그 불빛이 정선수 방향으로부터 각기 양현의 정횡 후 22.5°까지 비출 수 있도록 장치한 오른쪽의 녹색등과 왼쪽의 홍색 등을 말한다.
  길이 20m 미만의 선박에 있어서는 현등을 선수미의 중심선상에 달고 있는 하나의 랜턴 속에 결합할 수 있다.
  ㉰ 전주등 : 빛을 전달수단으로 사용한 발광신호. 수평방향에서 360°를 비추는 등화를 말한다. 주위의 어떤 장애물에 의하여서도 방해를 받지 않고 불빛을 발할 수 있어야 하는 것이 특징이다. 선박에서 백색, 홍색, 녹색 등으로 쓰이며 어로작업중인 어선, 조종불능선, 흘수제약선 등에 사용한다.
  ㉱ 섬광등 : 빛을 전달수단으로 사용한 발광신호. 일정한 간격을 두고 1분에 120회 이상 모든 방향에 대하여 깜빡이며 빛을 발하는 등화이다.

(4) 무중신호

안개, 눈, 폭우 등으로 시계가 불량한 경우 선박 충돌 등의 사고를 예방하기 위하여 기적 또는 다이어폰 등으로 소리를 내는 신호

① **대수속력이 있는 선박** : 2분을 초과하지 아니하는 간격으로 장음 1회를 울려야 한다.
② **대수속력이 없는 선박** : 장음간격을 약 2초로 하여 장음 2회를 2분을 초과하지 아니하는 간격으로 울려야 한다.
③ **운전부자유선, 조종성능제한선, 흘수제약선, 범선, 어로종사선, 예인선** : 2분을 초과하지 아니하는 간격으로 연속 3음 즉, 장음 1회에 이어 단음 2회를 울려야 한다.
④ **정박 중인 선박** : 1분을 초과하지 아니하는 간격으로 연속된 3음 즉, 단음-장음-단음을 울려야 한다.

(5) 항로 표지

선박의 교통량이 많은 항로, 항구, 만, 해협 또는 암초가 많은 곳에서는 등광, 형상 색채, 음향, 전파 등의 수단에 의하여 선박의 항행을 돕기 위한 인위적인 시설

① **광파표지** : 해상교통의 안전과 선박운항을 위하여 해안이나 섬에 설치된 구조물. 야간에 빛을 이용하여 그 위치를 표시해 주는 항로 표지
② **음파표지** : 안개나 눈, 비 등으로 시계가 불량해 육지의 등광이 보이지 않을 경우 소리를 내어 그 위치를 표시해 주는 항로표지. 전기혼, 공기사이렌, 모터사이렌 등이 있다.

㉮ 등대 : 해상교통의 안전과 선박 운항의 능률 증진을 위하여 해안이나 섬에 설치된 구조물. 등광이나 형상・음향・전파 등의 수단에 의하여 항망・해협 등 연안수역을 항해하는 선박의 지표로 하기 위하여 설치
㉯ 등표 : 암초나 수심이 얕은 곳으로부터 보호하기 위한 등불이 있는 소규모 등대
㉰ 조사등 : 암초나 방파제 등을 비추는 것
③ **전파표지** : 전파의 성질을 이용하여 위험위치를 표시해 주는 항로표지(GPS 수신기 2개 이상 사용하여 상대적 위치 측정)
④ **형상표지** : 주간에 색깔이나 모양 등을 이용하여 그 위치를 표시해 주는 항로표지로 입표, 도표, 부표 등이 있다.
⑤ **특수신호 표지** : 기상, 조류, 선박통항을 전파나 형상을 이용하여 제공하는 항로표지로 조류신호표지, 해양기상신호표지, 선박통항신호표지, 자동위치식별신호표지 등이 있다.

(6) 해도

안전한 항해를 위해 광범위한 정보를 기재하여 만든 지도.

바다의 깊이, 해저의 지질, 섬의 모양, 장애물, 해류나 조류의 성질, 해안의 지형, 항로표지, 등대나 부표 등 바다를 항해하는데 필요한 여러 가지 사항이 기록되어 있다.

(7) 항해방법 (안전수칙)

① 구명조끼 등 안전장비를 반드시 착용하여야 한다.
② 수상활동 전에 일기예보를 숙지하고, 활동 중에는 현지 기상변화를 수시로 확인한다.
③ 장비점검을 확실히 한다.
④ 사용기구에 대한 연료상태 확인. 물이 새는 곳이 없는지, 엔진에 이상 유무 등을 확인한다.
⑤ 비상연락수단과 조난신호 장비를 갖춘다. (휴대전화 또는 기타 통신장비)
⑥ 원거리 수상기구 활동은 해양경찰서 등 관계기관에 신고 후 행한다.
⑦ 무면허 및 음주조종(혈중알코올농도 0.03% 이상)을 금지한다.
⑧ 일몰 30분 후부터 일출 30분 전까지는 수상활동을 금지한다.
⑨ 야간수상활동을 할 경우 반드시 야간운행장비(나침반, 통신기기, 야간조난신호장비, 전등)를 갖추어야 한다.
⑩ 견시를 충분히 하고 현재 위치를 확인한다.

SECTION 03 기관

01 내연기관 및 추진기관

(1) 내연기관
연료를 연소시켜 생긴 연소가스 그 자체가 직접 피스톤 또는 터빈블레이드(깃) 등에 작용하여 연료가 가지고 있는 열에너지를 기계적인 일로 바꾸는 장치

① **연료에 의한 분류**
 ㉮ 가스기관 : 점화플러그(점화원)에 의해 전기불꽃으로 점화
 ㉯ 가솔린기관 : 점화플러그(점화원)에 의해 전기불꽃으로 점화
 ㉰ 석유기관 : 점화플러그(점화원)에 의해 전기불꽃으로 점화
 ㉱ 디젤기관 : 연료를 고온·고압의 공기 속에 분사하여 자연발화시킨다.

② **피스톤의 행정·동작에 따라**
 ㉮ 4행정 사이클 방식
 ㉯ 2행정 사이클 방식

(2) 외연기관
증기기관과 같이 연료의 연소에 의해 발생된 열이 보일러 벽을 통해서 동작유체인 물에 전달되어 증기를 발생시키고, 이 증기가 일을 하는 방식으로 동작유체와 연소가스가 별개인 기관을 말한다.

02 기관정비

(1) 냉각수
엔진의 열을 시켜주는 역할을 한다. 엔진의 온도가 일정온도 이상 올라가지 않도록 물을 순환시켜 냉각시킨다.

① 노즐위치 미리 숙지
② 냉각수 수시 점검
③ 냉각수 순환상태 확인

(2) 선외기 기관
① 소형보트 등의 선미에 붙여지는 탈착 가능한 기관
② **시동 전 점검사항**
   ㉮ 엔진오일 잔류량 확인
   ㉯ 연료탱크 환기구 개방확인
   ㉰ 비상정지스위치 확인

(3) 시동모터 미 회전시 점검
① 시동용 배터리 충전상태 점검
② 퓨즈 점검

(4) 장기간 미사용 시 점검
① 연료공급선 분리
② 카브레타 건조 유지
③ 방전 방지를 위해 배터리 양극 분리

(5) 수상오토바이 점검
① **조정 전 검검**
   ㉮ 오일 잔류량 확인
   ㉯ 선체 파손 확인
   ㉰ 배터리 충전상태 점검
② **시동불량 원인**
   ㉮ 소기 흡입구 막힘
   ㉯ 점화플러그 작동 불량
   ㉰ 배터리 방전
③ **운행 중 기관 정지 시 점검**
   ㉮ 비상정지 스위치 확인
   ㉯ 연료 잔류량 확인
   ㉰ 임펠러가 로프 또는 기타 부유물에 걸렸는지 확인

03 연료유, 윤활유

(1) 연료
공기 중에서 용이하게 연소하고 발생한 연소열을 경제적으로 이용할 수 있는 물질을 연료라 한다.

① **연료의 구비 조건**
  ㉮ 공기 중에서 연소가 잘되고 발열량이 클 것
  ㉯ 구입이 용이하고 가격이 저렴할 것
  ㉰ 운반, 저장, 취급이 용이할 것
  ㉱ 사용에 위험성이 적을 것
  ㉲ 연소 시 유해성분이 적고 대기오염이 적을 것

② **연료의 성분** : C(탄소), H(수소), S(황), O(산소), N(질소), A(회분), W(수분) 등
  ㉮ 주성분 : C(탄소), H(수소), O(산소)
  ㉯ 가연성분 : C(탄소), H(수소), S(황)

③ **연료의 분류**
  ㉮ 고체연료 : 석탄, 목재, 코크스, 목탄
  ㉯ 액체연료 : 휘발유, 등유, 경유, 중유
  ㉰ 기체연료 : 유전가스, 탄전가스, 액화석유가스(LPG), 액화천연가스(LNG)

동력수상 레저기구에서 사용되는 연료는 주로 액체연료를 사용한다.

④ **액체연료 종류 및 특징**

액체연료종류	발열량(kcal/L)	가연성분	비점온도(℃)	용도
휘발유	8,300	C , H	20~200	가솔린 엔진용
등유	8,800	C , H	150~250	석유엔진, 주방난방
경유	9,000	C , H	200~350	디젤엔진용, 보일러용
중유	9,600	C , H , S	300~350	보일러공업용

⑤ **액체연료의 성질**
  ㉮ 비중 : 석유제품의 비중은 15℃ 기름과 4℃의 같은 용적의 물과의 중량비
  ㉯ 인화점 : 가연물이 점화원에 의해 불이 붙는 최저온도로 비중과 점도가 클수록 인화점은 높아진다.
  ㉰ 착화점(발화점) : 가연물이 주위의 점화원(불씨) 없이 그 산화열로 인해 스스로 불이 붙는 최저온도
  ㉱ 점도 : 점성을 나타내는 정도. 점도가 높으면 비중이 크고 유동성 및 무화상태가 불량해지므로 적정온도로 예열하여 점도를 낮추어야 한다.

(2) 윤활유

① 기계의 마찰면에 생기는 마찰력을 줄이거나 마찰면에서 발생하는 마찰열을 분산시킬 목적으로 사용하는 유상물질. 주로 석탄계 광물유가 쓰인다.

② **윤활유의 필요한 성질**

㉮ 사용온도에 적당한 점성을 유지할 것 : 사용온도에 적당한 점성을 유지하는 동시에 사용온도가 변해도 급격히 점도가 변하지 않는 성질

㉯ 안전한 유막을 형성할 것 : 경계 윤활 상태에서도 안정한 유막을 형성하는 성질

㉰ 열과 산화에 대한 안정도가 높을 것 : 윤활 성능과 직접 관계는 없으나 산화에 대한 안정도가 높을 것

SECTION 04 법규

01 수상레저안전법

(1) 용어의 정의
① **수상레저활동** : 수상(水上)에서 수상레저기구를 이용하여 취미·오락·체육·교육 등을 목적으로 이루어지는 활동
② **래프팅** : 무동력수상레저기구를 이용하여 계곡이나 하천에서 노를 저으며 급류 또는 물의 흐름 등을 타는 수상레저활동
③ **수상레저기구** : 수상레저활동에 이용되는 선박이나 기구
④ **동력수상레저기구** : 추진기관이 부착되어 있거나 추진기관을 부착하거나 분리하는 것이 수시로 가능한 수상레저기구
　㉮ 모터보트
　㉯ 세일링요트(돛과 기관이 설치된 것)
　㉰ 수상오토바이
　㉱ 고무보트
　㉲ 스쿠터
　㉳ 호버크래프트
⑤ **수상** : 해수면과 내수면
⑥ **해수면** : 바다의 수류나 수면
⑦ **내수면** : 하천, 댐, 호수, 늪, 저수지, 그 밖에 인공으로 조성된 담수나 기수(汽水)의 수류 또는 수면

(2) 조종면허
① **조종면허의 발급대상**
　㉮ 일반조종면허
　　㉠ 제1급 조종면허 : 수상레저사업의 종사자 및 시험대행기관의 시험관
　　㉡ 제2급 조종면허 : 조종면허를 받아야 하는 동력수상레저기구(세일링요트는 제외)를 조종하려는 사람
　㉯ 요트조종면허 : 세일링요트를 조종하려는 사람
② **조종면허의 결격사유**
　㉮ 14세 미만인 자. 다만, 체육 관련 단체에 동력수상레저기구의 선수로 등록된 자는 제외

⓭ 정신질환자 중 수상레저활동을 할 수 없다고 인정되어 대통령령으로 정하는 자
⓮ 마약·향정신성의약품 또는 대마 중독자 중 수상레저활동을 할 수 없다고 인정되어 대통령령으로 정하는 자
⓯ 조종면허가 취소된 날부터 1년이 지나지 아니한 자
⓰ 조종면허를 받지 아니하고 동력수상레저기구를 조종한 자로서 그 위반한 날부터 1년(사람을 사상한 후 구호 등 필요한 조치를 하지 아니하고 달아난 자는 이를 위반한 날부터 4년)이 지나지 아니한 자

③ **시험면제의 기준**

면제 대상자	면제되는 시험의 구분	
	면허의 종류	시험의 종류
• 체육 관련 단체에 동력수상레저기구의 선수로 등록된 자	제2급/요트	실기
• 동력수상레저기구 관련 학과를 졸업한 자로 해당 면허와 관련된 동력수상레저기구에 관한 과목을 이수한 자 • 해기사면허 중 대통령령으로 정하는 면허를 가진 자	제2급/요트	필기
• 한국해양소년단연맹 또는 경기단체에서 동력수상레저기구의 이용 등에 관한 교육·훈련업무에 1년 이상 종사한 자로서 해당 단체의 장의 추천을 받은 자	제2급	실기
• 해양경찰청장이 지정·고시하는 기관이나 단체에서 실시하는 교육을 마치고 정하여진 자격을 받은 자	제2급/요트	필기 및 실기
• 제1급 조종면허 필기시험에 합격한 후 제2급 조종면허 실기시험으로 변경하여 응시하려는 자	제2급	필기

④ **조종면허 종별 합격기준**
  ㉮ 일반조종면허
    ㉠ 제1급 조종면허 : 필기 70점 이상, 실기 80점 이상
    ㉡ 제2급 조종면허 : 필기 60점 이상, 실기 60점 이상
  ㉯ 요트조종면허 : 필기 70점 이상, 실기 60점 이상

(3) 수상안전교육

① **교육시간** : 3시간

② **유효기간** : 최초 면허시험 합격 전의 안전교육의 유효기간은 6개월

③ **교육과목**
  ㉮ 수상레저안전 관계 법령
  ㉯ 수상레저기구의 사용·관리
  ㉰ 수상상식
  ㉱ 수상구조

(4) 조종면허의 취소 및 정지

구분	내용
취소	• 거짓이나 그 밖의 부정한 방법으로 조종면허를 받은 경우 • 조종면허 효력정지 기간에 조종을 한 경우 • 술에 취한 상태(혈중 알코올농도 0.03% 이상)에서 조종을 하거나 술에 취한 상태라고 인정할 만한 상당한 이유가 있음에도 불구하고 관계 공무원의 측정에 따르지 아니한 경우
정지	• 조종면허를 받은 자가 동력수상레저기구를 이용하여 살인 또는 강도 등 해양수산부령으로 정하는 범죄행위를 한 경우 • 조종 중 고의 또는 과실로 사람을 사상하거나 다른 사람의 재산에 중대한 손해를 입힌 경우 • 면허증을 다른 사람에게 빌려주어 조종하게 한 경우 • 약물의 영향으로 인하여 정상적으로 조종하지 못할 염려가 있는 상태에서 동력수상레저기구를 조종한 경우 • 그 밖에 수상레저안전법령에 따른 수상레저활동의 안전과 질서 유지를 위한 명령을 위반한 경우

※ 조종면허가 취소된 경우 취소된 날부터 7일 이내에 해양경찰청장에게 면허증 반납

(5) 무면허조종이 허용되는 경우

① 동시 감독하는 수상레저기구가 3대 이하인 경우
② 해당 수상레저기구가 다른 수상레저기구를 견인하고 있지 아니하는 경우
③ 제1급조종면허 소지자 또는 요트조종면허 소지자와 함께 탑승하여 조종하는 경우
④ **다음의 어느 하나에 해당하는 경우**
  ㉮ 수상레저사업자의 사업장 안에서 탑승 정원이 4명 이하인 수상레저기구를 조종하는 경우(수상레저사업자 또는 그 종사자가 이용객을 탑승시켜 조종하는 경우는 제외한다)
  ㉯ 면허시험과 관련하여 수상레저기구를 조종하는 경우
  ㉰ 학교에서 실시하는 교육·훈련과 관련하여 수상레저기구를 조종하는 경우
  ㉱ 수상레저활동 관련단체 중 해양경찰청장이 정하여 고시하는 단체가 실시하는 비영리목적의 교육·훈련과 관련하여 수상레저기구를 조종하는 경우

(6) 안전준수의무

① **원거리 수상레저활동 신고**
  ㉮ 출발항으로부터 10해리 이상 떨어진 곳에서 수상레저활동을 하려는 경우
  ㉯ 방문, 인터넷, 팩스를 통해 해양경찰관서나 경찰관서에 신고
② **야간수상레저활동 금지**
  ㉮ 금지되는 시간 : 해진 후 30분부터 해뜨기 전 30분까지
  ㉯ 야간수상레저활동 시간의 조정권자 : 해양경찰서장 또는 시장·군수·구청장이 해진 후 30분부터 24시까지의 범위에서 조정
  ㉰ 야간 수상레저활동을 하려는 사람이 갖추어야 하는 운항장비 : 항해등, 나침반, 야간 조난 신호장비, 통신기기, 전등, 구명튜브, 소화기, 자기점화등, 위성항법장치, 등(燈)이 부착된 구명조끼

③ **기타 금지 사항**
  ㉮ 술에 취한 상태 조종 금지
  ㉯ 약물복용 등의 상태에서 조종 금지
  ㉰ 정원 초과 금지

(7) 수상레저기구의 등록 및 검사

① **수상레저기구의 등록**
  ㉮ 등록신청 : 동력수상레저기구를 소유한 날부터 1개월 이내에 주소지를 관할하는 시장·군수·구청장에게 신청
  ㉯ 등록 대상 동력수상레저기구
    ㉠ 수상오토바이
    ㉡ 총톤수 20톤 미만의 모터보드
    ㉢ 추진기관 30마력 이상의 고무보트
    ㉣ 총톤수 20톤 세일링요트
  ㉰ 등록신청 시 제출서류
    ㉠ 동력수상레저기구 등록신청서
    ㉡ 안전검사증(사본)
    ㉢ 기구와 추진기관의 양도증명서, 제조증명서, 수입허가서, 매매계약서 등 등록원인을 증명할 수 있는 서류
    ㉣ 등록할 수상레저기구의 사진(전체, 좌측면·우측면 및 후면 각 1장)
    ㉤ 보험가입증명서(사본)
    ㉥ 공유자가 있는 경우 그에 관한 증명서류

② **동력수상레저기구의 안전검사**
  ㉮ 안전검사의 구분
    ㉠ 신규검사 : 등록을 하려는 경우에 하는 검사
    ㉡ 정기검사 : 등록 후 5년마다 정기적으로 하는 검사
    ㉢ 임시검사 : 수상레저기구의 구조나 장치를 변경한 경우에 하는 검사
  ㉯ 안전검사 기간 : 검사유효기간 만료일을 기준으로 하여 전후 각각 30일 이내

(8) 수상레지사업

① **수상레저사업의 등록권자**
  ㉮ 영업구역이 해수면인 경우 : 해당 지역을 관할하는 해양경찰서장
  ㉯ 영업구역이 내수면인 경우 : 해당 지역을 관할하는 시장·군수·구청장
  ㉰ 영업구역이 둘 이상의 해양경찰서장 또는 시장·군수·구청장의 관할 지역에 걸쳐 있는 경우 : 수상레저사업에 사용되는 수상레저기구를 주로 매어두는 장소를 관할하는 해양경찰서장 또는 시장·군수·구청장

② **수상레저사업등록 시 구비서류**
  ㉮ 정관(법인인 경우만 해당)

- ④ 사업장 명세서
- ⑤ 수상레저기구 및 인명구조용 장비 명세서
- ⑥ 종사자 및 인명구조요원(래프팅 가이드를 포함)의 명단 및 그 자격을 증명하는 서류
- ⑦ 영업구역을 표시한 도면
- ⑧ 하천이나 그 밖의 공유수면 등의 점용 또는 사용 등에 관한 허가서
- ⑨ 수상레저사업자 또는 그 종사자의 면허증 사본(영업구역이 내수면인 경우만 해당)

③ **수상레저사업자와 그 종사자의 영업구역 내 금지사항**
- ㉮ 보호자를 동반하지 아니한 14세 미만인 자, 술에 취한 자 또는 정신질환자를 수상레저기구에 태우거나 이들에게 수상레저기구를 빌려주는 행위
- ㉯ 수상레저기구의 정원을 초과하여 태우는 행위
- ㉰ 수상레저기구 안에서 술을 판매·제공하거나 수상레저기구 이용자가 수상레저기구 안으로 이를 반입하도록 하는 행위
- ㉱ 영업구역을 벗어나 영업을 하는 행위
- ㉲ 수상레저활동시간 외에 영업을 하는 행위
- ㉳ 폭발물·인화물질 등의 위험물을 이용자가 타고 있는 수상레저기구로 반입·운송하는 행위
- ㉴ 안전검사를 받지 아니하거나 안전검사에 합격하지 못한 수상레저기구 또는 안전점검을 받지 아니한 수상레저기구를 영업에 이용하는 행위

④ **수상레저사업의 등록 취소 사유**
- ㉮ 거짓이나 그 밖의 부정한 방법으로 등록을 한 경우
- ㉯ 수상레저사업 등록의 결격사유에 해당하게 된 경우
- ㉰ 공유수면의 점용 또는 사용 허가기간 만료 이후에도 사업을 계속하는 경우

(9) 수상안전교육

① **교육시간 및 유효기간** : 수상안전교육시간은 3시간, 최초 면허시험 합격 전의 안전교육의 유효기간은 6개월

② **수상안전교육의 과목**
- ㉮ 수상레저안전 관계 법령
- ㉯ 수상레저기구의 사용·관리
- ㉰ 수상상식
- ㉱ 수상구조

③ **수상안전교육의 면제 대상자**
- ㉮ 갱신 기간의 마지막 날부터 소급하여 2년 이내의 기간에 해양경찰청장이 실시하는 안전교육 강사 교육을 마친 자
- ㉯ 면허시험 응시원서를 접수한 시점이나 조종면허증을 갱신하는 시점부터 과거 1년 이내에 수상안전교육, 선원법에 따른 기초안전교육 또는 상급안전교육을 마친 사람
- ㉰ 해양경찰청장이 지정·고시하는 기관이나 단체에서 실시하는 교육을 마치고 면허시험 과목의 면제를 받는 사람

02 선박의 입항 및 출항 등에 관한 법률

(1) 용어의 정의
① **무역항** : 국민경제와 공공의 이해(利害)에 밀접한 관계가 있고 주로 외항선이 입항·출항하는 항만으로
② **연안항** : 주로 국내항 간을 운항하는 선박이 입항·출항하는 항만
③ **우선피항선** : 무역항의 수상구역에서 운항하는 선박으로서 다른 선박의 진로를 피하여야 하는 다음의 선박
  ㉮ 부선(艀船)
  ㉯ 주로 노와 삿대로 운전하는 선박
  ㉰ 예선
  ㉱ 항만운송관련사업을 등록한 자가 소유한 선박
  ㉲ 해양환경관리업을 등록한 자가 소유한 선박(폐기물해양배출업으로 등록한 선박은 제외)
  ㉳ 위 ㉮항부터 ㉲항까지의 규정에 해당하지 아니하는 총톤수 20톤 미만의 선박
④ **정박(碇泊)** : 선박이 해상에서 닻을 바다 밑바닥에 내려놓고 운항을 멈추는 것
⑤ **정류(停留)** : 선박이 해상에서 일시적으로 운항을 멈추는 것
⑥ **계선(繫船)** : 선박이 운항을 중지하고 정박하거나 계류하는 것

(2) 입항·출항 및 정박
① **출입신고가 제외되는 선박**
  ㉮ 총톤수 5톤 미만의 선박
  ㉯ 해양사고구조에 사용되는 선박
  ㉰ 수상레저기구 중 국내항 간을 운항하는 모터보트 및 동력요트
  ㉱ 그 밖에 공공목적이나 항만 운영의 효율성을 위하여 해양수산부령으로 정하는 선박
② **수상구역 등에서 정박·정류가 허용되는 경우**
  ㉮ 해양사고를 피하기 위한 경우
  ㉯ 선박의 고장이나 그 밖의 사유로 선박을 조종할 수 없는 경우
  ㉰ 인명을 구조하거나 급박한 위험이 있는 선박을 구조하는 경우
  ㉱ 허가를 받은 공사 또는 작업에 사용하는 경우
③ **항로에서의 항법**
  ㉮ 항로 밖에서 항로에 들어오거나 항로에서 항로 밖으로 나가는 선박은 항로를 항행하는 다른 선박의 진로를 피하여 항행할 것
  ㉯ 항로에서 다른 선박과 나란히 항행하지 아니할 것
  ㉰ 항로에서 다른 선박과 마주칠 우려가 있는 경우에는 오른쪽으로 항행할 것
  ㉱ 항로에서 다른 선박을 추월하지 아니할 것. 다만, 추월하려는 선박을 눈으로 볼 수 있고 안전하게 추월할 수 있다고 판단되는 경우에는 해상교통안전법에 따른 방법으로 추월할 것

㉫ 항로를 항행하는 위험물운송선박(급유선은 제외) 또는 흘수제약선(吃水制約船)의 진로를 방해 하지 아니할 것
　　　㉬ 범선은 항로에서 지그재그(zigzag)로 항행하지 아니할 것

(3) 수로의 보전
① **폐기물의 투기 금지** : 누구든지 무역항의 수상구역등이나 무역항의 수상구역 밖 10km 이내의 수면에 선박의 안전운항을 해칠 우려가 있는 흙·돌·나무·어구(漁具) 등 폐기물을 버려서는 아니 된다.
② **부유물에 대한 허가** : 무역항의 수상구역등에서 목재 등 선박교통의 안전에 장애가 되는 부유물에 대하여 다음의 어느 하나에 해당하는 행위를 하려는 자는 해양수산부장관의 허가를 받아야 한다.
　　㉮ 부유물을 수상(水上)에 띄워 놓으려는 자
　　㉯ 부유물을 선박 등 다른 시설에 붙들어 매거나 운반하려는 자

(4) 개선명령
① **개선명령** : 해양수산부장관은 검사 또는 확인 결과 무역항의 수상구역등에서 선박의 안전 및 질서 유지를 위하여 필요하다고 인정하는 경우에는 그 선박의 소유자·선장이나 그 밖의 관계인에게 개선명령을 할 수 있다.
② **개선명령의 내용**
　　㉮ 시설의의 보강 및 대체(代替)
　　㉯ 공사 또는 작업의 중지
　　㉰ 인원의 보강
　　㉱ 장애물의 제거
　　㉲ 선박의 이동
　　㉳ 선박 척수의 제한
　　㉴ 그 밖에 해양수산부령으로 정하는 다음의 사항
　　　㉠ 무역항의 수상구역등에서 선박 또는 승무원 및 승객에 대한 일시적인 출입제한
　　　㉡ 작업 또는 행사의 일시적인 제한
　　　㉢ 공사 또는 수리계획의 변경

03 해상교통안전법

(1) 해상교통안전법의 목적
① 선박의 안전운항을 위한 안전관리체계를 확립
② 선박항행과 관련된 모든 위험과 장해를 제거
③ 해사안전(海事安全) 증진과 선박의 원활한 교통에 이바지

(2) 용어의 정의
① **수면비행선박** : 표면효과 작용을 이용하여 수면에 근접하여 비행하는 선박, 수상레저안전법령상 수상레저기구에 해당
② **거대선(巨大船)** : 길이 200m 이상의 선박
③ **고속여객선** : 시속 15노트 이상으로 항행하는 여객선
④ **동력선(動力船)** : 기관을 사용하여 추진(推進)하는 선박
⑤ **범선(帆船)** : 돛을 사용하여 추진하는 선박
⑥ **조종제한선(操縱制限船)** : 선박의 조종성능을 제한하는 작업에 종사하고 있어 다른 선박의 진로를 피할 수 없는 선박
⑦ **조종불능선(操縱不能船)** : 선박의 조종성능을 제한하는 고장이나 그 밖의 사유로 조종을 할 수 없게 되어 다른 선박의 진로를 피할 수 없는 선박
⑧ **흘수제약선(吃水制約船)** : 가항(可航)수역의 수심 및 폭과 선박의 흘수와의 관계에 비추어 볼 때 그 진로에서 벗어날 수 있는 능력이 매우 제한되어 있는 동력선
⑨ **항행 중** : 선박이 정박(碇泊), 항만의 안벽(岸壁) 등 계류시설에 매어 놓은 상태, 얹혀 있는 상태가 아닌 것
⑩ **길이** : 선체에 고정된 돌출물을 포함하여 선수(船首)의 끝단부터 선미(船尾)의 끝단 사이의 최대 수평거리
⑪ **연안통항대(沿岸通航帶)** : 통항분리수역의 육지 쪽 경계선과 해안 사이의 수역

(3) 해상교통안전법의 적용 범위
① 대한민국의 영해, 내수에 있는 선박이나 해양시설
② 대한민국의 항(港)과 항 사이만을 항행하는 선박(일부 적용)
③ 국적의 취득을 조건으로 하여 선체용선(船體傭船)으로 차용한 선박(일부 적용)
④ 대한민국의 영해 및 내수를 제외한 해역에 있는 대한민국선박
⑤ 대한민국의 배타적경제수역에서 항행장애물을 발생시킨 선박
⑥ 대한민국의 배타적경제수역 또는 대륙붕에 있는 해양시설

(4) 해상교통안전법상 위험물의 범위
① 화약류로서 총톤수 300톤 이상의 선박에 적재된 것
② 고압가스 중 인화성 가스로서 총톤수 1천톤 이상의 선박에 산적된 것
③ 인화성 액체류로서 총톤수 1천톤 이상의 선박에 산적된 것
④ 200톤 이상의 유기과산화물로서 총톤수 300톤 이상의 선박에 적재된 것
⑤ 해당 위험물을 산적한 선박에서 해당 위험물을 내린 후 선박 내에 남아 있는 인화성 가스로서 화재 또는 폭발의 위험이 있는 것

(5) 허가없이 보호수역에 입역할 수 있는 경우
① 선박의 고장이나 그 밖의 사유로 선박 조종이 불가능한 경우
② 해양사고를 피하기 위하여 부득이한 사유가 있는 경우
③ 인명을 구조하거나 또는 급박한 위험이 있는 선박을 구조하는 경우
④ 관계 행정기관이 장이 해상에서 안전 확보를 위한 업무를 하는 경우
⑤ 해양시설을 운영하거나 관리하는 기관이 그 해양시설의 보호수역에 들어가려고 하는 경우

(6) 거대선 등의 항행안전확보 조치
① 통항시각의 변경
② 항로의 변경
③ 제한된 시계의 경우 선박의 항행 제한
④ 속력의 제한
⑤ 안내선의 사용
⑥ 그 밖에 해양수산부령으로 정하는 사항

(7) 선박교통관제사의 업무
① 관제구역에서 운항하는 선박에 대한 관찰확인 · 안전정보제공 · 조언 및 지시
② 기상특보의 발표나 혼잡한 교통상황의 발생을 예방하기 위한 정보의 제공
③ 그 밖에 선박교통 안전과 효율성 증진을 위하여 해양수산부령으로 정한 다음의 업무
   ㉮ 관제업무 관련 법규 준수여부 감시 · 적발 및 감시 · 적발 지원
   ㉯ 관제구역 내 해양사고 발생 접수 시 관할 기관 등에 사고 발생사실 전파

(8) 선박의 항법
① **안전한 속력 결정 시 고려 사항**
   ㉮ 시계의 상태
   ㉯ 해상교통량의 밀도
   ㉰ 선박의 정지거리 · 선회성능, 그 밖의 조종성능

⠀⠀⠀⠀㉒ 야간의 경우에는 항해에 지장을 주는 불빛의 유무
⠀⠀⠀⠀㉓ 바람·해면 및 조류의 상태와 항행장애물의 근접상태
⠀⠀⠀⠀㉔ 선박의 흘수와 수심과의 관계
⠀⠀⠀⠀㉕ 레이더의 특성 및 성능
⠀⠀⠀⠀㉖ 해면상태·기상, 그 밖의 장애요인이 레이더 탐지에 미치는 영향
⠀⠀⠀⠀㉗ 레이더로 탐지한 선박의 수·위치 및 동향
⠀② 충돌을 피하기 위한 동작
⠀⠀⠀⠀㉮ 침로(針路)나 속력을 다른 선박이 쉽게 알아볼 수 있도록 충분히 크게 변경할 것
⠀⠀⠀⠀㉯ 침로나 속력을 소폭으로 연속적으로 변경하지 말 것
⠀⠀⠀⠀㉰ 시간적 여유를 얻기 위하여 필요하면 속력을 줄이거나 기관의 작동을 정지하거나 후진하여 선박의 진행을 완전히 멈출 것
⠀③ 좁은 수로(협수로)에서의 항법
⠀⠀⠀⠀㉮ 항행의 안전을 고려하여 될 수 있으면 좁은 수로등의 오른편 끝 쪽에서 항행
⠀⠀⠀⠀㉯ 길이 20m 미만의 선박이나 범선은 좁은 수로등의 안쪽에서만 안전하게 항행할 수 있는 다른 선박의 통행을 방해하지 말 것

(9) 주요 선박의 등화 및 형상물

⠀① 동력선
⠀⠀⠀⠀㉮ 항행 중인 동력선 : 앞쪽에 마스트등 1개와 그 마스트등보다 뒤쪽의 높은 위치에 마스트등 1개, 현등 1쌍, 선미등 1개
⠀⠀⠀⠀㉯ 수면에 떠있는 상태로 항행 중인 선박 : 위 ㉮항에 덧붙여 황색의 섬광등 1개
⠀⠀⠀⠀㉰ 수면비행선박이 비행하는 경우 : 위 ㉮항에 덧붙여 고광도 홍색 섬광등 1개
⠀⠀⠀⠀㉱ 길이 12m 미만의 동력선 : 흰색 전주등 1개와 현등 1쌍
⠀⠀⠀⠀㉲ 길이 7m 미만이고 최대속력이 7노트 미만인 동력선 : 흰색 전주등 1개
⠀② 범선
⠀⠀⠀⠀㉮ 항행 중인 범선 : 현등 1쌍, 선미등 1개
⠀⠀⠀⠀㉯ 길이 20m 미만의 범선 : 위 ㉮항을 대신하여 삼색등 1개
⠀⠀⠀⠀㉰ 기관을 동시에 사용하여 진행하고 있는 경우 : 앞쪽의 가장 잘 보이는 곳에 원뿔꼴로 된 형상물 1개
⠀③ 어선
⠀⠀⠀⠀㉮ 트롤망어로에 종사하는 선박
⠀⠀⠀⠀⠀⠀㉠ 수직선 위쪽에는 붉은색, 아래쪽에는 흰색 전주등 각 1개 또는 수직선 위에 두 개의 원뿔을 그 꼭대기에서 위아래로 결합한 형상물 1개
⠀⠀⠀⠀⠀⠀㉡ 수평거리로 150m가 넘는 어구를 선박 밖으로 내고 있는 경우에는 어구를 내고 있는 방향으로 흰색 전주등 1개 또는 꼭대기를 위로 한 원뿔꼴의 형상물 1개
⠀⠀⠀⠀⠀⠀㉢ 대수속력이 있는 경우에는 위 ㉠과 ㉡항에 덧붙여 현등 1쌍과 선미등 1개
⠀⠀⠀⠀㉯ 트롤망어로 외의 어로에 종사하는 선박 : 수직선 위쪽에는 붉은색, 아래쪽에는 흰색 전주등 각 1개

④ 조종불능선
  ㉮ 가장 잘 보이는 곳에 수직으로 붉은색 전주등 2개
  ㉯ 가장 잘 보이는 곳에 수직으로 둥근꼴이나 그와 비슷한 형상물 2개
  ㉰ 대수속력이 있는 경우에는 위 ㉮와 ㉯항에 덧붙여 현등 1쌍과 선미등 1개

⑤ 조종제한선
  ㉮ 가장 잘 보이는 곳에 수직으로 위쪽과 아래쪽에는 붉은색 전주등, 가운데에는 흰색 전주등 각 1개
  ㉯ 가장 잘 보이는 곳에 수직으로 위쪽과 아래쪽에는 둥근꼴, 가운데에는 마름모꼴의 형상물 각 1개
  ㉰ 대수속력이 있는 경우에는 위 ㉮와 ㉯항에 마스트등 1개, 현등 1쌍 및 선미등 1개

(10) 음향신호(기적신호)

① 기적의 종류
  ㉮ 단음 : 1초 정도 계속되는 고동소리
  ㉯ 장음 : 4초부터 6초까지의 시간 동안 계속되는 고동소리

② 음향신호설비
  ㉮ 길이 12m 이상의 선박 : 기적 1개
  ㉯ 길이 20m 이상의 선박 : 기적 1개 및 호종 1개
  ㉰ 길이 100m 이상의 선박 : 기적 1개 및 호종 1개 및 호종과 혼동되지 아니하는 음조와 소리를 가진 징

③ 동력선이 서로 상대의 시계 안에 있는 경우
  ㉮ 침로를 오른쪽으로 변경하고 있는 경우 : 단음 1회
  ㉯ 침로를 왼쪽으로 변경하고 있는 경우 : 단음 2회
  ㉰ 기관을 후진하고 있는 경우 : 단음 3회

④ 선박이 좁은 수로등에서 서로 상대의 시계 안에 있는 경우
  ㉮ 다른 선박의 우현 쪽으로 추월하려는 경우에는 장음 2회와 단음 1회의 순서로 의사를 표시할 것
  ㉯ 다른 선박의 좌현 쪽으로 추월하려는 경우에는 장음 2회와 단음 2회의 순서로 의사를 표시할 것
  ㉰ 추월당하는 선박이 다른 선박의 추월에 동의할 경우에는 장음 1회, 단음 1회의 순서로 2회에 걸쳐 동의의사를 표시할 것

04 해양환경관리법 등

(1) 해양환경관리법의 목적
① 선박, 해양시설, 해양공간 등 해양오염물질을 발생시키는 발생원 관리
② 기름 및 유해액체물질 등 해양오염물질의 배출 규제
③ 해양오염을 예방, 개선, 대응, 복원하는 데 필요한 사항을 정함
④ 국민의 건강과 재산을 보호하는 데 이바지

(2) 용어의 정의
① **해양환경** : 해양에 서식하는 생물체와 이를 둘러싸고 있는 해양수(海洋水), 해양지(海洋地), 해양대기(海洋大氣) 등 비생물적 환경 및 해양에서의 인간의 행동양식을 포함하는 것으로서 해양의 자연 및 생활상태
② **해양오염** : 해양에 유입되거나 해양에서 발생되는 물질 또는 에너지로 인하여 해양환경에 해로운 결과를 미치거나 미칠 우려가 있는 상태
③ **기름** : 원유 및 석유제품(석유가스 제외)과 이들을 함유하고 있는 액체상태의 유성혼합물(액상유성혼합물) 및 폐유
④ **선저폐수(船底廢水)** : 선박의 밑바닥에 고인 액상유성혼합물

(3) 해양환경관리법의 적용범위
① 영해 및 내수, 대한민국이 해양환경의 보전에 관한 관할권을 갖는 해역
② 배타적 경제수역
③ 환경관리해역
④ 해저광구

(4) 오염물질을 해양에 배출할 수 있는 경우
① 선박 또는 해양시설등의 안전확보나 인명구조를 위하여 부득이하게 오염물질을 배출하는 경우
② 선박 또는 해양시설등의 손상 등으로 인하여 부득이하게 오염물질이 배출되는 경우
③ 선박 또는 해양시설등의 오염사고에 있어 해양수산부령이 정하는 방법에 따라 오염피해를 최소화하는 과정에서 부득이하게 오염물질이 배출되는 경우

(5) 해양오염방지관리인
① **해양오염방지관리인** : 선박직원(선장·통신장 및 통신사 제외) 중 임명
② **해양오염방지관리인 승무대상 선박**
   ㉮ 총톤수 150톤 이상인 유조선
   ㉯ 총톤수 400톤 이상인 선박. 다만, 부선 등 선박의 구조상 오염물질 및 대기오염물질을 발생하지 아니하는 선박은 제외

(6) 해양에 배출할 수 있는 선박 내 발생 폐기물
① 음식찌꺼기
② 해양환경에 유해하지 않은 화물잔류물
③ 선박 내 거주구역에서 목욕, 세탁, 설거지 등으로 발생하는 중수(화장실 오수 및 화물구역 오수는 제외)
④ 어업활동 중 혼획된 수산동식물(폐사된 것 포함) 또는 어업활동으로 인하여 선박으로 유입된 자연기원물질(어장의 오염된 퇴적물 제외)

(7) 해양시설로부터의 오염물질 배출신고 시 신고사항
① 해양오염사고의 발생일시·장소 및 원인
② 배출된 오염물질의 종류, 추정량 및 확산상황과 응급조치상황
③ 사고선박 또는 시설의 명칭, 종류 및 규모
④ 해면상태 및 기상상태

(8) 선박의 대기오염방지 관련 설비
① 오존층파괴물질이 포함된 설비
② 디젤기관의 질소산화물 배출 저감을 위한 설비
③ 황산화물 배출 저감 설비
④ 휘발성유기화합물 배출 방지 설비
⑤ 선박 안의 소각기

(9) 수거·처리대상 해양시설 발생 오염물질
① 폐기물
② 기름(해양시설의 소유자가 스스로의 설비나 장비를 이용하여 유분 성분이 15ppm 이하가 되도록 처리하는 경우는 제외)
③ 유해액체물질(해양시설의 소유자가 스스로의 설비나 장비를 이용하여 가지역에 적용하는 배출허용기준 이하로 처리하는 경우는 제외) 또는 포장유해물질 잔류물

(10) 폐유저장용기 비치기준

대상 선박	저장용량(단위:리터)
총톤수 5톤 이상 10톤 미만의 선박	20
총톤수 10톤 이상 30톤 미만의 선박	60
총톤수 30톤 이상 50톤 미만의 선박	100
총톤수 50톤 이상 100톤 미만으로서 유조선이 아닌 선박	200

CHAPTER

02

필기 문제은행 700제

Section 01 수상레저안전 (20%) / 001~140
Section 02 운항 및 운용 (20%) / 141~280
Section 03 기관 (10%) / 281~350
Section 04 법규 (50%) / 351~700

SECTION 01 수상레저안전

수상레저안전 영역의 문제은행은 총 140문항으로 이 중 10문항이 출제됩니다.

001 〈보기〉의 ( ) 안에 들어갈 용어로 옳은 것은?

> **보기**
> 해면에 파랑이 있는 만월의 야간 항행 시에 달이 ( )에 놓이게 되면 광력이 약한 등화를 가진 물체가 근거리에서도 잘 보이지 않는 수가 있어 주의하여 항해하여야 한다.

갑. 전방
을. 후방
병. 측방
정. 머리 위

002 조석에 대한 설명으로 옳지 않은 것은?

갑. 달과 태양이 지구에 미치는 기조력에 의하여 주기적으로 해면이 상승하거나 낮아지는 수직 방향의 운동이다.
을. 저조에서 고조로 해면이 상승하는 동안을 '창조류', 고조에서 저조로 수위가 하강하는 동안을 '낙조류'라고 한다.
병. 해수면이 가장 낮은 시기를 '간조'라 하며, 가장 높은 시기를 '만조'라 한다.
정. 만조와 간조는 평균적으로 24시간 50분마다 반복되며, 지역에 따라 보통 하루에 1~2회 정도 조석이 생긴다.

003 '조석'이 선박 운항에 미치는 영향으로 옳지 않은 것은?

갑. 지구와 태양과 달이 일직선상에 놓이는 그믐과 보름 직후 '대조'가 나타나며, 유속이 빨라 선박 운항에 주의가 요구된다.
을. 태양과 달이 지구에 대하여 직각으로 놓이는 상현과 하현 직후 '조금'이 나타나며, 수심이 낮아 좌초 등에 유의해야 한다.
병. 우리나라에서 조차가 가장 큰 곳은 인천과 서해안이며, 이 지역에서 선박 운항 시 암초에 유의해야 한다.
정. 우리나라는 '만조'와 '간조'가 하루에 2회씩 반복되며, 선박 운항에 큰 영향을 미치지는 않는다.

> **해설** 지구와 태양과 달이 일직선상에 놓이는 그믐과 보름 직후, 조차가 가장 큰 '대조'(사리)이며 유속이 빠르다. 태양과 달이 지구에 대하여 직각으로 놓이는 상현과 하현 직후, 조차가 가장 작은 조금(소조)으로 수위가 낮아지며, 우리나라에서 조차가 가장 큰 곳은 인천과 서해안으로 '만조'와 '간조'가 하루에 두 번씩 반복되며 선박 운항 시 암초에 유의해야 한다.

정답 001. 을 002. 정 003. 정

004 온난 전선의 설명 중 옳지 않은 것은?

갑. 전선이 통과하게 되면 습도와 기온이 상승한다.
을. 찬 기단의 경계면을 따라 따뜻한 공기가 상승하며, 찬 기단이 있는 쪽으로 이동한다.
병. 격렬한 대류운동을 동반하는 적란운을 발생시키기 때문에 강한 바람과 소나기성의 비가 내린다.
정. 따뜻한 공기가 전선면을 따라 상승하기 때문에 구름과 비가 발생한다.

> 해설 온난전선 : 따뜻한 공기가 찬 기단의 경계면을 따라 올라가면서, 찬 기단이 잇는 쪽으로 이동해 가는 형태. 전선면을 따라 따뜻한 공기가 상승하므로 구름과 비가 발생한다. 온난전선이 통과하게 되면 기온과 습도가 올라간다.

005 '기수' 지역이 형성되는 대표적인 장소로 옳은 것은?

갑. 산 정상의 호수
을. 강의 상류
병. 강이 바다가 만나는 하구 지역
정. 수심이 깊은 해양 지역

> 해설 기수(Brackish water zone)는 강이나 호수가 바다와 만나는 하구나 강어귀 등으로 담수와 해수가 섞여 있어 염도가 중간 정도로 나타나는 수역을 의미한다.

006 '조류'의 힘이 가장 강한 시기는 언제인가?

갑. 만조와 간조 사이
을. 고조와 저조 사이
병. 사리 때
정. 조류가 역류할 때

> 해설 조류의 힘이 가장 강한 시기는 "사리 때"이다. 사리 때는 달과 태양의 인력이 중첩되어 조석 간의 차가 최대가 되는 시기로, 그에 따라 조류의 유속도 가장 빠르다.

007 파도를 뜻하는 용어 설명 중 옳지 않은 것은?

갑. 바람이 해면이나 수면 위에서 불 때 생기는 파도가 '풍랑'이다.
을. 파랑은 현재의 해역에 바람이 불지 않더라도 생길 수 있다.
병. 너울은 풍랑에서 전파되어 온 파도로 바람의 직접적인 영향을 받지 않는다.
정. 어느 해역에서 발생한 풍랑이 바람이 없는 다른 해역까지 진행 후 감쇠하여 생긴 것이 '너울'이다.

> 해설 파도를 뜻하는 용어 중 '파랑'(풍랑)은 바람에 의해 생기는 파도, '너울'은 풍랑이 전파되어 나타나는 파도로, 바람의 직접적 영향이 없더라도 너울은 발생된다.

정답 004. 병 005. 병 006. 병 007. 을

008 조석과 조류에 관한 설명 중 옳지 않은 것은?

갑. 조석으로 인하여 해면이 높아진 상태를 고조라고 한다.
을. 조류가 창조류에서 낙조류로, 또는 낙조류에서 창조류로 변할 때 흐름이 잠시 정지하는 현상을 게류라고 한다.
병. 저조에서 고조까지 해면이 점차 상승하는 사이를 낙조라 하고, 조차가 가장 크게 되는 조석을 대조라 한다.
정. 연이어 일어나는 고조와 저조때의 해면 높이의 차를 조차라 한다.

009 조석표에 대한 설명 중 옳지 않은 것은?

갑. 조석표에 월령의 의미는 달의 위상을 뜻한다.
을. 조석표의 월령 표기는 ◐, ○, ◑, ● 기호를 사용한다.
병. 조위 단위로 표준항은 cm, 그 외 녹동, 순위도는 m를 사용한다.
정. 조석표의 사용시각은 12시간 방식으로 오전(AM)과 오후(PM)로 구분하여 표기한다.

> **해설** 국립해양조사원 발행 조석표 첫 장에는 '조석표 보는 방법' 여섯 항목이 기재됨.
> 1. 사용시각(KST 한국표준시, 24시간 방식), 2. 불규칙한 해면 승강 지역, 3. 조위의 단위(표준항 cm, 그 외 2곳 m),
> 4. 달의 위상 표기방식(◐ 상현, ○ 망, ◑ 하현, ● 삭), 조고의 기준면(약최저저조면), 좌표방식(WGS-84, 도-분-초)

010 [보기]의 상황에서 두 개의 (   ) 안에 들어갈 용어로 옳은 것은?

> **보기**
> 최고속 대지속력 20노트로 설계된 모터보트를 전속 RPM으로 운행 중 GPS 플로터를 확인하였더니 현재 속력이 22노트였다. 추측할 수 있는 현재의 조류는 (①)이며, 유속은 약 (②) 노트 내외라 추정할 수 있다.

갑. ① 순조, ② 2노트   을. ① 역조, ② 2노트
병. ① 순조, ② 4노트   정. ① 역조, ② 4노트

> **해설** GPS 플로터에 지시되는 속력은 '대지속력'[SOG,: 땅(G: Ground)에 대한 속력]인데, 보트 뒤에서 조류를 받는 순조 2노트의 유속이 합산된 속력으로 유속 2노트의 조류가 없다면 설계 최고속인 20노트로 운행하게 될 것이나 순조 2노트의 유속이 가산되어 대지속력 22노트가 가능해진 것이다. 대지속력과 상반되는 속력인 '대수속력'[STW(Speed Through Water) : 물(W: Water)에 대한 속력]은 위 보기의 경우 20노트가 된다. 순조는 선박 진행방향과 동일한 방향의 조류, 역조는 반대인 조류를 말한다.

011 한 달에 조석이 가장 강하게 발생하는 시기는?

갑. 상현과 하현   을. 보름과 그믐
병. 봄철과 가을철   정. 여름과 겨울철

정답 008. 병   009. 정   010. 갑   011. 을

012 항해 중 어느 한쪽 현에서 바람을 받으면 풍하측으로 떠밀려 실제 지나온 항적과 선수미선이 일치하지 않을 때 그 각을 무엇이라 하는가?

갑. 편차
을. 시침로
병. 침로각
정. 풍압차

> **해설** 풍압차(Lee way, LW)에 대한 설명으로, 일반적으로 선박에서는 풍압차와 유압차(Tide way, Current way; 해류나 조류에 떠밀리는 경우 항적과 선수미선 사이에 생기는 교각)를 구별하지 않고 이들을 합쳐서 풍압차라고 하는 경우가 많다.

013 〈보기〉의 ( ) 안에 들어갈 순서가 바르게 짝지어진 것은?

┌ 보기 ┐
맑은 날 일출 후 1~2시간은 거의 무풍상태였다가 태양고도가 높아짐에 따라 (①)쪽에서 바람이 불기 시작, 오후 1~3시에 가장 강한 (②)이 불며 일몰 후 일시적으로 무풍상태가 되었다가 육상에서 해상으로 (③)이 분다.

갑. ① 해상, ② 해풍, ③ 육풍
을. ① 육지, ② 육풍, ③ 해풍
병. ① 해상, ② 육풍, ③ 해풍
정. ① 육지, ② 해풍, ③ 육풍

014 '저기압'의 정의에 대한 설명으로 옳지 않은 것은?

갑. 저기압은 대기 중의 압력이 주변보다 낮은 상태를 의미한다.
을. 저기압 지역에서는 공기가 상승하는 경향이 있다.
병. 저기압은 일반적으로 날씨가 맑고 고온인 지역에서 발생한다.
정. 저기압 지역에서는 구름과 비가 자주 발생한다.

015 안개에 대한 설명 중 옳지 <u>않은</u> 것은?

갑. 이류무 - 해상안개의 80%를 차지하며 범위는 넓으나 지속시간은 짧다.
을. 복사무 - 육상 안개의 대부분을 차지하며 국지적인 좁은 범위의 안개이다.
병. 전선무 - 전선을 동반한 따뜻한 비가 한기 속에 떨어질 때 증발로 발생한다.
정. 활승무 - 습윤한 공기가 완만한 산의 경사면을 강제 상승되어 수증기 응결로 발생된다.

> **해설**
> - 해무(이류무): 따뜻하고 습윤한 공기가 따뜻한 표면에서 찬 표면으로 이동 중 접촉으로 냉각되어 발생 또는 건조하고 찬 공기가 따뜻하고 습한 표면으로 이동하는 동안 표면으로부터 증발에 의한 수증기 포화로 발생, 해상안개의 80%를 차지하며 범위가 넓고, 6시간 정도에서 며칠씩 지속될 때도 있다.
> - 복사무: 육상 안개의 대부분으로, 밤에 지표면에 접한 공기가 점차 냉각(복사냉각)되어 노점온도에 이르러 안개가 발생한다.
> - 전선무: 전선을 경계로 찬 공기와 따뜻한 공기의 온도차가 클 때 발생하기 쉬우며, 전선을 동반한 따뜻한 비가 한기 속에 떨어지는 동안 수증기 증가 및 포화로 인한 증발로 안개가 발생한다.
> - 활승무: 산무라고도 하며, 습윤한 공기가 완만한 산의 경사면을 강제 상승되어 단열 팽창으로 기온하강과 함께 수증기 응결로 인해 발생되는 안개이다.

정답 012. 정 013. 갑 014. 병 015. 갑

016 풍향 풍속에 대한 설명으로 옳지 않는 것은?

갑. 풍향이란 바람이 불어나가는 방향으로, 해상에서는 보통 북에서 시작하여 시계방향으로 32방위로 나타낸다.
을. 풍향이 반시계 방향으로 변하는 것을 풍향 반전이라 하고, 시계 방향으로 변하는 것을 풍향 순전이라고 한다.
병. 풍속은 정시 관측 시간 전 10분간의 풍속을 평균하여 구한다.
정. 항해 중의 선상에서 관측하는 바람은 실제 바람과 배의 운동에 의해 생긴 바람이 합성된 것으로, 시풍이라고 한다.

017 '고기압'의 특성에 대한 설명으로 옳지 않은 것은?

갑. 고기압 지역에서는 공기가 하강하는 경향이 있다.
을. 고기압은 일반적으로 맑고 건조한 날씨를 유발한다.
병. 고기압 지역에서는 구름과 비가 자주 발생한다.
정. 고기압은 대기 중의 압력이 주변보다 높은 상태를 의미한다.

018 '태풍'이 발생하는 주된 원인으로 옳지 않은 것은?

갑. 바다 표면의 온도가 높아지면서 대기 중의 수증기가 상승한다.
을. 대기 중의 수증기가 응결되어 열에너지를 방출하며 강한 상승 기류를 형성한다.
병. 지구의 자전으로 인해 발생하는 코리올리 힘이 강한 회전 운동을 유도한다.
정. 고온 다습한 공기가 차가운 공기와 만나면서 발생하는 강한 압력 차이로 태풍이 발생한다.

> 해설) 태풍은 주로 따뜻한 해수면에서 발생하며, 고온 다습한 공기가 상승하면서 수증기가 응결되어 열에너지를 방출한다. 이 과정은 태풍의 강력한 상승 기류를 유도하고, 코리올리 힘에 의해 회전운동을 하면서 태풍이 형성된다. 차가운 공기와의 만남은 태풍 발생의 주된 원인이 아니라, 전선이나 기압 차에 의해 다른 기상현상이 발생할 수 있다.

019 태풍의 가항반원과 위험반원에 대한 설명으로 옳은 것은?

갑. 위험반원의 후반부에 삼각파의 범위가 넓고 대파가 있다.
을. 위험반원은 기압경도가 작고 풍파가 심하나 지속시간은 짧다.
병. 태풍의 이동축선에 대하여 좌측반원을 위험반원, 우측반원을 가항반원이라 한다.
정. 위험반원 중에서도 후반부가 최강풍대가 있고 중심의 진로상으로 휩쓸려 들어갈 가능성이 크다.

> 해설) 태풍의 이동축선에서 좌측반원이 가항반원이고 우측반원이 위험반원이다. 좌측(가항)반원은 우측에 비해 상대적으로 약한편인데, 우측(위험)반원은 좌측에 비해 기압경도가 커서 바람이 강하여 풍파가 심하며 폭풍우의 지속시간도 길다. 우측(위험)반원 중에서도 전반부에 최강풍대가 있고 선박이 바람에 압류되어 태풍 중심의 진로상으로 휩쓸려 들어갈 가능성이 커서 가장 위험한 반원에 해당한다. 태풍 중심에서 50km 이내에는 삼각파가 심하며 특히 우측(위험)반원의 후반부에 삼각파의 범위가 넓고 대파가 있다.

정답 016. 갑 017. 병 018. 정 019. 갑

020 항해 중 안개가 끼었을 때 본선의 행동사항 중 가장 옳은 것은?

갑. 최고의 속력으로 빨리 인근 항구에 입항한다.
을. 레이다에만 의존하여 최고 속력으로 항해한다.
병. 안전한 속력으로 항해하며 가용 할 수 있는 방법을 다하여 소리를 발생하고 근처에 항해하는 선박에 알린다.
정. 컴퍼스를 이용하여 선위를 구한다.

021 '복사안개'가 선박 운항에 미치는 영향에 대한 설명으로 옳지 않은 것은?

갑. 복사안개는 밤에 지면의 열이 빠져나가면서 발생한다.
을. 복사안개는 낮에 기온이 상승할 때 발생하는 안개이다
병. 복사안개는 주로 밤이나 이른 아침에 발생하며, 선박 운항 시 시야를 제한할 수 있다.
정. 복사안개는 선박의 항로 변경이나 속도 조절이 필요할 정도로 큰 영향을 미칠 수 있다.

> 해설 복사안개는 밤에 기온이 낮아지면서 공기 중의 수증기가 응결해 형성되는 안개이다. 낮에는 기온이 높아져 공기 중의 수증기가 증발하거나 공기가 건조해져 복사안개는 발생하지 않는다. 복사안개는 시야를 제한하고 선박의 안전한 운항에 영향을 미칠 수 있다.

022 수상레저 활동에 가장 큰 영향을 미치는 기상요소이다. 가장 옳은 것은?

갑. 수온과 기압
을. 바람의 방향
병. 파고와 풍속
정. 수심과 기온

023 구명뗏목에 승선 완료 후 즉시 취할 행동에 관한 지침으로 보기 쉬운 곳에 게시되어 있는 것은?

갑. 생존지침서
을. 의료설명서
병. 행동지침서
정. 구명신호 설명서

> 해설 생존지침서는 구명뗏목 내에서 생존방법과 만국 공통의 구명신호 송수신 해독 지도서이며, 구명신호 설명서는 구명시설과 조난선박과의 통신에 필요한 신호의 방법과 의미가 설명되어 있다.

024 구명뗏목이 바람에 떠내려가지 않도록 바닷속의 저항체 역할과 전복방지에 유용한 것은?

갑. 해묘
을. 안전변
병. 구명줄
정. 바닥기실

> 해설 안전변은 뗏목이 팽창한 경우 적정한 기실 압력을 유지하기 위해 가스를 배출시키는 장치, 구명줄은 외주(수중 표류자)와 내주(뗏목 탑승자) 구명줄로 조난자가 붙잡기 위한 끈, 바닥기실은 주기실의 하부면에 있고 의장품대에 비치된 충기 펌프로 팽창시킬 수 있다. 해묘(Sea anchor)는 2개 중 1개는 본체에 달려있고 1개는 의장품대에 있으며 10미터의 나일론 줄이 연결되어 있다.

정답 020. 병 021. 을 022. 병 023. 병 024. 갑

025 구명뗏목의 의장품인 행동지침서의 기재사항으로 옳지 않은 것은?

갑. 다른 조난자가 없는지 확인할 것
을. 침몰하는 배 주변 가까이에 머무를 것
병. 다른 구명정 및 구명뗏목과 같이 행동할 것
정. 의장품 격납고를 열고 생존지침서를 읽을 것

해설 행동지침서에는 침몰하는 배에서 신속하게 떨어질 것이 기재되어 있다. 그 외 행동지침서 기재사항으로 "구명정의 기능을 확인할 것"이 있다.

026 조난신호 장비에 대한 설명 중 옳지 않은 것은?

갑. 신호 홍염 - 손잡이를 잡고 불을 붙이면 1분 이상 붉은색의 불꽃을 낸다.
을. 발연부 신호 - 불을 붙여 손으로 잡거나 배 위에 올려놓으면 3분 이상 연기를 분출한다.
병. 자기 점화등 - 구명부환(Life Ring)에 연결되어 있어 야간에 수면에 투하되면 자동으로 점등된다.
정. 로켓 낙하산 화염 신호 - 공중에 발사되면 낙하산이 펴져 초당 5미터 이하로 떨어지면서 불꽃을 낸다.

해설 로켓 낙하산 화염 신호(Rocket parachute flare signal)는 수직으로 쏘아 올릴 때 고도 300미터 이상 올라가야 하며 40초 이상의 연소시간을 가져야 한다. 신호 홍염(Hand flare)은 손으로 잡고서 조난신호를 알리는 장비이나, 발연부 신호(Buoyant smoke signal)는 방수 용기로 포장되어 있고 잔잔한 해면에 3분 이상 연기를 분출하는데, 발화 동안에 상당한 고온이므로 손으로 잡아선 안 되며 갑판 위에 두었을 때 화재 위험이 크므로 점화 후 물에 던져 해면 위에서 연기를 낸다.

027 로프의 시험 하중의 범위 내에서 안전하게 사용할 수 있는 최대의 하중을 무엇이라고 하는가?

갑. 시험 하중 을. 파단 하중
병. 충격 하중 정. 안전사용 하중

028 수동 팽창식 구명조끼에 대한 설명 중 옳지 않은 설명은?

갑. 부피가 작아서 관리, 취급, 운반이 간편하다.
을. CO_2 팽창기를 이용하여 부력을 얻는 구명조끼이다.
병. 협소한 장소나 더운 곳에서 착용 및 활동이 편리하다.
정. CO_2 팽창 후 부력 유지를 위한 공기 보충은 필요 없다.

해설 수동 팽창형 구명조끼는 CO_2 팽창기 줄을 손으로 직접 잡아 당겨 팽창시키는 방식으로, 착용 후 수영하기 좋고 활동의 편리함이 있으나 수중에서 장시간 부력 유지를 위해서는 입으로 공기를 불어 넣는 장치를 이용하여 수시로 빠진 공기를 보충시켜 주어야 하는 단점도 있다.

정답 025. 을 026. 을 027. 정 028. 정

029 자동 및 수동 겸용 팽창식 구명조끼 작동법에 대한 설명 중 옳지 않은 것은?

갑. 물감지 센서(Bobbin)에 의해 익수 시 10초 이내에 자동으로 팽창한다.
을. 자동으로 팽창하지 않았을 경우, 작동 손잡이를 당겨 수동으로 팽창시킨다.
병. CO_2 가스 누설 또는 완전히 팽창되지 않았을 경우 입으로 직접 공기를 불어 넣는다.
정. 직접 공기를 불어 넣은 후에는 가스 누설을 막기 위해 마우스피스의 마개를 거꾸로 닫는다.

> 해설 자동 및 수동 겸용 신형 팽창식 구명조끼는 물 감지 센서(Bobbin)에 의해 익수 시 자동으로 팽창되며, 자동으로 팽창되지 않을 경우 작동 손잡이를 당겨 수동으로 팽창이 가능하다. 공기를 보충해야 할 경우에 사용하는 마우스피스는 공기를 뺄 때도 사용하게 되는데, 마우스피스 마개를 거꾸로 닫게 되면 에어백 내부의 공기가 빠지게 된다.

030 선박 화재시 발생하는 유독가스로 인해 오염된 지역에서 탈출할 때 사용하며, 약 10분 사용할 수 있고 압축공기 또는 산소를 두건(안면보호마스크) 내로 공급해주는 장치를 무엇이라 하는가?

갑. 자장식 호흡구 을. 비상탈출용 호흡구
병. 소방원장구 정. 스프링클러 장치

> 해설 비상탈출용 호흡구(EEBD)는 화재 발생시 위험한 장소로부터 탈출용으로만 사용되는 공기 또는 산소공급장치로, 10분 이상 지속적으로 사용 가능하며, 눈, 코, 입을 보호하기 위한 안면보호마스크가 있고, 휴대가 간편한 구조로 되어 있는 장비이다.

031 모터보트의 연료 계통에서 화재가 발생하였다. 가장 우선해야 할 대처 방법은?

갑. 엔진을 끄고 연료 밸브를 차단 후 소화기를 분사한다.
을. 소화기를 분사한 후 엔진을 끄고 연료 밸브를 차단한다.
병. 구명장비를 즉시 착용하고 보트에서 벗어난다.
정. 모터보트를 빠르게 조종하여 넓은 바다로 이동시킨다.

> 해설 모터보트의 연료 계통 화재는 매우 위험하며 화재가 확산될 수 있다. 엔진을 끄고, 화재의 근본이 되는 연료의 흐름을 차단한 후 소화기를 분사하여 진압하는 것이 가장 바람직하다.

032 생존수영의 방법으로 옳지 않은 것은?

갑. 구조를 요청할 때는 누워서 고함을 치거나 두 손으로 구조를 요청한다.
을. 익수자가 여러 명일 경우 이탈되지 않도록 서로 껴안고 하체를 서로 압박하고 잡아준다.
병. 부력을 이용할 장비가 있으면 가슴에 밀착시켜 체온을 유지한다.
정. 온몸에 힘을 뺀 상태에서 몸을 뒤로 젖혀 하늘을 보는 자세를 취한다.

> 해설 두 손으로 구조를 요청하게 되면 에너지 소모가 많고 부력장비를 놓치기 쉽다. 또한 몸이 가라앉을 가능성이 있기 때문에 구조를 요청할 때에는 한 손으로 흔든다.

정답 029. 정 030. 을 031. 갑 032. 갑

033 무동력보트를 이용한 구조술에 대한 설명 중 옳지 않은 것은?

갑. 익수자에게 접근해 노를 건네 구조할 수 있다.
을. 익수자를 끌어올릴 때 전복되지 않도록 주의한다.
병. 보트 위로 끌어올리지 못할 경우 뒷면에 매달리게 한 후 신속히 이동한다.
정. 보트는 선미보다 선수방향으로 익수자를 탈 수 있도록 유도하는 것이 효과적이다.

해설 무동력보트의 경우 선미가 선수보다 낮으며 스크루가 없기 때문에 선미로 유도하여 끌어 올리는 것이 효과적이다.

034 보트가 전복되어 물에 빠졌을 경우 대처법으로 가장 옳지 않은 것은?

갑. 구명조끼를 착용하고 주변을 살핀다.
을. 전복이 진행 중이라면 보트로부터 떨어진다.
병. 가능하다면 부유물 위로 올라가 구조를 기다린다.
정. 체온 유지를 위하여 물속에서 구조를 기다린다.

해설 보트가 전복되어 물에 빠졌다면, 구명조끼를 착용하고 주변을 살피고, 전복이 진행 중이라면 보트로부터 떨어져야 한다. 가능한 불필요한 행동으로 에너지를 소모하지 않도록 하고, 부유물 등의 위로 올라가 체온 유지를 하면서 구조를 기다린다.

035 선박 충돌 시 조치사항으로 가장 옳지 않은 것은?

갑. 인명구조에 최선을 다한다.
을. 침수량이 배수량보다 많으면 배수를 중단한다.
병. 침몰할 염려가 있을 때에는 임의좌초 시킨다.
정. 퇴선할 때에는 구명조끼를 반드시 착용한다.

해설 대량 유입되는 물을 감당할 수 없을지라도 부력 상실 전까지 시간 확보를 위해 배수를 중단해서는 안 된다. 임의좌초(Beaching)란 해변좌초, 임의좌주 또는 임시좌주라고도 표현하는데, 의도치 않은 좌초사고가 아니라 선박의 침몰을 막기 위해 수심이 낮은 해변 모래톱 등에 이동시켜 해변에 얹히게 하여 침몰을 막기 위함이다.

036 항해 중 가족이 바다에 빠진 경우 취해야 할 방법으로 가장 옳지 않은 것은?

갑. 구명부환을 던진다.
을. 즉시 입수하여 가족을 구조한다.
병. 119에 신고한다.
정. 타력을 이용하여 미속으로 접근한다.

해설 인명구조는 본인 안전의 확보가 최우선으로 안전장비를 갖춘 상태에서 구조하여야 하며, 직접(맨몸) 구조 보다는 물 밖에서 구조장비를 이용한 간접구조를 우선하여야 한다.

정답 033. 정 034. 정 035. 을 036. 을

037 모터보트 운항 중에 기상특보가 발효되었다면 우선하여 취해야 할 조치로 옳은 것은?

갑. 최대 속도로 항해하여 구역을 빨리 벗어난다.
을. 파도의 크기에 따라 항로를 조정하며 속도를 낮춘다.
병. 원래 항로에서 벗어나지 않도록 유의하여 이동한다.
정. 승객과 화물을 최대한 빠르게 이동시킨다.

> 해설 운항 중 기상특보가 발효되었다면, 속도를 줄이고 파도의 크기와 방향에 맞춰 항로를 조정하는 것이 중요하다. 가능한 속도를 낮추고 파도를 선수 쪽에서 받도록 조종함으로써 선박에 가하는 충격이 최소화되어 전복의 위험을 줄일 수 있다.

038 보트를 조종하여 익수자를 구조하는 방법으로 가장 옳지 않은 것은?

갑. 타력을 이용하여 미속으로 접근한다.
을. 익수자까지 최대 속력으로 접근한다.
병. 익수자 접근 후 레버를 중립에 둔다.
정. 여분의 노, 구명환 등을 이용하여 구조한다.

> 해설 타력으로 미속 접근하고 회전하는 스크루에 의한 안전사고 방지를 위해 익수자에게 접근 후에는 전·후진 레버를 중립에 두며, 여분의 노 또는 구명환 등을 이용하여 구조한다.

039 항행 중 비나 안개 등에 의해 시정이 나빠졌을 때 조치사항으로 옳지 않은 것은?

갑. 낮에도 항해등을 점등하고 속력을 줄인다.
을. 다른 선박의 무중신호 청취에 집중한다.
병. 주변의 무중신호 청취를 위해 기적이나 싸이렌은 작동하지 않는다.
정. 시계가 좋아질 때를 기다린다.

040 파도가 높은 구역의 모터보트 운항에 대한 설명 중 옳지 않은 것은?

갑. 파도를 보트의 정면 쪽으로 받으면 롤링이 덜하여 안정적으로 항해할 수 있다.
을. 측면에서 파도를 받으면 모터보트가 크게 흔들려 전복될 위험이 있다.
병. 높은 파도에서는 모터보트의 속도를 줄여야 안전성이 높아진다.
정. 파도를 모터보트의 선미에서 빠르게 받으며 신속히 통과해야 안전하다.

> 해설 파도가 높은 해역에서 모터보트를 운항할 때는 파도를 보트의 정면 쪽으로 마주하고 천천히 운항하는 것이 안전합니다. 파도를 측면으로 받으면 모터보트가 크게 흔들리거나 전복될 위험이 있으며, 속도를 높이면 파도의 충격을 더 크게 받을 수 있다.

정답 037. 을 038. 을 039. 병 040. 정

041 물때 변화에 따라 모터보트 운항 경로를 조정하는 가장 중요한 이유는?

갑. 파도의 크기 변화에 대비하기 위해
을. 수온 변화에 적응하기 위해
병. 얕은 수심으로 인한 사고를 예방하기 위해
정. 항로 내 물고기의 활동을 피하기 위해

042 폭풍우시 대처방법으로 옳지 않은 것은?

갑. 파도의 충격과 동요를 최대로 줄이기 위해 속력을 줄이고 풍파를 선수 20°~30°방향에서 받도록 조종한다.
을. 파도의 충격과 동요를 최대로 줄이기 위해 속력을 줄이고 풍파를 우현 90°방향에서 받도록 조종한다.
병. 파도를 보트의 횡방향에서 받는 것은 대단히 위험하다.
정. 보트의 위치를 항상 파악하도록 노력한다.

> 해설 선내로 파도가 밀려들어 오는 것에 주의해서 조종하고, 들어오는 물은 즉시 배수한다. 그렇지 않으면 선저에 고인 물의 이동으로 복원력이 저하되고 동시에 전기계통의 고장 원인도 된다.

043 모터보트 운항 중 연료가 고갈되어 표류 중이다. 다음 중 우선 고려해야 할 조치로 옳은 것은?

갑. GPS로 위치를 확인하고 구조 요청을 보낸다.
을. 엔진을 계속 가동하면서 조금씩 이동을 시도한다.
병. 안전 장비를 착용하고 조류를 타고 이동한다.
정. 모든 전원을 끄고 연료를 절약한다.

044 〈보기〉는 구명 장비이다. (가), (나)에 해당하는 장비로 옳은 것은?

갑. (가) 구명부기, (나) 구명조끼
을. (가) 구명부기, (나) 구명부환
병. (가) 구명뗏목, (나) 구명조끼
정. (가) 구명뗏목, (나) 구명부기

정답 041. 병 042. 을 043. 갑 044. 을

045 화재 발생 시 유의 사항에 대한 설명으로 옳은 것은?

갑. 화재 발생원이 풍상측에 있도록 보트를 돌리고 엔진을 정지한다.
을. 엔진룸 화재와 같은 B급 유류 화재에는 대부분의 소화기 사용이 가능하다.
병. 화재 예방을 위해 기름이나 페인트가 묻은 걸레는 공기가 잘 통하지 않는 곳에 보관한다.
정. C급 화재인 전기화재에 물이나 분말소화기는 부적합하여 포말소화기나 이산화탄소(CO_2) 소화기를 사용한다.

046 임의좌주(임시좌주, Beaching)를 위해 적당한 해안을 선정할 때 유의사항으로 옳은 것은?

갑. 해저가 모래나 자갈로 구성된 곳은 피한다.
을. 경사가 완만하고 육지로 둘러싸인 곳을 선택한다.
병. 임의좌주 후 자력 이초를 고려하여 강한 조류가 있는 곳을 선택한다.
정. 임의좌주 후 자력 이초에 도움을 줄 수 있도록 갯벌로 된 곳을 선택한다.

- 임의 좌주에 적당한 해안은, 해저가 모래나 자갈로 구성되어 있는 곳이 좋다.
- 경사가 완만하여야 간조·만조 시 급격한 선체 기울임을 피할 수 있다.
- 강한 조류가 있는 곳은 임의 좌주를 위한 해안으로 적합하지 않다.
- 자력 이초까지 고려한다면 갯벌로 된 해안은 피해야 한다.

047 해양사고 대처에 있어 〈보기〉와 같은 판단들은 무엇을 시도하기 전에 고려할 사항인가?

보기
- 손상 부분으로부터 들어오는 침수량과 본선의 배수 능력을 비교하여 물에 뜰 수 있을 것인가
- 해저의 저질, 수심을 측정하고 끌어낼 수 있는 시각과 기관의 후진 능력을 판단
- 조류, 바람, 파도가 어떤 영향을 줄 것인가
- 무게를 줄이기 위해 적재된 물품을 어느 정도 해상에 투하하면 물에 뜰 수 있겠는가

갑. 충돌
을. 접촉
병. 좌초
정. 이초

048 해상에서 선박 간 충돌 또는 장애물과의 접촉 사고 시에 조치하여야 할 사항으로 가장 옳지 않은 것은?

갑. 충돌을 피하지 못할 상황이라면 타력을 줄인다.
을. 충돌이나 접촉 직후에는 기관을 전속으로 후진하여 충돌 대상과 안전거리 확보가 우선이다.
병. 파공이 크고 침수가 심하면 격실 밀폐와 수밀문을 닫아서 충돌 또는 접촉된 구획만 침수되도록 한다.
정. 충돌 후 침몰이 예상되는 상황이면 해상으로 탈출을 대비하여야 하며, 수심이 낮은 곳에 임의 좌주를 고려한다.

정답 045. 을 046. 을 047. 정 048. 을

049 좌초 후 자력으로 이초할 때 유의사항으로 가장 옳은 것은?

갑. 암초 위에 얹힌 경우, 구조가 될 때까지 무작정 기다린다. 을. 저조가 되기 직전에 시도하고 바람, 파도, 조류 등을 이용한다.
병. 선체 중량을 경감 할 필요가 있을 땐 이초 시작 직 후에 실시한다.
정. 갯벌에 얹혔을 때에는 선체를 좌우로 흔들면서 기관을 사용하면 효과적이다.

> **해설** 암초에 얹힌 시점이 저조 진행 중이라면 얹힌 상태로 기울기가 커져 전복의 위험 발생(조석 확인 후 안전대책 필요), 고조가 되기 전 이초를 시도하며, 선체 중량 경감 시기는 이초 시작 직전에 실시, '정'은 갯벌에 좌초 시 이초를 위한 방법 중 하나이다.

050 수상오토바이를 타고 이동 중 물에 빠졌을 때 올바른 대처법은?

갑. 물에 빠진 후 즉시 구명조끼를 착용한다.
을. 수상오토바이 뒤쪽으로 이동하여 다시 탑승한다.
병. 수상오토바이를 잡고 물에 떠서 구조를 기다린다.
정. 다른 사람에게 도움을 요청하기 위해 수신호를 보낸다.

> **해설** 수상오토바이에서 떨어졌을 때는 침착하게 수상오토바이 뒤쪽으로 이동하여 올라타서 시동 후 이동한다. 수상오토바이가 뒤집힌 경우라면 선미 부분에 표기된 화살표 방향으로 복원시킨다.

051 좁은 수로에서 보트 운항자가 주의하여야 할 것으로 옳은 것은?

갑. 속력이 너무 빠르면 조류영향을 크게 받으며, 타의 효력도 나빠져서 조종이 곤란할 수 있다.
을. 야간에는 보트의 조종실 등화를 밝게 점등하여 타 선박이 나의 존재를 확인하기 쉽도록 한다.
병. 음력 보름 만월인 야간에는 해면에 파랑이 있고 달이 후방에 있을 때가 전방 경계에 용이하다.
정. 일시에 대각도 변침을 피하고, 조류 방향과 직각되는 방향으로 선체가 가로 놓이게 되면 조류 영향을 크게 받는다.

052 수상오토바이를 타고 주행 중 파도가 높아 전복하려 할 경우 대처법으로 적절한 것은?

갑. 파도가 높은 쪽으로 방향을 틀어준다.
을. 빠르게 주행하여 파도를 지나간다.
병. 속도를 낮추고 파도를 비스듬히 맞으며 지나간다.
정. 파도를 뒤로 받으며 이동한다.

> **해설** 파도가 높을 때 정면으로 파도와 맞서 주행하면 큰 파도에 묻혀 탑승자가 수상오토바이에서 이탈될 가능성이 크며, 파도를 측면에서 받을 경우, 균형을 잃고 전복 가능성이 크다. 파도를 정면 비스듬히 맞으며 주행하는 것이 가장 부드럽게 넘을 수 있다. 과도한 속도나 무리한 주행은 사고를 일으킬 수 있어 적절한 속도 조절과 상황 판단이 중요하다.

정답 049. 정 050. 을 051. 정 052. 병

053 1해리를 미터 단위로 환산한 것으로 올바른 것은?

갑. 1,582m 을. 1,000m
병. 1,852m 정. 1,500m

> 해설) 해리(N/M = Nautical Mile)는 바다에서 거리의 사용 단위이며, 1해리(마일)는 1,852m이다.

054 조류가 빠른 협수로 같은 곳에서 일어나는 조류의 상태는?

갑. 급조 을. 와류
병. 반류 정. 격조

> 해설) 조류가 좁은 수도 등을 지날 때 생기는 소용돌이의 형태를 와류(Eddy Current)라고 한다.

055 해도에서 수심이 같은 장소를 연결한 선을 무엇이라 하는가?

갑. 경계선 을. 등고선
병. 등압선 정. 등심선

> 해설) 해도에 수심 2m, 5m 기준으로 등심선이 그려져 있으며, 이후 10m, 20m, 30m와 같이 등심선과 선 중간에 숫자(10, 20, 30)함께 등심선이 표기되기도 한다.

056 해안선을 나타내는 경계선의 기준은?

갑. 약최저저조면 을. 기본수준면
병. 평균수면 정. 약최고고조면

> 해설) 약최고고조면(Approximate Highest High Water)은 조석으로 인해 가장 높아진 해수면 높이를 말하며, 이 높이를 해안선의 경계로 사용한다.

057 해도에 나타나지 않는 것은?

갑. 조류속도 을. 조류방향
병. 수심 정. 풍향

> 해설) 해도에는 해안의 지형, 조류의 성질, 수심 등이 표시

정답 053. 병 054. 을 055. 정 056. 정 057. 정

058 동력수상레저기구 운항 중 수중의 암초를 피하기 위한 가장 좋은 방법은?

갑. 수중 암초가 있는 지역을 미리 확인하고, 그 지역을 피해서 주행한다.
을. 암초가 있을 수 있는 지역에서 속도를 더 높여 빠르게 지나간다.
병. 암초 지역에서 빠른 속도로 회전을 하여 피한다.
정. 수중 암초를 발견하면 바로 엔진을 끄고 수심을 체크 한다.

해설 수중 암초는 수면 아래의 매우 위험한 장애물이다. 운항 전 운항 계획을 세우고 물때와 암초 지역을 확인해야 함.

059 수상레저기구 이용 중 갑자기 물속에서 저항감을 느꼈다면 무엇을 확인해야 하는가?

갑. 기구의 손상 여부를 확인한다.
을. 탑승자를 확인한다.
병. 수심을 확인한다.
정. 유속을 확인한다.

해설 수상레저기구 운항 중 갑자기 저항감을 느꼈다면 기구의 손상 여부를 확인하여 사고를 예방해야 한다.

060 침실에서 석유난로를 사용하던 중 담뱃불에서 인화되어 유류 화재가 발생하였다. 이 화재의 종류는?

갑. A급 화재
을. B급 화재
병. C급 화재
정. D급 화재

해설 B급 화재(유류 화재) : 연소 후 재를 남기지 않는 종류의 화재로서 유류 등의 가연성 액체나 기체 등의 화재가 이에 속함

061 밀물과 썰물의 차가 가장 작을 때를 무엇이라고 하는가?

갑. 사리
을. 조금
병. 상현
정. 간조

해설 상현과 하현때는 달과 태양이 직각을 이루고 있으므로 달의 기조력과 태양의 기조력이 나누어져 기조력이 상쇄되므로 조차가 최소가 되는데 이때를 조금(Neap Tide) 또는 소조라고 한다.

062 휴대용 CO_2 소화기의 최대 유효거리는?

갑. 4.5~5m
을. 1.5 ~ 2m
병. 2.5 ~ 3m
정. 3.5 ~ 4m

해설 휴대식 CO_2 소화기는 액체상태의 탄산가스를 압력용기에 60/kg/cm²/21℃ 압력으로 봉입하여 사용 시 액체에서 기화된 탄산가스가 피 연소물질에 산소공급을 차단하는 질식 효과와 열을 뺏는 냉각 효과로 소화하는 것이다. 따라서 휴대식 이산화탄소 소화기는 B, C급 초기화재의 진화에 효과적이다. 가스를 직접 화재원에 분사시킬 때의 최대 유효거리는 1.5 ~ 2m이다.

정답 058. 갑 059. 갑 060. 을 061. 을 062. 을

063 창조 또는 낙조의 전후에 해면의 승강은 극히 느리고 정지하고 있는 것 같아 보이는 상태로 해면의 수직운동이 정지된 상태를 (　)라 한다. (　)안에 들어갈 용어로 옳은 것은?

갑. 게류
을. 정조
병. 평균수면
정. 전류

> **해설** 정조(Stand of tide)에 대한 설명으로 해면의 수직운동이 정지한 상태를 뜻하며, 게류(Slack water)는 조류의 전류 시에 수평방향의 흐름인 조류가 정지된 상태로 게류를 전류(Turn of tidal current)라고도 한다.

064 저조 때가 되어도 수면 위에 잘 나타나지 않으며 특히, 항해에 위험을 주는 바위는?

갑. 노출암
을. 암암
병. 세암
정. 간출암

> **해설**
> 1. 암암 : 저조시가 되어도 수면위에 잘 나타나지 않으며 항해에 위험을 준다.
> 2. 세암 : 저조일 때 수면과 거의 같아서 해수에 봉오리가 씻기는 바위
> 3. 간출암 : 저조시에 수면 위에 나타나는 바위

065 구명뗏목 의장품 중 사람의 체온 유지를 위해 열전도율이 낮은 방수 물질로 만들어진 포대기 형태의 물품은?

갑. 보온구
을. 구명조끼
병. 방수복
정. 구명부환

> **해설** 보온구(Thermal protective aids)는 사람의 체온 유지를 위해 열전도율이 낮은 방수 물질로 만들어진 포대기 형태로 된 구명장치이다.

066 팽창식 구명뗏목 수동진수 순서로 올바른 것은?

갑. 연결줄 당김 – 안전핀 제거 – 투하용 손잡이 당김
을. 투하용 손잡이 당김 – 연결줄 당김 – 안전핀 제거
병. 안전핀 제거 – 투하용 손잡이 당김 – 연결줄 당김
정. 안전핀 제거 – 연결줄 당김 – 투하용 손잡이 당김

067 구명뗏목의 구성품 중 수심 2~4m의 수압을 받으면 자동으로 구명뗏목 지지대(Cradle)에서 컨테이너(Container)를 분리시켜 주는 역할을 하는 것은?

갑. 수압이탈장치
을. 고박줄
병. 위크링크
정. 작동줄

> **해설** 수압이탈장치(Hydraulic release unit) : 본선 침몰 시에 구명뗏목을 본선으로부터 자동으로 이탈시키는 장치로 수심 4m 이내의 수압에서 작동하여 본선으로부터 자동 이탈 되어 수면으로 부상하도록 설계되어 있다.

정답 063. 을 064. 을 065. 갑 066. 병 067. 갑

068 구명뗏목이 뒤집혔을 때 이를 바로 세우기 위해 구명뗏목 하부에 설치된 줄을 무엇이라 하는가?

갑. Painter
을. Boat skate
병. Righting rein
정. Weak link

 Righting rein(복정장치)은 구명뗏목 하부에 설치되어 있으며, 구명뗏목이 뒤집혔을 때 구명뗏목을 바로 세우기 위해 설치된 줄이다.

069 구명뗏목(Liferaft) 의장품 중 구명뗏목을 바람에 쉽게 떠내려가지 않게 하며 전복 방지에 도움을 주는 품목은?

갑. Boat hook
을. Painter
병. Sea anchor
정. Rescue quoit

- 보오트 훅(Boat hook) : 다른 물체를 잡아당길 때 사용
- 페인터(Painter) : 구명뗏목의 고박, 예인 등에 사용
- 구조 고리(Rescue quoit) : 익수자 구조를 위한 줄과 고리

070 조석 간만의 영향을 받는 항구에서 레저보트로 입출항 할 때, 오전 08시 14분 출항했을 때가 만조였다면, 아래 어느 시간대를 선택해야 만조 시의 입항이 가능한가?

갑. 당일 11시경(오전 11시경)
을. 당일 14시경(오후 2시경)
병. 당일 20시경(오후 8시경)
정. 다음날 02시경(오전 2시경)

고조시 출항 후 고조시 재 입항이 필요시 12시간 후를 계획하여야 한다.

071 선박의 기관실 침수 방지대책에 대한 설명으로 옳지 않은 것은?

갑. 방수 기자재를 정비한다.
을. 해수관 계통의 파공에 유의한다.
병. 해수 윤활식 선미관에서의 누설량에 유의한다.
정. 기관실 선저밸브를 모두 폐쇄한다.

072 항해 중 사람이 물에 빠졌을 때 가장 먼저 해야 할 조치사항으로 가장 옳은 것은?

갑. 주변 사람에게 알린다.
을. 기관을 역회전시켜 전진 타력을 감소한다.
병. 키를 물에 빠진 쪽으로 최대한 전타한다.
정. 키를 물에 빠진 반대쪽으로 최대한 전타한다.

항해 중 사람이 물에 빠졌을 때에는 '익수자'라고 크게 외치고, 구명부환 등의 부유물을 던져줌과 동시에 키를 물에 빠진 쪽으로 최대한 전타하여 스크루 프로펠러에 빨려들지 않게 조종 후 구조작업에 임해야 한다.

정답 068. 병 069. 병 070. 병 071. 정 072. 병

073 용어의 정의가 옳지 않은 것은?

갑. 조차란 만조와 간조의 수위차이를 말한다.
을. 사리란 조차가 가장 큰 때를 말한다.
병. 정조란 해면의 상승과 하강에 따른 조류의 멈춤상태를 말한다.
정. 조류란 달과 태양의 기조력에 의한 해수의 주기적인 수직운동을 말한다.

074 해도에서 "RK"라 표시되는 저질은?

갑. 펄
을. 자갈
병. 모래
정. 바위

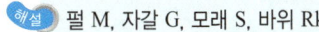 펄 M, 자갈 G, 모래 S, 바위 Rk

075 이안류의 특징으로 옳지 않은 것은?

갑. 수영 미숙자는 흐름을 벗어나 옆으로 탈출한다.
을. 수영 숙련자는 육지를 향해 45도로 탈출한다.
병. 폭이 좁고 매우 빨라 육지에서 바다로 쉽게 헤엄쳐 나갈 수 있다.
정. 폭이 좁고 매우 빨라 바다에서 육지로 쉽게 헤엄쳐 나올 수 있다.

이안류는 폭이 좁고 매우 빨라 바다로 쉽게 헤엄쳐 나갈 수 있지만, 바다에서 해안으로 들어오기는 어려울 때가 많다. 이안류는 해수욕을 즐기는 사람에게 가장 무서운 현상으로 먼바다로 향하는 강력한 물의 흐름에 무조건 대항하다 보면 큰 사고로 이어질 수 있다.

076 조석의 간만에 따라 수면 위에 나타났다 수중에 잠겼다하는 바위를 무엇이라 하는가?

갑. 노출암
을. 간출암
병. 돌출암
정. 수몰암

077 수상레저 활동 시 수온에 대한 설명으로 옳은 것을 모두 고르시오?

보기
① 우리나라 연안의 평균 수온 중 동해안이 가장 수온이 높다.
② 우리나라 서해가 계절에 따른 수온 변화가 가장 심한 편이다.
③ 남해는 쿠로시오 난류의 영향으로 계절에 따른 수온 변화가 심하지 않다.
④ 조난 시 체온 유지를 고려할 때, 동력수상레저의 경우에는 2℃ 미만의 수온도 적합하다.

갑. ①, ③
을. ①, ④
병. ②, ③
정. ③, ④

정답 073. 정 074. 정 075. 정 076. 을 077. 병

078 따뜻한 해면의 공기가 찬 해면으로 이동할 때 해면부근의 공기가 냉각되어 생기는 것을 무엇이라 하는가?

갑. 해무   을. 구름
병. 이슬   정. 기압

해설 대부분의 해상 안개(해무)인 '이류무'는 상기와 같은 이유로 발생. 해무 중에서 증발 안개(증기무)는 건조하고 찬 공기가 따뜻하고 습한 표면으로 이동하는 동안 표면으로부터 증발에 의한 수증기 포화로 발생. 이류무는 해상 안개의 80%를 차지하며 범위가 넓고, 계속 시간이 6시간 정도에서 며칠씩 지속될 때도 있다.

079 계절풍에 대한 설명으로 옳지 않은 것은?

갑. 빈년 주기로 바람의 방향이 바뀐다.
을. 계절풍을 의미하는 몬순은 아랍어의 계절을 의미한다.
병. 겨울에는 해양에 저기압이 생성되어 대륙으로부터 해양 쪽으로 바람이 불게 된다.
정. 여름계절풍이 겨울계절풍보다 강하다.

해설 겨울의 계절풍이 여름의 계절풍에 비해 훨씬 강하다.

080 편서풍대 내에서 서쪽에서 동쪽으로 이동하는 고기압을 (   )라 하고, (   )의 동쪽부분에는 날씨가 비교적 맑고, 서쪽에는 날씨가 비교적 흐린 것이 보통이다. 위 (   )안에 공통으로 들어갈 말은?

갑. 장마전선   을. 저기압
병. 이동성저기압   정. 이동성고기압

081 협수로 통과시나 입출항 통과 시에 준비된 위험 예방선은?

갑. 피험선   을. 중시선
병. 경계선   정. 위치선

082 계절풍의 설명으로 옳지 않은 것은?

갑. 계절풍은 대륙과 해양의 온도차에 의해 발생 된다.
을. 겨울에는 육지에서 대양으로 흐르는 한랭한 기류인 북서풍이 분다.
병. 여름에는 바다는 큰 고기압이 발생하고 육지는 높은 온도로 저압부가 되어 남동풍이 불게 된다.
정. 겨울에는 대양에서 육지로 흐르는 한랭한 기류인 남동풍이 분다.

해설 겨울에는 육지에서 대양으로 흐르는 한랭기류인 북서풍이 분다.

정답   078. 갑   079. 정   080. 정   081. 갑   082. 정

083 바람에 대한 설명 중 옳지 않은 것은?

갑. 해륙풍은 낮에 바다에서 육지로 해풍이 불고, 밤에는 육지에서 바다로 육풍이 분다.
을. 같은 고도에서도 장소와 시각에 따라 기압이 달라지고 이러한 기압차에 의해 바람이 분다.
병. 북서풍이란 남동쪽에서 북서쪽으로 바람이 부는 것을 뜻한다.
정. 하루 동안 낮과 밤의 바람 방향이 거의 반대가 되는 바람의 종류를 해륙풍이라 한다.

해설 풍향을 표현할 때에는 불어나가는 방향이 아닌, 불어오는 방향으로 표기한다.

084 해도에 표기된 조류에 대한 설명으로 옳은 것은?

갑. 해도에 표기된 조류의 방향 및 속도는 측정치의 최대방향과 최소속도이다.
을. 해도에 표기된 조류의 방향 및 속도는 측정치의 최대방향과 최대속도이다.
병. 해도에 표기된 조류의 방향 및 속도는 측정치의 평균방향과 평균속도이다.
정. 해도에 표기된 조류의 방향 및 속도는 측정치의 최소방향과 최소속도이다.

해설 해도상 조류 표기에는 유속과 유향이 표기된 창조류와 낙조류가 있는데 이것은 다만 측정한 평균 방향 및 양을 나타내고 있을 뿐이므로 실제 항해 당시의 유향, 유속이 해도에 기재된 유향 및 유속과 다를 수 있음을 상시 주의하여야 한다.

085 하루 동안 발생되는 해륙풍에 대한 설명으로 옳지 않은 것은?

갑. 해풍은 일반적으로 육풍보다 강한 편이다.
을. 해륙풍의 원인은 맑은 날 일사가 강하여 해면보다 육지 쪽이 고온이 되기 때문이다.
병. 낮과 밤에 바람의 영향이 거의 반대가 되는 현상은 해륙풍의 영향이다.
정. 밤에는 육지에서 바다로 해풍이 분다.

086 해상 안개인 해무(이류무)의 설명으로 옳은 것은?

갑. 밤에 지표면의 강한 복사냉각으로 발생된다.
을. 전선을 경계로 하여 찬 공기와 따뜻한 공기의 온도차가 클 때 발생하기 쉽다.
병. 안개의 범위가 넓고 지속시간도 길어서 때로는 며칠씩 계속될 때도 있다.
정. 안개가 국지적인 좁은 범위의 안개이다.

087 우리나라 기상청 특보 중 해양기상 특보에 해당하는 것을 모두를 고르시오.

갑. 강풍, 지진해일, 태풍 (주의보 · 경보)
을. 강풍, 폭풍해일, 태풍 (주의보 · 경보)
병. 강풍, 폭풍해일, 지진해일, 태풍 (주의보 · 경보)
정. 풍랑, 폭풍해일, 지진해일, 태풍 (주의보 · 경보)

정답 083. 병 084. 병 085. 정 086. 병 087. 정

088 해양의 기상이 나빠진다는 징조로 옳지 않은 것은?

갑. 뭉게구름이 나타난다.
을. 기압이 내려간다.
병. 바람방향이 변한다.
정. 소나기가 때때로 닥쳐온다.

> 해설 뭉게구름(적운)은 날씨가 좋을 때 생기는 구름이다.

089 〈보기〉의 ( ) 안에 들어갈 용어로 옳은 것은?

| 보기 |
| 선박에 비치해야 하는 닻과 닻줄, 계류색의 굵기 등은 선박 설비 규정에서 정해져 있는 (   )에 따라 결정된다. |

갑. 선형계수
을. 프루드 수
병. 비척계수
정. 의장수

090 개방성 상처의 응급처치 방법으로 가장 옳지 않은 것은?

갑. 상처주위에 관통된 이물질이 보이더라도 현장에서 제거하지 않는다.
을. 손상부위를 부목을 이용하여 고정한다.
병. 무리가 가더라도 손상부위를 움직여 정확히 고정하는 것이 중요하다.
정. 상처부위에 소독거즈를 대고 압박하여 지혈시킨다.

> 해설 **개방성 상처의 응급처치**
> ① 손상부위를 과도하게 움직이면 심한통증과 2차 손상을 유발할 수 있으므로 최소한으로 움직인다.
> ② 가위를 이용하여 의복을 제거할 때에도 움직임을 최소화 한다.
> ③ 초기에는 출혈부위를 직접 눌러 압박을 가하고 직접압박으로 어느 정도 출혈이 감소하거나 지혈이 되면 상처 부위에 소독거즈를 덮어 압박하여 오염을 방지한다.
> ④ 부목으로 고정한다.

091 골절 시 나타나는 증상과 징후로 가장 옳지 않은 것은?

갑. 손상 부위를 누르면 심한 통증을 호소한다.
을. 손상부위의 움직임이 제한될 수 있다.
병. 골절 부위의 골격끼리 마찰되는 느낌이 있을 수 있다.
정. 관절이 아닌 부위에서 골격의 움직임은 관찰되지 않는다.

> 해설 골절이 발생하면 관절이 아닌 부위에서 골격의 움직임이 관찰될 수 있다. 즉 정상적으로 신전, 회전등의 운동이 일어나는 관절 이외의 골격부위에서 이상적인 움직임이 발생할 수 있다.

정답 088. 갑 089. 정 090. 병 091. 정

092 〈보기〉의 화상의 정도는?

| 보기 |
| 피부 표피와 진피 일부의 화상으로 수포가 형성되고 통증이 심하며 일반적으로 2주에서 3주안으로 치유된다. |

갑. 1도 화상
을. 2도 화상
병. 3도 화상
정. 4도 화상

해설 2도 화상은 뜨거운 물, 증기, 기름, 불 등에 의해서 손상을 받고 수포가 생기며 통증을 동반한다. 1도 화상은 피부 표피층만 손상된 상태로 동통이 있으며 피부가 붉게 변하나 수포는 생기지 않으며, 3도 화상은 진피의 전 층이나 진피 아래의 피부밑지방까지 손상된 화상이다. 3도 화상일 입은 부분은 건조되어 피부가 마른 가죽처럼 되면서 색깔이 변한다.

093 저체온증은 일반적으로 체온이 몇 도 이하로 떨어졌을 때를 말하는가?

갑. 35℃ 이하
을. 34℃ 이하
병. 33℃ 이하
정. 37℃ 이하

해설 저체온증은 사람의 체온이 35℃ 이하로 떨어지고 정상 체온을 유지하지 못하는 상태를 말한다.

094 지혈대 사용에 대한 설명 중 가장 옳지 않은 것은?

갑. 다른 지혈방법을 사용하여도 외부 출혈이 조절 불가능할 때 사용을 고려할 수 있다.
을. 팔, 다리관절 부위에도 사용이 가능하다.
병. 지혈대 적용 후 반드시 착용시간을 기록한다.
정. 지혈대를 적용했다면 가능한 신속히 병원으로 이송한다.

해설 지혈대는 직접압박, 간접압박, 출혈부위 거상 등으로도 조절이 불가능한 외부출혈 시 사용을 고려할 수 있으며 팔이나 다리의 관절 부위는 피해서 적용하도록 해야한다.

095 상처를 드레싱 하는 목적으로 가장 옳지 않은 것은?

갑. 드레싱은 지혈에 도움이 되지 않는다.
을. 드레싱은 상처 오염을 예방하기 위함이다.
병. 드레싱이란 상처부위를 소독거즈나 붕대로 감는 것도 포함된다.
정. 상처부위를 고정하기 전 드레싱이 필요하다.

해설 드레싱의 기능으로는 출혈을 방지, 상처가 더욱 악화되는 것을 방지, 창상이 오염되는 것을 방지 한다.

정답 092. 을 093. 갑 094. 을 095. 갑

096 심폐소생술을 시작한 후에는 불필요하게 중단해서는 안 된다. 불가피하게 중단할 경우 얼마를 넘지 말아야 하는가?

갑. 10초 을. 15초
병. 20초 정. 30초

097 외부 출혈을 조절하는 방법 중 가장 효과적인 방법으로 옳지 않은 것은?

갑. 국소 압박법 을. 선택적 동맥점 압박법
병. 지혈대 사용법 정. 냉찜질을 통한 지혈법

해설
1. 국소 압박법 : 상처가 작거나 출혈 양상이 빠르지 않을 경우 출혈 부위를 국소 압박 지혈
2. 선택적 동맥점 압박법 : 상처의 근위부에 위치한 동맥을 압박하는 것이 출혈을 줄이는데 효과적
3. 지혈대 사용법 : 출혈을 멈추기 위하여 지혈대를 사용할 수 있다.
4. 냉찜질을 통한 지혈법 : 상처부위의 혈관을 수축시켜 지혈 효과를 보지만 완전한 지혈이 어렵다.

098 심폐소생술 시행 중 인공호흡에 대한 설명으로 가장 옳지 않은 것은?

갑. 가슴 상승이 눈으로 확인될 정도의 호흡량으로 불어 넣는다.
을. 기도를 개방한 상태에서 인공호흡을 실시한다.
병. 인공호흡양이 많고 강하게 불어 넣을수록 환자에게 도움이 된다.
정. 너무 많은 양의 인공호흡은 위팽창과 그 결과로 역류, 흡인같은 합병증을 유발할 수 있다.

해설 과도한 인공호흡은 흉강내압을 상승시키고 심장으로 돌아오는 정맥환류 흐름을 저하시켜 심박출량과 생존율을 감소시킬 수 있다.

099 성인 심정지 환자에게 심폐소생술을 시행할 때 적절한 가슴 압박속도는 얼마인가?

갑. 분당 60~80회 을. 분당 70~90회
병. 분당 120~140회 정. 분당 100~120회

100 흡입화상에 대한 설명으로 옳지 않은 것은?

갑. 흡입화상은 화염이나 화학물질을 흡입하여 발생하며 짧은 시간 내에 호흡기능상실로 진행 될 수 있다.
을. 초기에 호흡곤란 증상이 없었더라면 정상으로 볼 수 있다
병. 흡입 화상으로 인두와 후두에 부종이 발생될 수 있다.
정. 흡입 화상 시 안면 또는 코털 그을림이 관찰될 수 있다.

해설 흡입화상은 초기에는 호흡곤란 증상이 없었더라도 시간이 진행함에 따라 호흡곤란이 발생할 수 있는 심각한 형태의 화상이다. 인두와 후두에 부종이 발생될 수 있으며 이로 인하여 기도폐쇄가 나타날 수 있다.

정답 096. 갑 097. 정 098. 병 099. 정 100. 을

101 현장 응급처치에 대한 설명 중 옳지 않은 것은?

갑. 동상부위는 건조하고 멸균거즈로 손상부위를 덮어주고 느슨하게 붕대를 감는다.
을. 콘텍트 렌즈를 착용한 모든 안구손상 환자는 현장에서 즉시 렌즈를 제거한다.
병. 현장에서 화상으로 인한 수포는 터트리지 않는다.
정. 의식이 없는 환자에게 물 등을 먹이는 것은 기도로 넘어갈 수 있으므로 피한다.

> **해설** 일반적으로 눈의 손상이 있으면 렌즈는 제거하지 말고 병원으로 이송하며 의료진에게 렌즈 착용을 전달한다. (현장에서 렌즈 조작으로 눈 손상이 악화될 가능성이 높기 때문이다)

102 자동심장충격기에서 '분석 중'이라는 음성지시가 나올 때 대처하는 방법으로 가장 옳은 것은?

갑. 귀로 숨소리를 들어본다.
을. 가슴압박을 중단한다.
병. 가슴압박을 실시한다.
정. 인공호흡을 실시한다.

> **해설** 분석 중이라는 음성지시가 나올 때는 실시 중이던 가슴압박을 멈추고 환자에게서 떨어지도록 한다.

103 전기손상에 대한 설명 및 응급처치 방법으로 옳지 않은 것은?

갑. 전기가 신체에 접촉 시 일반적으로 들어가는 입구의 상처가 출구보다 깊고 심하다
을. 높은 전압의 전류는 몸을 통과하면서 심장의 정상전기리듬을 파괴하여 부정맥을 유발함으로써 심정지를 일으킨다.
병. 강한전류는 심한 근육수축을 유발하여 골절을 유발하기도 한다.
정. 사고발생 시 안전을 확인 후 환자에게 접근하여야 한다.

> **해설** 전기에 신체가 접촉되면 접촉면을 통하여 전기가 체내로 유입되고 다른 신체부위로 전기가 나오게 되는데 일반적으로 들어가는 입구의 상처는 작으나 출구는 상처가 깊고 심하다. 전기화상은 수분이 많은 조직에서 더 심한 손상을 유발한다.

104 자동심장충격기 패드 부착 위치로 올바르게 짝지어진 것은?

| 보기 |
| ㉠ 왼쪽 빗장뼈 아래   ㉡ 오른쪽 빗장뼈 아래 |
| ㉢ 왼쪽 젖꼭지 아래의 중간겨드랑선   ㉣ 오른쪽 젖꼭지 아래의 중간겨드랑선 |

갑. ㉠-㉡
을. ㉡-㉢
병. ㉡-㉣
정. ㉠-㉣

> **해설** 자동심장충격기 패드는 심장에 최대한 전류를 전달할 수 있는 위치에 부착하여야 한다. 한패드를 오른쪽 빗장뼈 아래에 부착하고, 다른 패드는 왼쪽 젖꼭지 아래의 중간겨드랑선에 부착한다.

정답 101. 을 102. 을 103. 갑 104. 을

105 심정지 환자 응급처치에 대한 설명 중 가장 옳지 않은 것은?

갑. 인공호흡 하는 방법을 모르거나 인공호흡을 꺼리는 일반인 구조자는 가슴압박소생술을 하도록 권장한다.
을. 인공호흡을 할 수 있는 구조자는 인공호흡이 포함된 심폐소생술을 시행할 수 있는데 방법은 가슴압박 30회 한 후 인공호흡 2회 연속하는 과정이다.
병. 인공호흡을 할 시 약 2~3초에 걸쳐 가능한 빠르게 많이 불어 넣는다.
정. 인공호흡을 불어 넣을 때에는 눈으로 환자의 가슴이 부풀어 오르는지를 확인한다.

해설 인공호흡을 하기 위해 구조자는 먼저 환자의 기도를 개방하고 평상 시 호흡과 같은 양의 호흡으로 1초에 걸쳐서 숨을 불어 넣는다.

106 일반인 구조자에 의한 기본소생술 순서로 옳은 것은?

갑. 반응확인-도움요청-맥박확인-심폐소생술
을. 맥박확인-호흡확인-도움요청-심폐소생술
병. 호흡확인-맥박확인-도움요청-심폐소생술
정. 반응확인-도움요청-호흡확인-심폐소생술

해설 일반인은 호흡 상태를 정확히 평가하기 어렵기 때문에 쓰러진 사람에게 반응확인 후 반응이 없으면 즉시 신고 후 호흡 확인을 한다. 환자가 반응이 없고, 호흡이 없거나 심정지 호흡처럼 비정상적인 호흡을 보인다면 심정지 상태로 판단하고 심폐소생술을 실시한다.

107 동상에 대한 설명으로 가장 옳지 않은 것은?

갑. 동상의 가장 흔한 증상은 손상부위 감각저하이다.
을. 동상부위를 녹이기 위해 문지르거나 마사지 행동은 하지 않으며 열을 직접 가하는 것이 도움이 된다.
병. 현장에서 수포(물집)는 터트리지 않는다.
정. 동상으로 인해 다리가 붓고 물집이 있을 시 가능하면 누워서 이송하도록 한다.

해설 손상된 조직을 문지르면 얼음 결정이 세포를 파괴할수 있으며 직접 열을 가하는 것은 추가적인 조직손상을 일으킨다.

108 저체온증 응급처치에 대한 설명으로 옳지 않은 것은?

갑. 신체 말단부위부터 가온을 시킨다.
을. 작은 충격에도 심실세동과 같은 부정맥이 쉽게 발생하므로 최소한의 자극으로 환자를 다룬다.
병. 체온보호를 위하여 젖은 옷은 벗기고 마른 담요로 감싸준다.
정. 노약자, 영아에게 저체온증이 발생할 가능성이 높다.

정답 105. 병 106. 정 107. 을 108. 갑

109 열로 인한 질환에 대한 설명 및 응급처치에 대한 설명으로 옳지 않은 것은?

갑. 열경련은 열 손상 중 가장 경미한 유형이다.
을. 일사병은 열 손상 중 가장 흔히 발생하며 어지러움, 두통, 경련, 일시적으로 쓰러지는 등의 증상을 나타낸다.
병. 열사병은 열 손상 중 가장 위험한 상태로 땀을 많이 흘려 피부가 축축하다.
정. 일사병 환자 응급처치로 시원한 장소로 옮긴 후 의식이 있으면 이온음료 또는 물을 공급한다.

> 해설: 열사병은 가장 중증인 유형으로 피부가 뜨겁고 건조하며 붉은색으로 변한다. 대개 땀을 분비하는 기전이 억제되어 땀을 흘리지 않는다. 열사병은 생명을 위협하는 응급상황으로 신속히 병원으로 이송하여 치료받아야 한다.

110 쓰러진 환자의 호흡을 확인하는 방법으로 가장 옳은 것은?

갑. 동공의 움직임을 보고 판단한다.
을. 환자를 흔들어본다.
병. 얼굴과 가슴을 10초 정도 관찰하여 호흡이 있는지 확인한다.
정. 맥박을 확인하여 맥박유무를 확인한다.

> 해설: 쓰러진 사람의 얼굴과 가슴을 10초 정도 관찰하여 호흡이 있는지 확인한다. 의식이 없는 사람이 호흡이 없거나 호흡이 비정상적이면 심장마비가 발생한 것으로 판단한다.

111 외상환자 응급처치로 옳지 않은 것은?

갑. 탄력붕대 적용 시 과하게 압박하지 않도록 한다.
을. 생명을 위협하는 심한 출혈로(지혈이 안 되는) 지혈대 적용 시 최대한 가는줄이나 철사를 사용한다.
병. 복부 장기 노출 시 환자의 노출된 장기는 다시 복강 내로 밀어 넣어서는 안 된다.
정. 폐쇄성 연부조직 손상 시 상처부위를 심장보다 높이 올려준다.

> 해설: 지혈대는 적어도 폭이 5cm가량의 천을 사용하여야 하며 철사 등은 피부나 혈관을 상하게 하므로 사용해서는 안 된다.

112 근골격계 손상 응급처치로 옳지 않은 것은?

갑. 붕대를 감을 때에는 중심부위에서 신체의 말단부위 쪽으로 감는다.
을. 부목고정 시 손상된 골격은 위쪽과 아래쪽의 관절을 모두 고정한다.
병. 부목 고정 시 손상된 관절은 위쪽과 아래쪽에 위치한 골격을 함께 고정한다.
정. 고관절탈구 시 현장에서 정복술을 시행하지 않는다.

> 해설: 붕대는 신체의 말단부위에서 중심부위 쪽으로 감아서 심장에 돌아오는 정맥혈의 순환을 돕는다.

정답 109. 병 110. 병 111. 을 112. 갑

113 상처 처치 드레싱에 대한 설명 중 옳지 <u>않은</u> 것은?

갑. 드레싱은 상처가 오염되는 것을 방지한다.
을. 드레싱의 기능, 목적으로 출혈을 방지하기도 한다.
병. 거즈로 드레싱 후에도 출혈이 계속되면 기존 드레싱한 거즈를 제거하지 않고 그 위에 다시 거즈를 덮어주면서 압박한다.
정. 개방성 상처 세척용액으로 알코올이 가장 효과적이다.

> **해설** 현장에서 상처 세척 시 생리식염수를 사용한다. 알코올은 세균에 대한 살균력은 좋으나 상처부위 세척에 사용 시 통증, 자극을 유발하여 적합하지 않다.

114 구명환과 로프를 이용한 구조 방법으로 옳지 <u>않은</u> 것은?

갑. 익수자와의 거리를 목측하고 로프의 길이를 여유롭게 조정한다.
을. 한손으로 구명환을 쥐고 반대 손으로 로프를 잡으며 발을 어깨 넓이만큼 앞으로 내밀고 로프 끝을 고정한 후 투척한다.
병. 구명환을 던질 때에는 풍향, 풍속을 고려하여야 하며 일반적으로 바람을 정면으로 맞으며 던지는 것이 용이하다.
정. 익수자가 구명환을 손으로 잡고 있을 때에 빨리 끌어낼 욕심으로 너무 강하게 잡아당기면 놓칠 수 있으므로 속도를 잘 조절해야 한다.

> **해설** 구명환을 던질 때에는 풍향, 풍속을 고려하여야 하며 일반적으로 바람을 등지고 던지는 것이 용이하다.

115 심폐소생술 중 가슴압박에 대한 설명으로 옳지 <u>않은</u> 것은?

갑. 가슴압박은 심장과 뇌로 충분한 혈류를 전달하기 위한 필수적 요소이다.
을. 소아, 영아의 가슴압박 깊이는 적어도 가슴 두께의 1/3 깊이이다.
병. 소아, 영아 가슴압박 위치는 젖꼭지 연결선 바로 아래의 가슴뼈이다.
정. 성인 가슴압박 위치는 가슴뼈 아래쪽 1/2이다.

> **해설** 성인과 소아 가슴압박 위치는 가슴뼈의 아래쪽 1/2, 영아는 젖꼭지 연결선 바로 아래 가슴뼈이다.

116 기도폐쇄 치료 방법으로 옳지 <u>않은</u> 것은?

갑. 임신, 비만 등으로 인해 복부를 감싸 안을 수 없는 경우에는 가슴밀어내기를 사용할 수 있다.
을. 기도가 부분적으로 막힌 경우에는 기침을 하면 이물질이 배출될 수 있기 때문에 환자가 기침을 하도록 둔다.
병. 1세 미만 영아는 복부 밀어내기를 한다.
정. 기도폐쇄 환자가 의식을 잃으면 구조자는 환자를 바닥에 눕히고 즉시 심폐소생술을 시행한다.

정답 113. 정 114. 병 115. 병 116. 병

> **해설** 1세 미만의 영아에서 강한 압박으로 인해 복강 내 장기손상이 우려되기 때문에 복부 압박이 권고되지 않으며 구조자는 영아의 머리를 아래로 한 후 가슴누르기와 등 두드리기를 각 5회씩 반복한다.

117 절단 환자 응급처치 방법으로 가장 옳은 것은?

갑. 절단물은 바로 얼음이 담긴 통에 넣어서 병원으로 간다.
을. 절단물은 바로 시원한물이 담긴 통에 넣어서 병원으로 간다.
병. 절단된 부위는 깨끗한 거즈나 천으로 감싸고 비닐주머니에 밀폐하여 얼음이 닿지 않도록 얼음이 채워진 비닐에 보관한다.
정. 절단부위 지혈을 위하여 지혈제를 뿌린다.

> **해설** 얼음에 직접 담그는 것은 조직의 손상을 증가시키기 때문에 주의하여야 하며 지혈제는 추후 재 접합 수술 등을 고려할 때 방해가 될 수 있으므로 주의한다.

118 인명구조 장비 중 부력을 가지고 먼 곳에 있는 익수자를 구조하기 위한 구조 장비가 아닌 것은?

갑. 구명환
을. 레스큐 튜브
병. 레스큐 링
정. 드로우 백

> **해설** 레스큐 튜브 : 인명구조 장비로 직선형태의 부력재로 근거리에 빠진 사람을 구조하기 위한 기구

119 의도하지 않은 사고로 저체온에 빠지게 되면 심각한 문제가 발생 할 수 있다. 물에 빠져 저체온증을 호소하는 익수자를 구조하였다. 이송 도중 체온 손실을 막기 위한 응급처치로 가장 옳은 것은?

갑. 전신을 마사지 해준다.
을. 젖은 옷 위에 담요를 덮어 보온을 해준다.
병. 젖은 의류를 벗기고 담요를 덮어 보온을 해준다.
정. 젖은 옷 속에 핫 팩을 넣어 보온을 해준다.

120 심정지 환자 응급처치에 대한 설명 중 옳지 않은 것은?

갑. 쓰러진 사람에게 접근하기 전 현장의 안전을 확인하고 접근한다.
을. 쓰러진 사람의 호흡확인 시 얼굴과 가슴을 10초 정도 관찰하여 호흡이 있는지 확인한다.
병. 가슴압박 시 다른 구조자가 있는 경우 2분마다 교대한다.
정. 자동심장충격기는 도착해도 5주기 가슴압박 완료 후 사용하여야 한다.

> **해설** 자동심장충격기는 준비되면 즉시 사용한다. 심장마비가 발생한 환자 중 치명적인 부정맥인 심실세동이 발생된 경우가 있으며 심실세동의 유일한 치료는 심장에 강한 전기를 가하는 방법이며 심장전기충격 치료가 1분 지연될 때마다 심실세동의 치료율이 7~10% 감소하므로 심장마비 환자를 치료할 때에는 신속히 자동심장충격기를 사용하여야 한다.

정답 117. 병 118. 을 119. 병 120. 정

121 화학화상에 대한 응급처치 중 옳지 않은 것은?

갑. 화학화상은 화학반응을 일으키는 물질이 피부와 접촉할 때 발생한다.
을. 연무 형태의 강한 화학물질로 인하여도 기도, 눈에 화상이 발생하기도 한다.
병. 중화제를 사용하여 제거할 수 있도록 한다.
정. 눈에 노출 시 부드러운 물줄기를 이용하여 손상된 눈이 아래쪽을 향하게 하여 세척한다.

> 해설 중화제는 원인물질과 화학반응을 일으킬 수 있으며 이때 발생되는 열로 인하여 조직손상이 더욱 악화될 수 있으므로 사용하지 말아야 한다.

122 익수 환자에 대한 자동심장충격기(AED) 사용 절차에 대한 설명으로 가장 옳은 것은?

갑. 전원을 켠다→전극 패드를 부착한다→심전도를 분석한다→심실세동이 감지되면 쇼크 스위치를 누른다→바로 가슴 압박 실시
을. 전원을 켠다→패드 부착 부위에 물기를 제거한 후 패드를 붙인다→심전도를 분석한다→심실세동이 감지되면 쇼크 스위치를 누른다→바로 가슴 압박 실시
병. 전극 패드를 부착한다→전원을 켠다→심전도를 분석한다→심실세동이 감지되면 쇼크 스위치를 누른다→바로 가슴 압박 실시
정. 전원을 켠다→패드 부착 부위에 물기를 제거한 후 패드를 붙인다→심전도를 분석한다→심실세동이 감지되면 쇼크 스위치를 누른다→119가 올때까지 기다린다.

> 해설 자동심장충격기 사용 절차는 전원을 켠다→패드 부착 부위에 물기를 제거한 후 패드를 붙인다→심전도를 분석한다→심실세동이 감지되면 쇼크 스위치를 누른다→바로 가슴 압박 실시 순으로 한다.

123 구명환보다 부력은 적으나 가장 멀리 던질 수 있는 구조 장비로 부피가 적어 휴대하기 편리하며, 로프를 봉지 안에 넣어두기 때문에 줄 꼬임이 없고 구명환보다 멀리 던질 수 있는 구조 장비는 무엇인가?

갑. 구명환
을. 레스큐 캔
병. 레스큐 링
정. 드로우 백

124 기도폐쇄 응급처치방법 중 하임리히법의 순서를 바르게 연결한 것은?

| 보기 |
㉠ 환자의 뒤에 서서 환자의 허리를 팔로 감싸고 한쪽 다리를 환자의 다리 사이에 지지한다.
㉡ 이물질이 밖으로 나오거나 환자가 의식을 잃을 때까지 계속 한다
㉢ 다른 한 손으로 주먹 쥔 손을 감싸고, 빠르게 후상방으로 밀쳐 올린다.
㉣ 주먹 쥔 손의 엄지를 배꼽과 명치 중간에 위치한다.

갑. ㉠-㉡-㉢-㉣
을. ㉠-㉣-㉢-㉡
병. ㉡-㉢-㉣-㉠
정. ㉠-㉡-㉣-㉢

정답 121. 병 122. 을 123. 정 124. 을

125 경련 시 응급처치 방법에 대한 설명으로 옳은 것은?

갑. 경련하는 환자 손상을 최소화하기 위하여 경련 시 붙잡거나 움직임을 멈추게 한다.
을. 경련하는 환자를 발견 시 기도유지를 위해 손가락으로 입을 열어 손가락을 넣고 기도유지를 한다.
병. 경련 중 호흡곤란을 예방하기 위해 입-입 인공호흡을 한다.
정. 경련 후 기면상태가 되면 환자의 몸을 한쪽 방향으로 기울이고 기도가 막히지 않도록 한다.

> 해설: 경련하는 환자 주변에 손상을 줄 수 있는 물건이나 부딪힐 수 있는 물건은 치우며 환자를 강제로 잡거나 입을 벌리지 않는다. 기도가 막히지 않도록 경련 후 환자의 몸을 한쪽 방향으로 기울이거나 기도유지를 위한 관찰이 필요하다.

126 심정지 환자에게 자동심장충격기 사용 시 전기충격 후 바로 이어서 시행해야 할 응급처치는 무엇인가?

갑. 가슴압박
을. 심전도 리듬분석
병. 맥박확인
정. 패드 제거

> 해설: 전기충격을 시행한 뒤에는 지체없이 심폐소생술을 다시 시작해야 하므로, 즉시 가슴압박을 시작한다. 자동심장충격기가 '전기충격이 필요하지 않습니다.'라고 분석한 경우에도 마찬가지로 심폐소생술을 다시 시작한다.

127 심폐소생술에 대한 설명 중 옳지 않은 것은?

갑. 성인 가슴압박 깊이는 약 5cm 이다.
을. 소아와 영아의 가슴압박은 적어도 가슴 두께의 1/3 깊이로 압박하여야 한다.
병. 소아의 가슴압박 깊이는 4cm, 영아는 3cm 이다.
정. 심정지 확인 시 10초 이내 확인된 무맥박은 의료제공자만 해당된다.

> 해설: 가슴압박 깊이는 소아 4~5cm, 영아 4cm의 깊이로 압박해야 한다.

128 뇌졸중 환자에 대한 주의사항으로 옳지 않은 것은?

갑. 입안 및 인후 근육이 마비될 수 있으므로 구강을 통하여 음식물 섭취에 주의한다.
을. 의식을 잃었을 시 혀가 기도를 막을 수 있으므로 기도유지에 주의한다.
병. 뇌졸중 증상 발현 시간은 중요하지 않다.
정. 뇌졸중 대표 조기증상은 편측마비, 언어장애, 시각장애, 어지럼증, 심한두통 등이 있다.

> 해설: 혈류공급 중단 시간이 점점 길어질수록 환자는 회복이 어려워지고 심한 합병증도 남게 된다. 뇌졸중환자의 혈관재개통 치료 가능 시간은 환자의 상태에 따라 달라질 수 있지만 대게 3~6시간 이내이며 치료가능한 병원에 빨리 도착하는 것이 매우 중요하므로 의심증상 있을 시 신속히 의료진을 찾고 증상 발현시간을 전달하여야 한다.

정답 125. 정 126. 갑 127. 병 128. 병

129 해파리에 쏘였을 때 대처요령으로 옳지 않은 것은?

갑. 쏘인 즉시 환자를 물 밖으로 나오게 한다.
을. 증상으로는 발진, 통증, 가려움증이 나타나며 심한 경우 혈압저하, 호흡곤란, 의식불명 등이 나타날 수 있다.
병. 남아있는 촉수를 제거해주고 바닷물로 세척해준다.
정. 해파리에 쏘인 모든 환자는 식초를 이용하여 세척해준다.

> **해설** 해파리에 쏘였을 시 즉시 물 밖에서 나오고 쏘인 부위가 넓거나 상태가 좋지 않으면 즉시 구급차와 구조요원을 요청한다. 남아있는 촉수는 제거해주고 바닷물로 세척해준다. 알코올 종류의 세척제는 독액의 방출을 증가시킬 수 있어서 금하며 작은부레관해파리의 쏘임 시 식초가 독액의 방출을 증가시킬 수 있어서 식초를 이용한 세척을 금한다.

130 구명조끼 착용 방법으로 올바르지 않은 것은?

갑. 사이즈 상관없이 마음에 드는 구명조끼를 선택한다.
을. 가슴조임줄을 풀어 몸에 걸치고 가슴 단추를 채운다.
병. 가슴 조임줄을 당겨 몸에 꽉 조이게 착용한다.
정. 다리 사이로 다리 끈을 채워 고정한다.

131 부목고정의 일반원칙에 대한 설명으로 옳지 않은 것은?

갑. 상처는 부목을 적용하기 전에 소독된 거즈로 덮어 준다.
을. 골절부위를 포함하여 몸 쪽 부분과 먼 쪽 부분의 관절을 모두 고정해야 한다.
병. 골절이 확실하지 않을 때에는 손상이 의심되더라도 부목은 적용하지 않는다.
정. 붕대로 압박 후 상처보다 말단부위의 통증, 창백함 등 순환·감각·운동상태를 확인한다.

> **해설** **부목고정의 일반원칙**
> • 상처는 부목을 적용하기 전에 소독된 거즈로 덮어 준다.
> • 손상부위 위치변화를 최소화하고, 고정될 때까지 손상부위를 양손으로 잘 받친다.
> • 골절이 확실하지 않더라도 손상이 의심될 때에는 부목으로 고정한다.

132 응급처치 방법으로 옳지 않은 것은?

갑. 머리 다친 환자가 의식이 잃었을 때 깨우기 위해 환자 머리를 잡고 흔들지 않도록 한다.
을. 복부를 강하게 부딪힌 환자는 대부분 검사에서 금식이 필요할 수 있으므로 음식물 섭취는 금하고 진통제는 필수로 먹을 수 있도록 한다.
병. 척추를 다친 환자에게 잘못된 응급처치는 사지마비 등의 심한 후유증을 남길 수 있으므로 조심스럽게 접근해야 한다.
정. 흉부 관통상 후 이물질이 제거되어 상처로부터 바람 새는 소리가 나거나 거품 섞인 혈액이 관찰되는 폐손상 시 3면 드레싱을 하여 호흡을 할 수 있도록 도와주어야 한다.

정답 129. 정 130. 갑 131. 병 132. 을

해설 복부를 부딪힌 경우 겉보기에 상처가 없어도 내부 장기의 손상이 있을 수 있으며 다치고 뒤늦게 증상이 발현될 수 있다. 대부분의 검사에서 금식이 필요할 수 있으므로 음식물 섭취를 금하는 것이 좋으며 진통제는 환자 진찰에서 혼란을 야기할 수 있으므로 금하는 것이 좋다. 흉부 관통상 후 이물질이 제거되어 상처로부터 바람 새는 소리가 나거나 거품섞인 혈액이 관찰되는 경우에는 폐손상을 의심할 수 있다. 이런 상황에서 완전밀봉드레싱을 하게 되면 긴장성 기흉이 생길 수 있으므로 3면 드레싱을 하여 호흡을 할 수 있도록 도와주어야 한다.

133 가슴압박과 인공호흡에 대한 설명 중 옳지 않은 것은?

갑. 인공호흡 하는 방법을 모르거나 인공호흡을 꺼리는 구조자는 가슴압박소생술을 하도록 권장한다.
을. 가슴압박소생술이란 인공호흡은 하지 않고 가슴압박만을 시행하는 소생술 방법이다
병. 인공호흡을 할 수 있는 구조자는 인공호흡이 포함된 심폐소생술을 시행할 수 있는데 가슴압박 30회, 인공호흡 2회 연속하는 과정을 반복한다.
정. 옆에 다른 구조자가 있는 경우 3분마다 가슴압박을 교대한다.

134 심정지 환자의 가슴압박 설명 중 옳지 않은 것은?

갑. 불충분한 이완은 흉강 내부 압력을 증가시켜 뇌동맥으로 가는 혈류를 증가시킨다.
을. 불충분한 이완은 심박출량 감소로 이어진다.
병. 매 가슴압박 후에는 흉부가 완전히 이완되도록 한다.
정. 2명 이상의 구조자가 있으면 가슴압박 역할을 2분마다 교대한다. 가슴압박 교대는 가능한 빨리 수행하여 가슴압박 중단을 최소화해야 한다.

해설 심장으로의 정맥 환류를 위해 각각의 가슴압박 후에는 가슴이 정상 위치로 즉, 완전히 올라오도록 이완시킬 것을 제안한다. 심폐소생술을 하는 동안 가슴압박 후 가슴을 완전히 이완시키지 않는 경우가 자주 발생되고 있으며, 이러한 상황은 구조자가 지쳤을 때 많이 나타난다. 불충분한 가슴 이완은 흉강 내부의 압력을 증가시켜 심장박출량을 감소시킴으로써, 관상동맥과 뇌동맥으로 가는 혈류를 감소시킨다.

135 기본소생술의 주요 설명 중 옳지 않은 것은?

갑. 심장전기충격이 1분 지연될 때마다 심실세동의 치료율이 7~10%씩 감소한다.
을. 압박깊이는 성인 약 5cm, 소아 4~5cm이다.
병. 만 10세 이상은 성인, 만 10세 미만은 소아에 준하여 심폐소생술 한다.
정. 인공호흡을 할 때는 평상 시 호흡과 같은 양으로 1초에 걸쳐서 숨을 불어넣는다.

해설 **심폐소생술에서 나이의 정의**
- 신생아: 출산된 때로부터 4주까지
- 영아: 만 1세 미만의 아기
- 소아: 만 1세부터 만 8세 미만까지
- 성인: 만 8세부터

정답 133. 정 134. 갑 135. 병

136 30대 한 남자가 목을 쥐고 기침을 하고 있다. 환자에게 청색증은 없었고, 목격자는 환자가 떡을 먹다가 기침을 하기 시작하였다고 한다. 당신이 해야 할 응급처치 중 가장 옳은 것은?

갑. 복부 밀어내기를 실시한다.
을. 환자를 거꾸로 들고 등을 두드린다.
병. 손가락으로 이물질을 꺼내기 위한 시도를 한다.
정. 등을 두드려 기침을 유도한다.

> 해설
> 1. 기침을 못하는 완전 기도폐쇄 환자에게 복부밀어내기를 실시한다.
> 2. 소아의 경우 거꾸로 들고 등을 두드린다.
> 3. 환자가 의식이 있을 때는 처치자의 손가락을 물 가능성이 높기에 손가락을 넣어서는 안 된다.

137 계류장에 계류를 시도하는 중 50세 가량의 남자가 쓰러져 있으며, 주위는 구경꾼으로 둘러싸여 있다. 심폐소생술은 시행되고 있지 않다. 당신은 심폐소생술을 배운 적이 있다. 이 환자에게 어떤 절차에 의해서 응급처치를 실시 할 것인가? 가장 옳은 것은?

갑. 119 신고 및 자동심장충격기 요청→의식확인 및 호흡 확인→심폐소생술 시작(가슴압박 30 : 인공호흡 2)→자동심장충격기 사용→119가 올 때까지 심폐소생술 실시
을. 119 신고→의식확인 및 호흡확인→심폐소생술 시작(가슴압박 30 : 인공호흡 2)→자동심장충격기 요청→119가 올 때까지 심폐소생술 실시
병. 자동심장충격기 요청→의식확인 및 호흡 확인→심폐소생술 시작(가슴압박 30 : 인공호흡 2)→자동심장충격기 사용→심폐소생술 계속 실시
정. 119 신고 및 자동심장충격기 요청→의식확인 및 호흡 확인→인공호흡 2회 실시→가슴 압박 30회 실시→자동심장충격기 사용→119가 올 때까지 심폐소생술 실시

> 해설 응급처치 절차는 119 신고 및 자동심장충격기 요청→의식확인 및 호흡 확인→심폐소생술 시작(가슴압박 30 : 인공호흡 2)→자동심장충격기 사용→119가 올 때까지 심폐소생술 실시 순으로 실시한다.

138 자동심장충격기 등 심폐소생술을 행할 수 있는 응급장비를 갖추어야 하는 기관으로 옳지 않은 곳은?

갑. 공공보건의료에 관한 법률에 따른 공공보건의료기관
을. 선박법에 따른 선박 중 총톤수 10톤 이상 선박
병. 철도산업발전 기본법에 따른 철도차량 중 객차
정. 항공안전법에 따른 항공기 중 항공운송사업에 사용되는 여객 항공기

정답 136. 정 137. 갑 138. 을

다음의 어느 하나에 해당하는 시설 등의 소유자·점유자 또는 관리자는 자동심장충격기 등 심폐소생술을 할 수 있는 응급장비를 갖추어야 한다.(응급의료에 관한 법률 제47조의2)
- 공공보건의료에 관한 법률에 따른 공공보건의료기관
- 119구조·구급에 관한 법률에 따른 구급대와 의료법에 따른 의료기관에서 운용 중인 구급차
- 항공안전법에 따른 항공기 중 항공운송사업에 사용되는 여객 항공기 및 공항시설법에 따른 공항
- 철도산업발전 기본법에 따른 철도차량 중 객차
- 선박법에 따른 선박 중 총톤수 20톤 이상인 선박
- 대통령령으로 정하는 규모 이상의 건축법에 따른 공동주택
- 산업안전보건법에 따라 보건관리자를 두어야 하는 사업장 중 상시근로자가 300명 이상인 사업장
- 관광진흥법에 따라 지정된 관광지 및 관광단지 중 실제 운영 중인 관광지 및 관광단지에 소재하는 대통령령으로 정하는 시설
- 그 밖에 대통령령으로 정하는 다중이용시설

139 조난 신호용구 중 물 위에 부유하면서 오렌지색의 연기를 15분 이상 연속하여 발할 수 있는 것은?

갑. 자기점화등
을. 자기발연신호
병. 신호홍염
정. 발연부신호

- 자기점화등 : 야간에 구명부환의 위치를 알려주는 등으로, 구명부환과 함께 수면에 투하되면 자동으로 점등.
- 신호홍염 : 야간용 신호장비로서 사람이 손에 들고 사용하면 붉은색 화염을 1분 이상 연속하여 발생
- 발연부신호 : 주간용 신호장비로서 점화하여 물위에 투하하면 수면에 떠서 오렌지색의 연기를 3분 이상 연속하여 발생

140 로켓낙하산신호의 발사체가 올라갈 수 있는 높이와 발광 지속 시간으로 옳은 것은?

갑. 200m 이상, 40초 이상
을. 200m 이상, 120초 이상
병. 300m 이상, 40초 이상
정. 300m 이상, 120초 이상

로켓낙하산신호는 구명뗏목에 4개가 비치되어 있으며, 발사체는 300m 이상 올라가고, 40초 이상 점화된 상태에서 3만칸델라 이상의 적색성화를 발할 수 있다.

정답 139. 을 140. 병

SECTION 02 운항 및 운용

운항 및 운용 영역의 문제은행은 총 140문항으로 이 중 10문항이 출제됩니다.

141 입항을 위해 이동 중 항·포구까지의 거리가 5해리 남았음을 알았다면, 레저기구의 속력이 10노트로 이동하면 입항까지 소요되는 시간은 얼마인가?

갑. 10분   을. 20분
병. 30분   정. 40분

해설 속력은 단위 시간 동안 물체가 이동한 거리
- 걸린 시간 구하기: 걸린 시간(hour) = $\dfrac{이동거리}{속력}$
- $\dfrac{5}{10} = 0.5 \times 60 = 30분$

142 침로에 대한 설명 중 옳은 것은?

갑. 진침로와 자침로 사이에는 자차만큼의 차이가 있다.
을. 선수미선과 선박을 지나는 자오선이 이루는 각이다.
병. 자침로와 나침로 사이에는 편차만큼의 차이가 있다.
정. 보통 북을 000°로 하여 반시계 방향으로 360°까지 측정한다.

해설
- 침로란 대수적으로 선박이 항주해가는 방향(항적) 또는 선박을 진행시키려는 방향 즉, 선수미선과 선박을 지나는 자오선이 이루는 각을 말한다.
- 진침로와 자침로 사이에는 편차만큼의 차이가 있고, 자침로와 나침로 사이에는 자차만큼의 차이가 있다.
- 북을 000°로 하여 시계 방향으로 360°까지 측정한다.

143 수상레저안전법상 (　)에 들어갈 내용으로 적합한 것은?

> 기상특보 중 풍랑·폭풍해일·호우·대설·강풍 (A)가 발효된 구역에서 파도 또는 바람만을 이용하여 활동이 가능한 수상레저기구를 운항할 경우 관할 해양경찰서장 또는 시장·군수·구청장에게 (B)를 제출해야 한다.

갑. 주의보, 운항신고서
을. 경보, 기상특보활동신고서
병. 경보, 운항신고서
정. 주의보, 기상특보활동신고서

정답 141. 병 142. 을 143. 정

144 ( )에 적합한 것은?

> 타(舵)는 선박에 ( )과 ( )을 제공하는 장치이다.

A. 감항성   B. 보침성   C. 복원성   D. 선회성

갑. A.감항성, C.복원성   을. A.감항성, D.선회성
병. B.보침성, C.복원성   정. B.보침성, D.선회성

해설
- 선박에 보침성능과 선회성능을 주는 장치이며, 보통은 유속이 가장 빠른 프로펠러의 뒤에 설치하는 것이 대부분이지만, 보조로 선수에 설치하는 선수타도 있다.
- 선박이 정해진 진로상을 직진하는 침로를 유지하는 성질을 보침성, 일정타각을 주었을 때 선박이 얼마의 각속도로 선회하는가를 선회성이라 한다.
- 감항성이란, 「선박안전법」의 정의에 따라 선박이 자체의 안정성을 확보하기 위하여 갖추어야 하는 능력을 말함

145 복원력 감소의 원인이 아닌 것은?

갑. 선박의 무게를 줄이기 위하여 건현의 높이를 낮춤
을. 연료유 탱크가 가득차 있지 않아 유동수가 발생
병. 갑판 화물이 빗물이나 해수에 의해 물을 흡수
정. 상갑판의 중량물을 갑판아래 창고로 이동

해설 일정한 흘수에서 무게중심의 위치가 낮아질수록 GM은 커진다. 즉, 중량물이 선박의 아래 부분에 적재되거나 이동되었을 때 중심위치가 내려가면서 복원력이 증가한다.

146 구명부환의 사양에 대한 설명으로 옳은 것은?

갑. 5kg 이상의 무게를 가질 것
을. 고유의 부양성을 가진 물질로 제작될 것
병. 외경은 500 mm 이하이고 내경은 500 mm 이상일 것
정. 14.5kg 이상의 철편을 담수 중에서 12시간 동안 지지할 수 있을 것

해설 2.5kg 이상의 무게와 고유의 부양성을 가지며, 14.5kg 이상의 철편을 담수중에서 24시간 동안 지지할 수 있고, 외경은 800mm 이하이고 내경은 400mm 이상일 것

147 선박의 주요 치수로 옳지 않은 것은?

갑. 폭   을. 길이
병. 깊이   정. 높이

정답 144. 정 145. 정 146. 을 147. 정

148 해조류를 선수에서 3노트로 받으며 운항중인 레저기구의 대지속력이 10노트 일때 대수속력은?

갑. 3노트
을. 7노트
병. 10노트
정. 13노트

해설
- 대수속력±해조류유속=대지속력(순류+, 역류−) / $10 = x - 3$, $x = 10 + 3$, $x = 13$
- 대수속력은 자선 또는 다른 선박의 추진장치의 작용이나 그로 인한 선박의 타력에 의하여 생기는 선박의 물에 대한 속력을 말한다.

149 해저 저질의 종류 중 자갈로 옳은 것은?

갑. G
을. M
병. R
정. S

해설 G(자갈), M(뻘), R(암반), S(모래)

150 프로펠러가 한번 회전할 때 선박이 나아가는 거리로 옳은 것은?

갑. ahead
을. kick
병. pitch
정. teach

해설 프로펠러가 한번 회전할 때 선박이 나아가는 거리를 말하며, 프로펠러에서의 피치는 다른 의미로 프로펠러가 휜 정도 라고도 할 수 있다.

151 제한 시계의 원인으로 가장 옳지 않은 것은?

갑. 눈
을. 안개
병. 모래바람
정. 야간항해

152 수상레저 활동자가 지켜야 할 운항규칙에 대한 설명으로 옳지 않은 것은?

갑. 다른 수상레저기구와 정면으로 충돌할 위험이 있을 때에는 음성신호, 수신호 등 적당한 방법으로 상대에게 이를 알리고 우현 쪽으로 진로를 피해야 한다.
을. 다른 수상레저기구의 진로를 횡단하는 경우에 충돌의 위험이 있을 때에는 다른 수상레저기구를 오른쪽에 두고 있는 수상레저기구가 진로를 피해야 한다.
병. 다른 수상레저기구와 같은 방향으로 운항하는 경우에는 2미터 이내로 근접하여 운항해서는 안 된다.
정. 안개 등으로 가시거리가 0.5마일 이내로 제한되는 경우에는 수상레저기구를 운항해서는 안 된다.

정답 148. 정 149. 갑 150. 병 151. 정 152. 정

153 안전한 속력을 결정할 때에 고려하여야 할 사항으로 가장 옳지 않은 것은?

갑. 시계의 상태
을. 해상교통량의 밀도
병. 선박의 승선원과 수심과의 관계
정. 선박의 정지거리 · 선회성능, 그 밖의 조종성능

> **해설** 안전한 속력을 결정할 때에는 다음 각 호(레이더를 사용하고 있지 아니한 선박의 경우에는 제1호부터 제6호까지)의 사항을 고려하여야 한다.
> 1. 시계의 상태
> 2. 해상교통량의 밀도
> 3. 선박의 정지거리 · 선회성능, 그 밖의 조종성능
> 4. 야간의 경우에는 항해에 지장을 주는 불빛의 유무
> 5. 바람 · 해면 및 조류의 상태와 항행장애물의 근접상태
> 6. 선박의 흘수와 수심과의 관계
> 7. 레이더의 특성 및 성능
> 8. 해면상태 · 기상, 그 밖의 장애요인이 레이더 탐지에 미치는 영향
> 9. 레이더로 탐지한 선박의 수 · 위치 및 동향

154 우리나라 우현표지의 표지 몸체의 색깔은?

갑. 녹색　　　　　　　을. 홍색
병. 황색　　　　　　　정. 흑색

> **해설** IALA 해상부표식(국가별로 A지역과 B지역으로 구분하여 서로 다르게 사용
> A지역: 좌현표지는 홍색이며 두표는 원통형, Fl(2+1)R 이외의 리듬을 갖는다.
> 우현표지는 녹색이며 두표는 원추형, Fl(2+1)G 이외의 리듬을 갖는다.
> B지역: 좌현표지(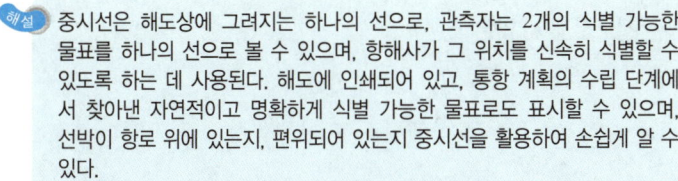)는 녹색이며 두표는 원통형, Fl(2+1)G 이외의 리듬을 갖는다.
> 우현표지( )는 홍색이며 두표는 원추형, Fl(2+1)R 이외의 리듬을 갖는다.

155 중시선에 대한 설명 중 가장 옳지 않은 것은?

갑. 중시선은 일정시간에만 보인다.
을. 선박의 위치 편위를 중시선을 활용하여 손쉽게 알 수 있다.
병. 관측자는 2개의 식별 가능한 물표를 하나의 선으로 볼 수 있다.
정. 통항 계획의 수립 단계에서 찾아낸 자연적이고 명확하게 식별할 수 있는 물표로도 표시할 수 있다.

> **해설** 중시선은 해도상에 그려지는 하나의 선으로, 관측자는 2개의 식별 가능한 물표를 하나의 선으로 볼 수 있으며, 항해사가 그 위치를 신속히 식별할 수 있도록 하는 데 사용된다. 해도에 인쇄되어 있고, 통항 계획의 수립 단계에서 찾아낸 자연적이고 명확하게 식별 가능한 물표로도 표시할 수 있으며, 선박이 항로 위에 있는지, 편위되어 있는지 중시선을 활용하여 손쉽게 알 수 있다.

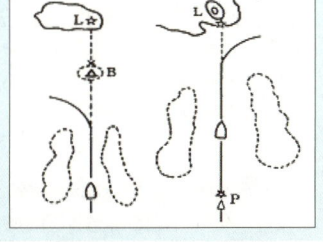

정답　153. 병　154. 을　155. 갑

156 모터보트에서 사용하는 항해장비 중 레이더의 특징으로 옳지 않은 것은?

갑. 날씨에 영향을 받지 않는다.
을. 충돌방지에 큰 도움이 된다.
병. 탐지거리에 제한을 받지 않는다.
정. 자선 주의의 지형 및 물표가 영상으로 나타난다.

> 레이더는 성능이 아무리 좋아도 최대탐지거리와 최소탐지거리가 있어 측정거리에 제한을 받는다.

157 〈보기〉에서 설명하는 항로표지는 무엇인가?

> **보기**
> • 두표 : 흑색 원뿔형 꼭짓점을 위쪽 방향으로 2개를 세로로 설치
> • 도색 : 상부 흑색, 하부 황색

갑. 북방위표지 을. 서방위표지
병. 동방위표지 정. 남방위표지

> • 북방위표지(BY) : 상부흑색, 하부황색
> • 서방위표지(YBY) : 황색바탕, 흑색횡대
> • 동방위표지(BYB) : 흑색바탕, 황색횡대
> • 남방위표지(YB) : 상부황색, 하부흑색

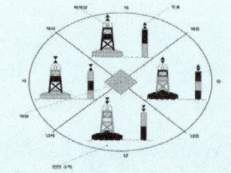

158 좁은 수로와 만곡부에서의 운용에 대한 설명으로 옳은 것은?

갑. 만곡의 외측에서 유속이 약하다
을. 만곡의 내측에서는 유속이 강하다.
병. 통항 시기는 게류시나 조류가 약한 때를 피한다.
정. 조류는 역조 때에는 정침이 잘 되나 순조 때에는 정침이 어렵다.

> 만곡부의 외측에서 유속이 강하고, 내측에서는 약한 특징이 있으며, 통항 시기는 게류시나 조류가 약한 때를 택해야 한다.

159 GPS 수신기를 통해 얻을 수 있는 정보로 옳지 않은 것은?

갑. 본선의 위치 을. 본선의 대지속력
병. 본선의 항적 정. 상대선과 충돌 위험성

> GPS는 본선의 위치, 시간, 대지침로(COG), 대지속력(SOG), 본선의 항적(GPS Plot 화면에서 가능) 등을 알 수 있다. 상대선과 충돌 위험은 AIS, 레이더에서 확인 가능하다.

정답 156. 병 157. 갑 158. 정 159. 정

160 위성으로부터 송신된 전파 신호가 지표면, 해면 및 각종 구조물 등에 부딪혔다가 수신될 때에 생기는 GPS 오차는?

갑. 고의 오차(S/A 오차)
을. 다중 경로 오차
병. 수신기 오차
정. 전파 속도의 변동에 의한 오차

> 해설 다중 경로 오차란, 위성으로부터 송신된 전파 신호가 지표면, 해면 및 각종 구조물 등에 부딪혔다가 수신될 때에 생기는 오차를 말한다.

161 DGPS 수신기에서 제거할 수 없는 오차는?

갑. 다중 경로 오차
을. 고의 오차(S/A 오차)
병. 전리층 오차
정. 대류권 오차

> 해설 DGPS는 GPS 시스템의 오차를 보정하기 위해 개발된 지상기반의 위치보정시스템(GBAS)으로 수신기 잡음으로 인한 오차, 다중 경로 오차는 제거할 수 없다. 다중 경로 오차란 위성으로부터 송신된 전파 신호가 지표면, 해면 및 각종 구조물 등에 부딪혔다가 수신될 때에 생기는 오차이다.

162 〈보기〉의 ( )안에 들어갈 말로 옳은 것은?

| 보기 |
선체가 수면 아래에 잠겨 있는 깊이를 나타내는 ( )는 선체의 선수부와 중앙부 및 선미부의 양쪽 현측에 표시되어 있다.

갑. 길이   을. 건현
병. 트림   정. 흘수

163 〈보기〉의 ( )안에 들어갈 말로 옳은 것은?

| 보기 |
선체가 세로 길이 방향으로 경사져 있는 정도를 그 경사각으로써 표현하는 것보다 선수 흘수와 선미 흘수의 차이로써 나타내는 것이 미소한 경사 상태까지 더욱 정밀하게 표현할 수 있는 방법이다. 이와 같이 길이 방향의 선체 경사를 나타내는 것을 ( )이라 한다.

갑. 길이   을. 건현
병. 트림   정. 흘수

정답 160. 을 161. 갑 162. 정 163. 병

164 〈보기〉의 (   )안에 들어갈 말로 옳은 것은?

| 보기 |

(   )이란, 선박이 물 위에 떠 있는 상태에서 외부로부터 힘을 받아 경사하려고 할 때의 저항, 또는 경사한 상태에서 그 외력을 제거하였을 때 원래의 상태로 돌아오려고 하는 힘을 말한다.

갑. 감항성   을. 만곡부
병. 복원력   정. 이븐킬

해설 복원력이란, 선박이 물 위에 떠 있는 상태에서 외부로부터 힘을 받아 경사하려고 할 때의 저항, 또는 경사한 상태에서 그 외력을 제거하였을 때 원래의 상태로 돌아오려고 하는 힘을 말하며, 선박의 안정 상태를 판단하는 기준이 된다.

165 〈보기〉의 (   )안에 들어갈 말로 옳은 것은?

| 보기 |

선체가 앞으로 나아가면서 물을 배제한 수면의 빈 공간을 주위의 물이 채우려고 유입하는 수류로 인하여, 주로 뒤쪽 선수미선상의 물이 앞쪽으로 따라 들어오는데 이것을 (   )라고 한다.

갑. 배출류   을. 흡입류
병. 횡압류   정. 추적류(반류)

해설 선체가 앞으로 나아가면서 물을 배제한 수면의 빈 공간을 주위의 물이 채우려고 유입하는 수류로 인하여, 주로 뒤쪽 선수미선상의 물이 앞쪽으로 따라 들어오는데 이것을 반류 또는 추적류라고 한다.
- 배출류 : 프로펠러의 뒤쪽으로 흘러나가는 수류
- 흡입류 : 앞쪽에서 프로펠러에 빨려드는 수류

166 〈보기〉의 (   )안에 들어갈 말로 옳은 것은?

| 보기 |

스크루 프로펠러가 회전하면서 물을 뒤로 차 밀어 내며, 그 반작용으로 선체를 앞으로 미는 추진력이 발생하게 된다. 이와 같이 스크루 프로펠러가 360도 회전하면서 선체가 전진하는 거리를 (   )라 한다.

갑. 종거   을. 횡거
병. 리치   정. 피치

해설 스크루 프로펠러가 회전하면서 물을 뒤로 차 밀어 내면, 그 반작용으로 선체를 앞으로 미는 추진력이 발생하게 된다. 이와 같이 스크루 프로펠러가 360도 회전하면서 선체가 전진하는 거리를 피치라 한다.
- 종거(Advnace) : 전타위치에서 선수가 90도 회두했을 때까지의 원침로선상에서의 전진거리
- 횡거(Transfer) : 전타를 처음 시작한 위치에서 선체회두가 90도 된 곳까지의 원침로에서 직각방향으로 잰 거리
- 리치(Reach) : 전타를 시작한 최초의 위치에서 최종선회지름의 중심까지의 거리를 원침로선상에서 잰거리

정답 164. 병 165. 정 166. 정

167 〈보기〉의 ( )안에 들어갈 말로 옳은 것은?

> **보기**
> 직진 중인 선박이 전타를 행하면, 초기에 수면 상부의 선체는 (㉠)경사하며, 선회를 계속하면 선체는 각속도로 정상 선회를 하며 (㉡)경사 하게 된다.

갑. ㉠ 내방, ㉡ 내방
을. ㉠ 내방, ㉡ 외방
병. ㉠ 외방, ㉡ 내방
정. ㉠ 외방, ㉡ 외방

168 선박과 선박, 선박과 육상 기지국간에 선명, 호출부호, 위치, 침로, 속력, 목적지, 적재 화물 등의 선박 정보 및 항해 관련 정보를 송수신할 수 있는 장비는?

갑. 전자해도표시장치(ECDIS)
을. 선박자동식별장치(AIS)
병. 위성항법장치(GPS)
정. VHF 무선전화

> **해설**
> • 전자해도표시장치(ECDIS) : 전자해도상에 본선의 위치 및 다른 선박의 정보를 표시해주는 장비
> • 위성항법장치(GPS) : 선박의 위치, 침로, 속력을 표시
> • VHF 무선전화: 선박과 선박, 선박과 육상 기지국 간에 교신을 위한 장비, 자동으로 선박 정보를 전송하지 않는다.

169 선박자동식별장치(AIS)에서 확인할 수 없는 정보는?

갑. 선명
을. 침로, 속력
병. 적재 화물의 종류
정. 선원의 국적

170 선박자동식별장치(AIS)와 관련 없는 VHF 채널은?

갑. 채널 14
을. 채널 70
병. 채널 87
정. 채널 88

> **해설**
> 선박자동식별장치(AIS)는 VHF 채널 87, 88을 전용 주파수로 사용하며, 조난경보 등의 송수신을 위해 채널 70을 사용한다.

171 선박자동식별장치(AIS)의 정적정보(선명, 호출부호, 선박의 길이 등)의 갱신주기는 몇 분인가?

갑. 2분
을. 4분
병. 6분
정. 8분

> **해설**
> AIS의 정적정보(국제해사기구 번호, 호출부호와 선명, 선박의 길이와 폭, 선박의 종류, GNSS 안테나 설치위치)의 갱신은 매 6분마다 또는 데이터가 수정되거나 요구가 있을 때에 이루어진다.

정답 167. 을 168. 을 169. 정 170. 갑 171. 병

172 동력수상레저기구의 야간 항해 시 주의사항으로 옳은 것은?

갑. 모든 등화는 밖으로 비치도록 한다.
을. 레이더에 의하여 관측한 위치를 가장 신뢰한다.
병. 다소 멀리 돌아가는 일이 있더라도 안전한 침로를 택하는 것이 좋다.
정. 등부표 등은 항해 물표로서 의심할 필요가 없다.

173 레저기구의 운항 전 연료유 확보에 대한 설명으로 옳지 않은 것은?

갑. 예비 연료도 추가로 확보해야 한다.
을. 일반적으로 1마일(mile) 당 연료 소모량은 속력에 비례한다.
병. 연료 소모량을 알면 필요한 연료량을 구할 수 있다.
정. 기존 운항 기록을 통하여 속력에 따른 연료 소모량을 알 수 있다.

> **해설** 레저기구의 안전 운항을 위해서는 필요한 양의 연료와 청수를 확보하여야 하며, 자선의 운항 기록을 통하여 축적된 속력에 따른 연료 소모량을 알면 필요한 연료량을 구할 수 있고, 예비 연료량은 총 소비량의 25% 정도 확보하는 것이 보통임.
> • 1마일당 연료 소모량은 속력의 제곱에 비례하고, 일정한 시간동안에 소비하는 연료는 속력의 3제곱에 비례함

174 "선체가 파도를 받으면 동요한다." 선박의 복원력과 가장 밀접한 관계가 있는 운동은?

갑. 롤링(rolling)   을. 서지(surge)
병. 요잉(yawing)   정. 피칭(pitching)

> **해설** 횡동요 운동은 x축을 기준으로 좌우 교대로 회전하려는 운동이며, 복원력과 밀접한 관계에 있다.

175 모터보트가 전복될 위험이 가장 큰 경우는?

갑. 기관 공전이 생길 때   을. 횡요주기와 파의 주기가 일치할 때
병. 조류가 빠른 수역을 항해할 때   정. 선수 동요를 일으킬 때

176 〈보기〉의 설명으로 옳은 것을 고르시오.

| 보기 |
| 선수가 좌우 교대로 선회하려는 왕복 운동이며, 선박의 보침성과 깊은 관계가 있다. |

갑. 롤링(rolling)   을. 서지(surge)
병. 요잉(yawing)   정. 피칭(pitching)

> **해설** z축을 기준으로 하여 선수가 좌우 교대로 선회하려는 왕복 운동을 말하며, 이 운동은 선박의 보침성과 깊은 관계가 있다. 보침성이 불량한 선박은 협수로 통과나 다른 선박과의 근접 통과시의 조종 등에 있어서 어려움이 많다.

정답 172. 병   173. 을   174. 갑   175. 을   176. 병

177 〈보기〉의 설명으로 옳은 것은?

> **보기**
> 선체가 횡동요 중에 옆에서 돌풍을 받든지 또는 파랑 중에서 대각도 조타를 하면 선체는 갑자기 큰 각도로 경사하게 된다.

갑. 동조 횡동요   을. 러칭
병. 브로칭   정. 슬래밍

- 동조횡동요 : 선체의 횡동요 주기가 파도의 주기와 일치하여 횡동요각이 점점 커지는 현상을 동조횡동요라고 한다.
- 러칭 : 선체가 횡동요 중에 옆에서 돌풍을 받거나 또는 파랑 중에서 대각도 조타를 하여 선체가 갑자기 큰 각도로 경사하게 되는 현상이다.
- 브로칭 : 브로칭 현상이 발생하면 파도가 갑판을 덮치고 대각도의 선체 횡경사가 유발되어 선박이 전복될 위험이 있다.
- 슬래밍 : 거친 파랑 중을 항행하는 선박이 길이 방향으로 크게 동요하게 되어 선저가 수면 상으로 올라와서 떨어지면서 수면과의 충돌로 인해 선수 선저의 평평한 부분에 충격 작용하는 현상을 말한다.

178 자기컴퍼스를 사용할 때에는 해당 해역의 편차(Variation)는 어디에서 확인할 수 있는가?

갑. 조석표   을. 등대표
병. 천측력   정. 해도

 해당 지역의 편차(Variation)는 항해용 해도상의 나침도에서 확인할 수 있다.

179 황천 항해 중 선박조종법으로 옳지 <u>않은</u> 것은?

갑. 라이 투(Lie to)   을. 히브 투(Heave to)
병. 스커딩(Scudding)   정. 브로칭(Broaching)

브로칭(Broaching) : 선박이 파도를 선미로부터 받으면서 항주할 때에 선체 중앙이 파도의 파정이나 파저에 위치하면 급격한 선수 동요에 의해 선체는 파도와 평행하게 놓이는 수가 있으며, 이런 현상을 브로칭(broaching)이라 부른다. 이때에는 파도가 갑판을 덮치고 선체의 대각도 횡경사가 유발되어 전복될 위험이 높다.

180 우회전 프로펠러로 운행하는 선박이 계류 시 우현계류보다 좌현계류가 더 유리한 이유는?

갑. 후진 시 배출류의 측압작용으로 선미가 좌선회하는 것을 이용한다.
을. 후진 시 횡압력의 작용으로 선미가 좌선회하는 것을 이용한다.
병. 후진 시 반류의 작용으로 선미가 좌선회하는 것을 이용한다.
정. 후진 시 흡수류의 작용으로 선수가 우회두하는 것을 이용한다.

입항 시, 계류 시에는 배출류의 측압작용과 횡압력의 작용으로 후진을 하면 선수가 우회두, 선미는 좌회두하므로 타를 이용하지 않아도 쉽게 접안을 할 수 있다. 접안 시 좌현계류가 쉬운 것은 전진 시 횡압력이 작용하고, 후진 시 측압작용 때문이다.

정답 177. 을 178. 정 179. 정 180. 갑

181 〈보기〉의 설명으로 옳은 것을 고르시오.

> 보기
> 황천으로 항행이 곤란할 때, 풍랑을 선미 쿼터(quarter)에서 받으며, 파에 쫓기는 자세로 항주하는 방법이며, 이 방법은 선체가 받는 충격 작용이 현저히 감소하고, 상당한 속력을 유지할 수 있으나, 보침성이 저하되어 브로칭 현상이 일어날 수도 있다.

갑. 라이 투
을. 빔 엔드
병. 스커딩
정. 히브 투

> 해설 "스커딩(Scudding)"은 풍랑을 선미 쿼터(quarter)에서 받으며, 파에 쫓기는 자세로 항주하는 방법이며, 이 방법은 선체가 받는 충격 작용이 현저히 감소하고, 상당한 속력을 유지할 수 있으나, 보침성이 저하되어 브로칭 현상이 일어날 수도 있다.
> • 라이투(Lie to)는 기관을 정지하고 선체를 풍하로 표류하도록 하는 방법(대형선에서만 사용)
> • 히브투(Heave to)는 선수를 풍랑쪽으로 향하게 하여 조타가 가능한 최소의 속력으로 전진하는 방법

182 〈보기〉의 기류신호 방법으로 옳은 것은?

> 보기
> 본선은 조난중이다. 즉시 지원을 바란다.

갑. AC
을. DC
병. NC
정. UC

183 킥(Kick) 현상에 대한 설명으로 옳지 <u>않은</u> 것은?

갑. 원침로에서 횡 방향으로 무게중심이 이동한 거리로 선미 킥은 배 길이의 1/4~1/7정도 이다.
을. 장애물을 피할 때나 인명구조 시 유용하게 사용한다.
병. 선속이 빠른 선박과 타효가 좋은 선박은 커지며, 전타 초기에 현저하게 나타난다.
정. 선회 초기 선체는 원침로보다 안쪽으로 밀리면서 선회한다.

184 선박에 설치된 레이더의 기능으로 볼 수 <u>없는</u> 것은?

갑. 거리측정
을. 풍속측정
병. 방위측정
정. 물표탐지

> 해설 레이더는 Radio Detection and Raging의 약어로서, 전자파를 발사하여 그 반사파를 측정함으로써 물표를 탐지하고, 물표까지의 거리 및 방향을 파악하는 계기이다.

정답 181. 병 182. 병 183. 정 184. 을

185 〈보기〉의 기류신호 방법으로 옳은 것은?

| 보기 |
| 피하라 : 본선은 조종이 자유롭지 않다. |

갑. D
을. E
병. F
정. G

해설
D : 피하라 ; 본선은 조종이 자유롭지 않다.
E : 본선은 우현으로 변침하고 있다.
F : 본선을 조종할 수 없다 ; 통신을 원한다.
G : 본선은 도선사가 필요하다(어선은, 본선은 어망을 올리고 있다.)
* 음향신호로 할 경우에는 국제해상충돌예방규칙 제34조 및 제35조의 규정을 따라야 한다.

186 〈보기〉의 기류신호 방법으로 옳은 것은?

| 보기 |
| 본선에 불이 나고, 위험 화물을 적재하고 있다. 본선을 충분히 피하라. |

갑. J
을. K
병. L
정. M

해설
J : 본선에 불이 나고, 위험 화물을 적재하고 있다. 본선을 충분히 피하라.
K : 귀선과 통신하고자 한다.
L : 귀선은 즉시 정지하라.
M : 본선은 정지하고 있다. 대수속력은 없다.

187 〈보기〉의 기류신호 방법으로 옳은 것은?

| 보기 |
| 본선의 기관은 후진중이다. |

갑. T
을. S
병. V
정. W

해설
S : 본선의 기관은 후진중이다.
T : 본선을 피하라 ; 본선은 2척 1쌍의 트롤 어로중이다.
V : 본선은 지원을 바란다.
W : 본선은 의료지원을 바란다.
* 음향신호로 할 경우에는 국제해상충돌예방규칙 제34조 및 제35조의 규정을 따라야 한다.

정답   185. 갑   186. 갑   187. 을

188 운항 중 보트가 얕은 모래톱에 올라앉은 경우 제일 먼저 취해야 하는 조치는?

갑. 선체의 파손 확인
을. 조수간만 확인
병. 배의 위치를 확인
정. 기관(엔진)을 정지

해설 추진기가 모래톱에 묻히면 기관(엔진) 고장의 원인이 된다.

189 <그림> 교량표지 ③번의 이름과 기능을 가장 옳게 설명한 것은?

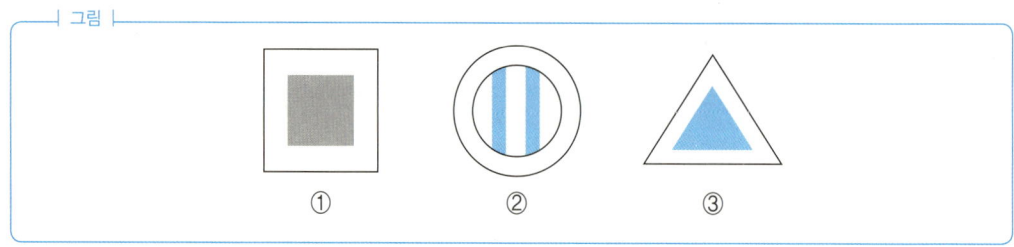

갑. 좌측단표, 교량 아래의 항로 좌측 끝을 표시하는 표지판
을. 우측단표, 교량 아래의 항로 우측 끝을 표시하는 표지판
병. 중앙표, 주위의 가항 수역이나 항로의 중앙을 표시하는 표지판
정. 교각표, 교각의 존재를 표시하는 표지판

해설 교량표는 좌측단표, 우측단표, 중앙표가 있으며, 주간에 항로의 중앙과 항로의 좌/우측 끝을 표시. (갑 : ①번 그림에 대한 설명, 병 : ②번 그림에 대한 설명, 교각표(정)는 존재하지 않음)

190 <그림>의 항로표지에 대한 설명으로 옳지 않은 것은?

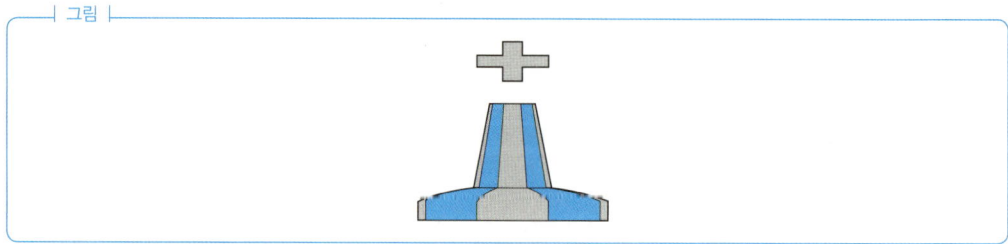

갑. 수로도지에 등재되지 않은 새롭게 발견된 위험물들을 표시하기 위함
을. 침몰·좌초선박 등에 설치
병. 황색과 청색을 교차 점등
정. 준설, 발굴, 매립 등 해상공사 구역 표시

해설 새로운 위험물표지(신 위험물표지)는 수로도지에 등재되지 않은 새롭게 발견된 위험물들을 표시 하기 위해 설치하는 표지이다. 침몰 및 좌초선박이나 새롭게 발견된 모래톱, 암초 등에 설치한다. 표체 도색은 청색/황색 수직 줄무늬, 등색은 황색 및 청색 등이 교차 점등한다.

정답 188. 정 189. 을 190. 정

191 모터보트 상호간의 흡인·배척 작용을 설명한 내용으로 옳지 않은 것은?

갑. 접근거리가 가까울수록 흡인력이 크다.
을. 추월시가 마주칠 때보다 크다.
병. 저속항주시가 크다.
정. 수심이 얕은 곳에서 뚜렷이 나타난다.

192 해도 상의 〈그림〉의 의미는?

갑. 대기 정박구역
을. 대형 흘수선용 정박구역
병. 일반 정박구역
정. 유조선 정박구역

해설) DW(Deep Water)는 '깊은 수심 정박구역' 또는 '대형 흘수선용 정박구역'을 의미함

193 해도 상의 〈그림〉의 의미는?

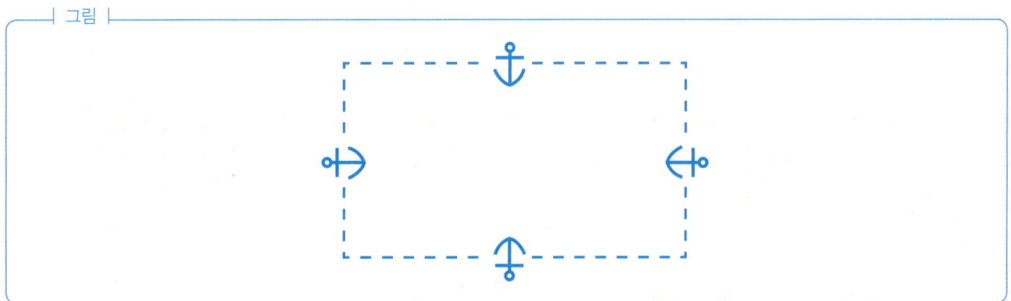

갑. 대기 정박구역
을. 대형 흘수선용 정박구역
병. 일반 정박구역
정. 유조선 정박구역

정답 191. 병 192. 을 193. 병

194 모터보트 운항 중 우현 쪽으로 사람이 빠졌을 때 가장 먼저 해야 할 일은?

갑. 좌현변침
을. 우현변침
병. 기관후진
정. 기관전진

> 해설) 우현에 빠진 익수자가 프로펠러에 휘감기지 않도록 우현으로 변침하고, 기관을 즉시 정지시킨다.

195 6분 동안 1.2마일(해리)을 항주한 선박의 속력은?

갑. 6노트
을. 8노트
병. 10노트
정. 12노트

> 해설) 1노트는 1시간에 1마일(해리)를 항주했다는 의미이다. 6분 동안 1.2마일을 항주했다면 60분간 12마일을 항주할 수 있다. 따라서 선박의 속력은 12노트이다.

196 선박 'A호'는 20노트(knot)의 속력으로 3시간 30분 동안 항해하였다면, 선박 'A호'의 항주 거리는?

갑. 50해리
을. 60해리
병. 65해리
정. 70해리

> 해설) 선박의 속력의 단위는 노트(knot)로 나타내며, 1노트는 1시간에 1해리를 항주할 때의 속력과 같다. 그러므로 선박이 총 항주한 거리는 선박의 속력 × 시간이므로 20노트 × 3.5시간 = 70해리가 된다.

197 해도 및 수로서지의 소개정에 관한 내용을 제공하기 위한 것으로, 국립해양조사원에서 주 1회 발행하는 소책자는?

갑. 항로지
을. 항행통보
병. 해도도식
정. 수로도서지 목록

> 해설) '항행통보'는 국립해양조사원에서 매주 1회 발행하는 소책자로, 암초나 침선 등의 위험물의 발견, 수심의 변화, 항로표지의 신설 및 폐지 등에 대한 정보가 수록되어 있다. 해도 및 수로서지를 정정할 목적으로 발행한다.

198 시계가 제한된 상황에서 항행 시 주의사항으로 옳지 <u>않은</u> 것은?

갑. 낮이라 할지라도 반드시 등화를 켠다.
을. 상황에 적절한 무중신호를 실시한다.
병. 기관을 정지하고 닻을 투하한다.
정. 엄중한 경계를 실시하고, 필요시 경계원을 증가 배치한다.

정답 194. 을 195. 정 196. 정 197. 을 198. 병

199 교차방위법을 실시하기 위해 물표를 선정할 때 주의사항으로 옳지 않은 것은?

갑. 위치가 정확하고 잘 보이는 목표를 선정한다.
을. 다수의 물표를 선정하는 것이 좋다.
병. 먼 목표보다 가까운 목표를 선정한다.
정. 두 물표 선정 시에는 교각이 30°미만인 것을 피한다.

200 동력수상레저기구로 물에 빠진 사람을 구조할 경우 선수방향으로부터 풍파를 받으며 접근하는 이유로 가장 적당한 것은?

갑. 익수자가 수영하기 쉽다.
을. 익수자를 발견하기 쉽다.
병. 동력수상레저기구의 조종이 쉽다.
정. 구명부환을 던지기가 쉽다.

201 상대선박과 충돌위험이 가장 큰 경우는?

갑. 방위가 변하지 않을 때
을. 거리가 변하지 않을 때
병. 방위가 빠르게 변할 때
정. 속력이 변하지 않을 때

202 시계가 제한된 상황에서 정박 중인 동력레저기구 방향으로 접근하여 오는 선박이 있을 경우, 충돌의 가능성을 경고하기 위해 가장 올바른 타종 방법은?

갑. 3회 타종(3점타)
을. 5회 타종(5점타)
병. 1분을 넘지 않는 간격으로 5초 동안 빠르게 타종(5초간 연속 타종)
정. 1분을 넘지 않는 간격으로 5초 동안 빠르게 타종(5초간 연속 타종)에 이어 3회 타종(3점타)

해설 제한 시계 내에서 정박 중인 선박(100미터 미만 선박) 방향으로 다른 선박이 접근하여 오는 경우에는 1분을 넘지 않는 간격으로 5초 동안 빠르게 타종한다.

203 서로 시계 안에 있는 상황에서 다른 선박이 동력레저기구 방향으로 접근하여 오는 경우, 탐조등(searchlight)을 이용하여 경고신호를 보내고자 할 때 가장 올바른 발광신호 방법은?

갑. 1회 섬광
을. 2회 섬광
병. 3회 섬광
정. 5회 이상의 짧고 빠른 섬광

해설 서로 상대의 시계 안에 있는 선박이 접근하고 있을 경우에는 하나의 선박이 다른 선박의 의도 또는 동작을 이해할 수 없거나 다른 선박이 충돌을 피하기 위하여 충분한 동작을 취하고 있는지 분명하지 아니한 경우에는 그 사실을 안 선박이 즉시 기적으로 단음을 5회 이상 재빨리 울려 그 사실을 표시하여야 한다. 이 경우 의문 신호는 5회 이상의 짧고 빠르게 섬광을 발하는 발광신호로써 보충할 수 있다.

정답 199. 을 200. 병 201. 갑 202. 병 203. 정

204 등대의 광달거리의 설명으로 가장 옳지 않은 것은?

갑. 관측안고가 높을수록 길어진다.
을. 등고가 높을수록 길어진다.
병. 광력이 클수록 길어진다.
정. 날씨와는 관계없다.

> 해설 광달거리는 날씨에 따라 다르다.

205 자기컴퍼스에서 자차가 생기는 원인으로 옳지 않은 것은?

갑. 선수 방위가 변할 때
을. 선수를 여러 방향으로 잠깐 두었을 때
병. 선체가 심한 충격을 받았을 때
정. 지방 자기의 영향을 받을 때

> 해설 자차는 선수를 동일한 방향으로 장시간 두었을 때 변화한다.

206 모터보트로 얕은 수로를 항해하기에 가장 적당한 선체 트림상태는?

갑. 선수트림
을. 선미트림
병. 선수미 등흘수
정. 약간의 선수트림

> 해설 '선체트림'이란 선수와 선미가 물에 잠긴 정도가 달라 선체가 앞이나 뒤로 기울어진 상태를 말한다.
> • 일반적으로 선박의 조종성능을 향상시키기 위해서 선미트림으로 항해하는 것이 기본이나, 수심이 얕은 구역을 항해할 경우, 등흘수(Even Keel)상태로 항해하는 것이 효율적임

207 동력수상레저기구를 조종할 때 확인해야 할 계기로 옳지 않은 것은?

갑. 엔진 회전속도(RPM) 게이지
을. 온도(TEMP) 게이지
병. 압력(PSI) 게이지
정. 축(SHAFT) 게이지

208 자기 컴퍼스(Magnetic compass)의 특징으로 옳지 않는 것은?

갑. 구조가 간단하고 관리가 용이하다.
을. 전원이 필요 없다.
병. 단독으로 작동이 불가능하다.
정. 오차를 지니고 있으므로 반드시 수정해야 한다.

> 해설 자석을 자유로이 회전할 수 있는 회전대 위에 놓아두면 지구 자기장이 방향을 가리키게 된다는 원리를 이용하여 만든 것으로 단독으로 작동이 가능하며, 전원이 필요 없다.

정답 204. 정 205. 을 206. 병 207. 정 208. 병

209 모터보트를 현측으로 접안하고자 한다. 선수미 방향을 기준으로 진입각도가 가장 적당한 것은?

갑. 계류장과 평행하게
을. 약 20°~30°
병. 약 45°~60°
정. 직각

210 모터보트 운항 시 속력을 낮추거나 정지해야 할 경우로 옳지 않은 것은?

갑. 농무에 의한 시정제한
을. 다른 보트가 추월을 시도하는 경우
병. 좁은 수로에서 침로만을 변경하기 어려운 경우
정. 진행 침로방향에 장애물이 있을 때

> 해설 다른 보트가 추월할 경우 가급적 자신의 침로와 속력은 유지할 필요가 있다.

211 수심이 얕은 해역을 항해할 때 발생하는 현상으로 옳지 않은 것은?

갑. 조종성능 저하
을. 속력감소
병. 선체 침하 현상
정. 공기 저항 증가

212 육상에 계선줄을 연결하여 계류할 경우, 계선줄의 길이를 결정하는데 우선 고려하여야 할 사항으로 가장 적당한 것은?

갑. 수심
을. 조수간만의 차
병. 흘수
정. 선체트림

213 〈보기〉는 무엇에 관한 설명인가?

> 보기
> • 항행하는 수로의 좌우측 한계를 표시하기 위해 설치된 표지
> • B지역은 좌현 부표의 색깔이 녹색으로 표시됨
> • 좌현 부표는 이 부표의 위치가 항로의 왼쪽 한계에 있음을 의미하며 부표의 오른쪽이 가항 수역임을 의미함

갑. 측방표지
을. 방위표지
병. 특수표지
정. 고립장애표지

> 1. 방위표지는 장애물을 중심으로 주위를 4개 상한으로 나누어 설치한 표지로 방향에 따라 동, 서, 남, 북 방위표지라 부른다.
> 2. 특수표지는 항행원조가 주목적이 아닌 다른 목적으로 계획된 것으로 특별한 구역 또는 지물을 표시하는 표지시설
> 3. 고립 장해표지는 암초나 침선 등 고립된 장애물 위에 설치하는 표지이다.

정답 209. 을 210. 을 211. 정 212. 을 213. 갑

214 레이더에서는 여러 주변 장치로부터 다양한 정보를 받아 화면상에 표시한다. 레이더에 연결되는 주변 장치로 옳지 않은 것은?

갑. 자이로컴퍼스
을. GPS
병. 선속계
정. VHF

해설) VHF는 통신기기로 레이더와 연결되어 사용되는 장치가 아니다.

215 프로펠러가 수면 위로 노출되어 공회전하는 현상은?

갑. 피칭
을. 레이싱
병. 스웨잉
정. 롤링

해설) 선박이 파도를 선수나 선미에서 받아서 선미가 공기 중에 노출되면 레이싱(racing) 현상으로 인하여 기관이 정지되거나 손상을 줄 수 있다.

216 좁은 수로에서 선박 조종 시 주의해야 할 내용으로 옳지 않은 것은?

갑. 회두 시 대각도 변침
을. 인근 선박의 운항상태를 지속 확인
병. 닻 사용 준비상태를 계속 유지
정. 안전한 속력유지

해설) 협수로에서 선박조종 시 선수미선과 조류의 방향과 일치되도록 조종하고 회두할 때에는 소각도로 여러 차례 변침하도록 한다.

217 선박이 전진 중 횡방향에서 바람을 받으면 선수는 어느 방향으로 향하나?

갑. 변화 없이 지속유지
을. 바람이 불어가는 방향
병. 바람이 불어오는 방향
정. 풍하방향

해설) 선박이 전진 중에 바람을 횡방향으로 받으면 선체가 선속과 바람의 힘을 합친 방향으로 나아가면서 선미가 풍하 쪽으로 떠밀려 결국 선수는 바람이 불어오는 방향으로 향한다.

218 이안 거리(해안으로부터 떨어진 거리)를 결정할 때 고려해야 할 사항으로 옳지 않는 것은?

갑. 선박의 크기 및 제반 상태
을. 항로의 교통량 및 항로 길이
병. 해상, 기상 및 시정의 영향
정. 해도의 수량 및 정확성

해설) 선위 측정 방법 및 정확성이 이안거리를 결정하는데 고려해야 한다.

정답 214. 정 215. 을 216. 갑 217. 병 218. 정

219 모터보트를 조종할 때 주의할 사항으로 적당하지 않은 것은?

갑. 좌우를 살피며 안전속력을 유지한다.
을. 움직일 수 있는 물건은 고정한다.
병. 자동 정지줄은 항상 몸에 부착한다.
정. 교통량이 많은 해역은 최대한 신속하게 이탈한다.

220 동력수상레저기구 두 대가 근접하여 나란히 고속으로 운항할 때 어떤 현상이 일어나는가?

갑. 수류의 배출작용 때문에 멀어진다.
을. 평행하게 운항을 계속하면 안전하다.
병. 흡인작용에 의해 서로 충돌할 위험이 있다.
정. 상대속도가 0에 가까워 안전하다.

221 수상오토바이에 대한 설명으로 옳지 않은 것은?

갑. 핸들과 조종자의 체중이동으로 방향을 변경한다.
을. 선체의 안전성이 좋아 전복할 위험이 적다.
병. 후진장치가 없는 것도 있다.
정. 선외기 보트에 비해 낮은 수심에서 운항할 수 있다.

222 레이더 플로팅을 통해 알 수 있는 타선 정보로 옳지 않은 것은?

갑. 선박 형상
을. 진속력
병. 진침로
정. 최근접 거리

> 해설 레이더 플로팅을 통해 레이더 화면상에서 수동, 또는 자동으로 포착한 물표 영상을 연속적으로 추적하여 상대 선박의 진방위, 진속력, 최근접 거리, 최근접 시간 등의 정보가 표시된다.

223 항해 중 선박이 충돌하였을 때의 조치로서 옳지 않은 것은?

갑. 주기관을 정지시킨다.
을. 두 선박을 밀착시킨 상태로 밀리도록 한다.
병. 절박한 위험이 있을 때는 음향신호 등으로 구조를 요청한다.
정. 선박을 후진시켜 두 선박을 분리한다.

> 해설 다른 선박의 현측에 자선의 선수가 충돌했을 때는 기관을 후진시키지 말고, 주기관을 정지시킨 후, 두 선박을 밀착시킨 상태로 밀리도록 한다. 만약 선박을 후진시켜 두 선박을 분리시키면, 대량의 침수로 인해 침몰의 위험이 더 커질 수 있다.

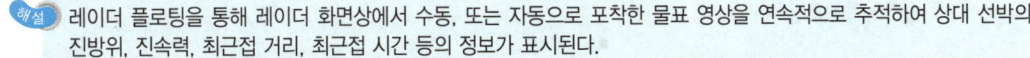
정답 219. 정 220. 병 221. 을 222. 갑 223. 정

224 선박의 조난신호에 관한 사항으로 옳지 <u>않은</u> 것은?

갑. 조난을 당하여 구원을 요청하는 경우에 사용하는 신호이다.
을. 조난신호는 국제해사기구가 정하는 신호로 행하여야 한다.
병. 구원 요청 이외의 목적으로 사용해서는 안 된다.
정. 유사시를 대비하여 정기적으로 조난신호를 행하여야 한다.

> **해설** 조난신호는 국제해상충돌예방규칙 제37조 또는 동 규칙 부속서 IV에 규정되어 있다.

225 고무보트를 운항하기 전에 확인할 사항으로 옳지 <u>않은</u> 것은?

갑. 공기압을 점검한다.
을. 기관(엔진)부착 정도를 확인한다.
병. 흔들림을 방지하기 위해 중량물을 싣는다.
정. 연료를 점검한다.

> **해설** 중량물로 인해 고무보트의 균형을 잃을 수 있다.

226 VHF 무선전화로 "선박이 긴박한 위험에 처해 즉각적인 구조를 바란다"는 통신을 보낼 때 사용하는 용어는?

갑. MAYDAY(메이데이)
을. PAN PAN(팡팡)
병. SECURITE(시큐리티)
정. SOS(에스 오 에스)

> **해설** MAYDAY(메이데이)는 VHF 무선전화로 "선박이 긴박한 위험에 처해 즉각적인 구조를 바란다"는 통신을 보낼 때 사용하는 통신용어이다.

227 비상 상황에서 조난 통신의 원활한 전달을 위해 "모든 무선국은 지금 즉시 통신을 중지하라"는 의미의 무선통신 용어는?

갑. SILENCE('시롱스'로 발음)
을. MAYDAY('메이데이'로 발음)
병. PAN PAN('팡팡'으로 발음)
정. SECURITE('씨큐리티'로 발음)

> **해설** SILENCE(SEE LONSS로 발음)은 비상 상황에서 조난 통신의 원활한 전달을 위해 다른 선박의 통신을 중지시키고자 할 때 사용하는 음성신호이다.

정답 224. 정 225. 병 226. 갑 227. 갑

228 선박 침수 시 조치로 옳지 <u>않은</u> 것은?

갑. 즉각적인 퇴선조치
을. 침수원인 확인 후 응급조치
병. 수밀문을 밀폐
정. 모든 수단을 이용하여 배수

> 해설) 침수를 발견하면 그 원인과 침수의 크기, 침수량 등을 확인하여 응급조치하고 모든 방법을 동원하여 배수하고 침수가 한 구획에만 한정되도록 수밀문을 폐쇄한다.

229 시정이 제한된 상태에 대한 설명으로 옳지 <u>않은</u> 것은?

갑. 안개 속
을. 침로 전면에 안개덩이가 있는 때
병. 눈보라가 많이 내리는 때
정. 해안선이 복잡하여 시야가 막히는 경우

> 해설) "제한된 시계"란 안개 · 연기 · 눈 · 비 · 모래바람 및 그 밖에 이와 비슷한 사유로 시계가 제한되어 있는 상태를 말한다.

230 유속 5노트의 해류를 뒤에서 받으며, GPS로 측정한 선속이 15노트라면, 대수속력(S)과 대지속력(V)은 얼마인가?

갑. S=10노트, V=15노트
을. S=10노트, V=10노트
병. S=20노트, V=5노트
정. S=15노트, V=15노트

> 해설) 선박이 수면상을 지나는 속력을 대수속력이라고 하며, 선박이 외력 등의 영향으로 인하여 움직이지 않는 지면에 대하여 나타나는 속력을 대지속력이라 한다. GPS는 대지속력을 측정하므로, 15노트는 대지속력이 되며, 대지속력(15노트)에서 외력(5노트)을 빼면 10노트는 대수속력이 된다.

231 보트나 부이에 국제신호서상 A기가 게양되어 있을 때, 깃발이 뜻하는 의미는?

갑. 스쿠버 다이빙을 하고 있다.
을. 낚시를 하고 있다.
병. 수상스키를 타고 있다.
정. 모터보트 경기를 하고 있다.

> 해설) A(알파기)는 '본선은 잠수부를 내리고 있으니 저속으로 피하라'는 뜻이다.

232 선외기 등을 장착한 활주형 선박에서 운항 중 선회하는 경우 선체경사는?

갑. 외측경사
을. 내측경사
병. 외측경사 후 내측경사
정. 내측경사 후 외측경사

> 해설) 수면 상부의 선체는 타각을 준 쪽인 선회권의 안쪽으로 경사(내방, 안쪽), 선회를 계속하면 선체는 일정한 각속도로 정상 선회(외방, 바깥쪽)한다.

정답 228. 갑 229. 정 230. 갑 231. 갑 232. 정

233 모터보트를 계류장에 접안할 때 주의사항으로 옳지 않은 것은?

갑. 타선의 닻줄 방향에 유의한다.
을. 선측 돌출물을 걷어 들인다.
병. 외력의 영향이 작을 때 접안이 쉽다.
정. 선미접안을 먼저 한다.

> 해설 선수를 먼저 접안한 후 선미를 접안한다.

234 모터보트의 조타설비에 대한 설명으로 맞는 것은?

갑. 무게를 측정하기 위한 설비
을. 크기를 측정하기 위한 설비
병. 운항 방향을 제어하는 설비
정. 강도를 측정하기 위한 설비

235 모터보트의 현재 위치 측정방법으로 가장 정확한 방법은?

갑. 위성항법장치(GPS)
을. 어군탐지기
병. 해안선
정. 수심측정기

236 선체의 가장 넓은 부분에 있어서 양현 외판의 외면에서 외면까지의 수평거리는?

갑. 전폭
을. 전장
병. 건현
정. 수선장

> 해설 구전폭(Extreme breadth) : 선체의 제일 넓은 부분에 있어서 양현 외판의 외면으로부터 외면까지의 수평 거리, 선박의 조종이나 입거 시 사용 된다

237 항해 시 변침 목표물로서 가장 옳지 않은 것은?

갑. 등대
을. 부표
병. 입표
정. 산꼭대기

> 해설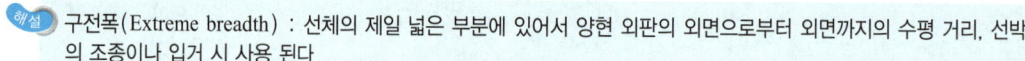
> • 등대(Lighthouse) : 선박에게 육상의 특정한 위치를 표시하기 위해 설치된 탑과 같이 생긴 구조물
> • 부표(Buoy) : 암초, 얕은 수심 등의 위험이나 항행금지지점을 표시하기위해 설치되는 구조물, 해저의 일정한 지점에 체인으로 연결되어 해면에 떠 있으며 강한 파랑이나 조류로 위치가 옮겨지는 경우가 많음
> • 입표(Beacon) : 암초, 노출암 등의 위치를 표시하기 위해 설치하는 항로표지(피험표)

238 시정이 제한된 상태에서 지켜야 할 것으로 옳은 것은?

갑. 안전속력
을. 최저속력
병. 안전묘박
정. 제한속력

정답 233. 정 234. 병 235. 갑 236. 갑 237. 을 238. 갑

239 선박에서 상대방위란 무엇인가?

갑. 선수를 기준으로 한 방위
을. 물표와 물표사이의 방위각 차
병. 나북을 기준으로 한 방위
정. 진북을 기준으로 한 방위

> 해설) 선수 방향을 기준으로 한 방위로써, 선수를 기준으로 하여 시계 방향으로 360도까지 측정하거나 좌현 또는 우현쪽으로 각각 180도까지 측정한 방위이다.

240 안전한 항해를 하기 위해서는 변침 지점과 물표를 미리 선정해 두어야 한다. 이 때 주의사항으로 옳지 않은 것은?

갑. 변침 후 침로와 거의 평행 방향에 있고 거리가 먼 것을 선정한다.
을. 변침하는 현측 정횡 부근의 뚜렷한 물표를 선정한다.
병. 곶, 등부표 등은 불가피한 경우가 아니면 이용하지 않는다.
정. 물표가 변침 후의 침로 방향에 있는 것이 좋다.

> 해설) 변침물표는 변침 시 자선의 위치를 파악하는 기준이 되며, 물표가 변침 후의 침로 방향에 있고 그 침로와 평행인 방향에 있으면서 거리가 가까운 것을 선정한다.

241 〈그림〉과 같이 선수 트림(Trim by the head)이 클 때, 나타나는 현상과 거리가 가장 먼 것은?

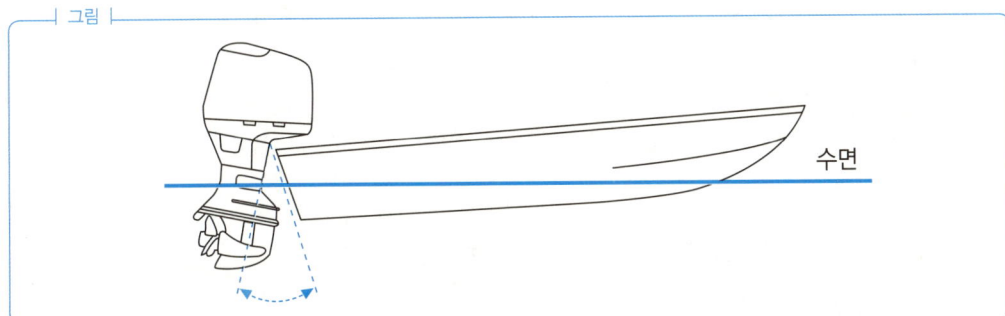

갑. 엔진을 가속할수록 선수가 들린다.
을. 잔잔한 물에서도 선수가 위아래로 흔들린다.
병. 활주 상태에서 보트가 급격히 좌우로 흔들린다.
정. 선수부에서 항주파가 형성된다.

> 해설) 트림(Trim)이 과하면, 선수가 들려, 항주파가 선미부에서 형성된다. 잔잔한 물에서도 선수가 위 아래로 흔들리며, 활주 상태에서 갑자기 보트가 좌우로 흔들린다. 선수부에서 항주파(ship's wake)가 형성되거나 물을 밀고 나가는 것 같이 보이는 현상은 트림이 작을 때 또는 Negative(-) 트림일 때 나타나는 현상이다.

정답 239. 갑 240. 갑 241. 정

242 기상, 해류, 조류 등의 자연 환경과 도선사, 검역, 항로의 상황, 연안의 지형, 항만의 시설 등이 수록되어 있는 수로서지는?

갑. 조석표
을. 천측력
병. 등대표
정. 항로지

243 레이더 화면의 영상을 판독하는 방법에 대한 설명으로 가장 옳지 않은 것은?

갑. 상대선의 침로와 속력 변경으로 인해 상대방위가 변화하고 있다면 충돌의 위험이 없다고 가정한다.
을. 다른 선박의 침로와 속력에 대한 정보는 일정한 시간 간격을 두고 계속적인 관측을 해야 한다.
병. 해상의 상태나 눈, 비로 인해 영상이 흐려지는 부분이 생길 수 있다는 것도 알고 있어야 한다.
정. 방위 변화가 거의 없고 거리가 가까워지고 있으면 상대선과 충돌의 위험성이 있다는 것이다.

244 초단파(VHF) 통신설비를 갖춘 수상레저기구의 무선통신 방법으로 가장 옳은 것은?

갑. 송신 전력은 가능한 최대 전력으로 사용해야 한다.
을. 중요한 단어나 문장을 반복해서 말하는 것이 좋다.
병. 채널 16은 조난, 긴급, 안전 호출용으로만 사용되어야 한다.
정. 조난 통신을 청수한 때에는 즉시 채널을 변경한다.

245 위성항법장치(GPS) 플로터에 대한 설명으로 가장 옳지 않은 것은?

갑. GPS 플로터의 모든 해도는 선위확인 등 안전한 항해를 위한 목적으로 사용할 수 있다.
을. GPS 위성으로부터 정보를 수신하여 자선의 위치, 시간, 속도 등이 표시된다.
병. 표시된 데이터로 선박항해에 필요한 정보를 제공한다.
정. 화면상에 각 항구의 해도와 경위도선, 항적 등을 표시할 수 있다.

246 모터보트가 저속으로 항해할 때 가장 크게 작용하는 선체 저항은?

갑. 마찰저항
을. 조파저항
병. 조와저항
정. 공기저항

> **해설** 마찰저항은 선체 표면이 물에 부딪혀 선체 진행을 방해하여 생기는 저항으로써 저속으로 항해할 때 가장 큰 비중을 차지한다.
> • 조파저항 : 선수·미 부근은 수압이 높아져 수면이 높아지고 선체중앙부는 수압이 낮아져서 생기는 저항(구형선수로 예방)
> • 조와저항 : 선체주위의 물 분자는 부착력으로 인해 속도가 느려지고 선체에서 먼 곳의 물 분자는 속도가 빨라 물 분자의 속도 차에 의해 선미 부근에서 와류가 생겨 선체는 전방으로부터 후방으로 힘을 받게 되는 저항(선체 형상에 따라 크기가 달라짐)
> • 공기저항 : 수면상부의 선체 및 갑판상부의 구조물이 공기의 흐름과 부딪혀서 생기는 저항

정답 242. 정 243. 갑 244. 병 245. 갑 246. 갑

247 모터보트에 승선 및 하선을 할 때 주의사항으로 옳지 않은 것은?

갑. 부두에 있는 사람이 모터보트를 붙잡아 선체가 움직이지 않도록 한 후 승선한다.
을. 모터보트의 선미 쪽 부근에서 1명씩 자세를 낮추어 조심스럽게 타고 내려야 한다.
병. 승선할 때에는 모터보트와 부두사이의 간격이 안전하게 승선할 수 있는지 확인한다.
정. 승선 위치는 전후좌우의 균형을 유지하도록 가능한 낮은 자세를 취한다.

> 해설 모터보트에 타고 내리는 위치는 보트의 중앙부 부근에서 1명씩 자세를 낮추어 조심스럽게 타고 내려야 한다. 뛰어 타거나, 뛰어 내리는 것은 매우 위험하다.

248 소형 모터보트의 중, 고속에서의 직진과 정지에 대한 설명으로 가장 옳지 않은 것은?

갑. 키는 사용한 만큼 반드시 되돌려야 하고, 침로 수정은 침로선을 벗어나기 전에 한다.
을. 침로유지를 위한 목표물은 가능한 가까운 쪽의 있는 목표물을 선정한다.
병. 키를 너무 큰 각도로 돌려서 사용하는 것 보다 필요한 만큼 사용한다.
정. 긴급시를 제외하고는 급격한 감속을 해서는 안 된다.

> 해설 중·고속에서의 직진 및 정지는 침로유지를 위한 목표물 설정은 직선 침로를 똑바로 항주하기 위해서 가능한 한 먼 쪽에 있는 목표물을 설정하고 그 목표물과 선수가 계속 일직선이 되도록 조정한다.

249 모터보트의 선회 성능에 대한 설명으로 가장 옳지 않은 것은?

갑. 속력이 느릴 때 선회 반경이 작고 빠를 때 크다
을. 선회 시는 선체 저항의 증가로 속력은 떨어진다.
병. 타각이 클 때보다 작을 때 선회 반경이 크다.
정. 프로펠러가 1개인 경우 좌우의 선회권의 크기는 차이가 없다.

> 해설 어느 속력으로 직진 중에 일정량의 타각을 사용했을 때 어떻게 선회하는 가를 파악하는 것은 모터보트 조종 상 중요한 일이다. 좌우의 선회권은 프로펠러의 회전 방향에 따라 차이가 나타나기 때문에 약간의 차이를 나타낸다.

250 모터보트에서 사람이 물에 빠졌을 때 인명구조 방법으로 가장 옳지 않은 것은?

갑. 익수자 발생 반대 현측으로 선수를 돌린다.
을. 익수자 쪽으로 계속 선회 접근하되 미리 정지하여 타력으로 접근한다.
병. 익수자가 선수에 부딪히지 않아야 하고 발생 현측 1미터 이내에서 구조할 수 있도록 조정한다.
정. 선체 좌우가 불안정할 경우 익수자를 선수 또는 선미에서 끌어올리는 것이 안전하다.

> 해설 사람이 물에 빠지면 물에 빠진 현측으로 선수를 돌리면서 익수자 쪽으로 계속 선회 접근하되 미리 정지하여 타력으로 접근한다.

정답 247. 을 248. 을 249. 정 250. 갑

251. 모터보트를 조종할 때 활주 상태에 대한 설명으로 가장 옳은 것은?

갑. 정지된 상태에서 속도전환 레버를 조작하여 전진 또는 후진하는 것
을. 속력을 증가시키면 양력이 증가되어 가벼운 선수 쪽에 힘이 미치게 되어 선수가 들리는 상태
병. 모터보트의 속력과 양력이 증가되어 선수 및 선미가 수면과 평행상태가 되는 것
정. 선회 초기에 선미는 타를 작동하는 반대 방향으로 밀려 나는 것

해설) 속력을 고속으로 증가시키면, 모터보트의 양력 역시 증가되어 미치는 힘이 후부로 이동되며 선미까지 들려서 선수 및 선미까지 평형에 가까운 상태가 되는 것을 활주 상태라고 한다.

252. 〈보기〉의 그림이 의미하는 것은?

갑. 비상집합장소
을. 강하식탑승장치
병. 비상구조선
정. 구명뗏목

253. 여객이나 화물을 운송하기 위하여 쓰이는 용적을 나타내는 톤수는?

갑. 총톤수
을. 순톤수
병. 배수톤수
정. 재화중량톤수

해설) 순톤수(Net Tonnage) : 순수하게 여객이나 화물의 운송을 위하여 제공되는 실제의 용적을 나타내기 위하여 사용되는 지표로서, 항만 시설 사용료 등의 산정 기준이 며, 화물 적재 장소의 용적에 대한 톤수와 여객 정원수에 따른 톤수의 합으로 나타낼 수 있다.

254. 바람이나 조류가 모터보트의 움직임에 미치는 영향에 관한 설명 중 가장 올바른 것은?

갑. 바람과 조류는 모두 모터보트를 이동만 시킨다.
을. 바람은 회두를 일으키고 조류는 모터보트를 이동시킨다.
병. 바람은 모터보트를 이동시키고 조류는 회두를 일으킨다.
정. 바람과 조류는 모두 회두만을 일으킨다.

해설) 바람에 의해서도 모터보트가 떠밀리기도 하지만 주로 선수를 편향시켜 회두를 일으키고, 조류는 조류가 흘러오는 반대방향으로 모터보트를 밀리게 한다.

정답 251. 병 252. 갑 253. 을 254. 을

255 모터보트를 조종할 때 조류의 영향을 설명한 것 중 가장 옳지 않은 것은?

갑. 선수 방향의 조류는 타효가 좋다.
을. 선수 방향의 조류는 속도를 저하시킨다.
병. 선미 방향의 조류는 조종 성능이 향상된다.
정. 강조류로 인한 보트 압류를 주의해야 한다.

> 해설: 조류가 빠른 수역에서 선수 방향의 조류(역조)는 타효가 커서 조종이 잘 되지만, 선미 방향의 조류(순조)는 조종 성능이 저하된다.

256 다른 동력수상레저기구 또는 선박을 추월하려는 경우에는 추월당하는 기구의 진로를 방해하여서는 안 된다. 이 때 두 선박 간의 관계에 대한 설명으로 가장 옳지 않은 것은?

갑. 운항규칙상 2미터 이내로 근접하여 운항하면 안 된다.
을. 가까이 항해 시 두 선박 간에 당김, 밀어냄, 회두 현상이 일어난다.
병. 선박의 상호 간섭작용이 충돌 사고의 원인이 된다.
정. 선박 크기가 다를 경우 큰 선박이 훨씬 큰 영향을 받는다.

> 해설: 두 선박이 서로 가깝게 마주치거나, 추월할 때 선박 주위에 압력 변화로 당김 밀어냄 회두 현상이 발생할 우려가 있으며, 이를 선박의 상호 간섭작용이라고 불리며 충돌사고의 원인이 된다. 소형선이 특히 주의해야 한다.

257 평수구역을 항해하는 총톤수 2톤 이상의 소형선박에 반드시 설치해야 하는 무선통신 설비는?

갑. 초단파대 무선설비
을. 중단파(MF/HF) 무선설비
병. 위성통신설비
정. 수색구조용 레이더 트렌스폰더(SART)

> 해설: 평수구역을 항해구역으로 하는 선박은 초단파대 무선설비(무선전화 및 디지털선택호출장치)를 설치하여야 한다.

258 황천으로 항해가 곤란할 때 바람을 선수 좌·우현 25~35도로 받으며 타효가 있는 최소한의 속력으로 전진하는 것을 무엇이라고 하는가?

갑. 히브 투(heave to)
을. 스커딩(scudding)
병. 라이 투(lie to)
정. 브로칭 투(Broaching to)

> 해설: 히브 투는 선체의 동요를 줄이고 파도에 대하여 자세를 취하기 쉽고, 풍하측으로 표류가 적지만 선수에 파로 인한 충격과 해수가 갑판으로 올라오거나 너무 감속하면 정횡방향으로 파를 받을 우려가 있다.

정답 255. 병 256. 정 257. 갑 258. 갑

259 야간에 항해 시 주의사항으로 가장 옳지 않은 것은?

갑. 양 선박이 정면으로 마주치면 서로 오른쪽으로 변침하여 피한다.
을. 다른 선박을 피할 때에는 소각도로 변침한다.
병. 기본적인 항법 규칙을 철저히 이행한다.
정. 적법한 항해등을 점등한다.

> 해설 : 야간에는 등화만으로 다른 선박이나 물표를 확인해야 하고, 시계가 어둡고 졸기 쉬운 상태이므로 특히 주의하여 항해하여야 한다. 항법의 적용에 있어 피항할 때에는 대각도로 변침한다.

260 풍랑을 선미 좌·우현 25~35도에서 받으며, 파에 쫓기는 자세로 항주하는 것을 무엇이라고 하는가?

갑. 히브 투
을. 스커딩
병. 라이 투
정. 러칭

> 해설 : 스커딩은 선체가 받는 충격 작용이 현저히 감소하고 상당한 속력을 유지할 수 있으나 선미 추파에 의하여 해수가 갑판을 덮칠 수 있다.

261 계류 중인 동력수상레저기구 인근을 통항하는 선박 또는 동력수상레저기구가 유의하여야 할 내용으로 옳지 않은 것은?

갑. 통항 중인 레저기구는 가급적 저속으로 통항한다.
을. 계류 중인 레저기구는 계선줄 등을 단단히 고정한다.
병. 통항 중인 레저기구는 가능한 접안선 가까이 통항한다.
정. 계류 중인 레저기구는 펜더 등을 보강한다.

> 해설 : 통항선은 될 수 있는 대로 저속으로 통항하고, 가능하면 접안선으로부터 멀리 떨어져서 안전하게 항행한다.

262 동력수상레저기구 화재 시 소화 작업을 하기 위한 조종방법으로 가장 옳지 않은 것은?

갑. 선수부 화재 시 선미에서 바람을 받도록 조종한다.
을. 상대 풍속이 0이 되도록 조종한다.
병. 선미 화재 시 선수에서 바람을 받도록 조종한다.
정. 중앙부 화재 시 선수에서 바람을 받도록 조종한다.

> 해설 : 소화 작업 중 화재가 확산되지 않도록 상대풍속이 0이 되도록 선박을 조종하는 것이 원칙이다. 즉, 선수 화재 시 선미에서, 선미 화재 시 선수에서 중앙부 화재 시 정횡에서 바람을 받으며 소화작업을 해야 한다.

정답 259. 을 260. 을 261. 병 262. 정

263 동력수상레저기구는 위험물 운반선 부근을 통항 시 멀리 떨어져서 운항하여야 한다. 위험물 운반선의 국제 문자 신호기로 옳은 것은?

갑. A기(왼쪽 흰색 바탕 | 오른쪽 파랑색 바탕 〈 모양)
을. B기(빨간색 바탕 기류, 오른쪽 〈 모양)
병. Q기(노란색 바탕 사각형 기류)
정. H기(왼쪽 흰색 바탕 | 오른쪽 빨간색 바탕 사각형 기류)

> 해설 A기: 나는 잠수부를 내렸다. Q기: 검역허가 요청. H기: 본선은 도선사를 태우고 있다.

264 해양사고가 발생하였을 경우 수상레저기구를 구조정으로 활용한 인명구조 방법으로 가장 옳지 않은 것은?

갑. 가능한 조난선의 풍상쪽 선미 또는 선수로 접근한다.
을. 접근할 때 충분한 거리를 유지하며 계선줄을 잡는다.
병. 구조선의 풍하 현측으로 이동하여 요구조자를 옮겨 태운다.
정. 조난선에 접근 시 바람에 의해 압류되는 것을 주의한다.

> 해설 대형 구조선은 조난선의 풍상측에 접근하되 바람에 의해 압류되는 것을 주의하여야 한다. 구조정은 조난선의 풍하쪽 선미 또는 선수에 접근하여 충분한 거리를 유지하면서 계선줄을 잡은 다음, 구명부환의 양단에 로프를 연결하여 조난선의 사람을 옮겨 태운다. 구조선에 구조정이 접근할 때에는 구조선의 풍하 현측으로 접근하여 요구조자를 옮겨 태운다.

265 바다에 사람이 빠져 수색 중인 선박을 발견하였다. 이 선박에 게양되어 있는 국제 기류 신호는 무엇인가?

갑. F기(흰색 바탕에 마름모꼴 빨간색 모양 기류)
을. H기(왼쪽 흰색 바탕 | 오른쪽 빨간색 바탕 사각형 기류)
병. L기(왼쪽 위 노란색, 아래 검정색 | 오른쪽 상단 검정색, 아래 노란색)
정. O(왼쪽 아래 노란색, 오른쪽 위 빨간색 사선 모양 기류)

> 해설 F기 : 본선은 조종할 수 없다(조종불능선 의미), L기: 귀선은 즉시 정선하라(경비함정 등에서 선박 임검을 실시할 때 멈추라는 의미로 사용), O기: 바다에 사람이 빠졌다.

266 동력수상레저기구 운항 중 전방의 선박에서 단음 1회의 음향신호 또는 단신호 1회의 발광신호를 인식하였다. 이에 대한 설명으로 가장 옳은 것은?

갑. 우현 변침 중이라는 의미
을. 좌현 변침 중이라는 의미
병. 후진 중이라는 의미
정. 정지 중이라는 의미

> 해설 우현 변침 중: 단음 1회(기류 E기), 좌현 변침 중: 단음 2회(기류 I기), 후진 중: 단음 3회(기류 S기), 단음 1회를 인식한 선박은 우현으로 변침 협조 동작을 취해주는 것이 좋다.

정답 263. 을 264. 갑 265. 정 266. 갑

267 동력수상레저기구 운항 중 조난을 당하였다. 조난 신호로서 가장 옳지 않은 것은?

갑. 야간에 손전등을 이용한 모르스 부호(SOS) 신호
을. 인근 선박에 좌우로 벌린 팔을 상하로 천천히 흔드는 신호
병. 초단파(VHF) 통신 설비가 있을 때 메이데이라는 말의 신호
정. 백색 등화의 수직 운동에 의한 신체 동작 신호

> 해설 백색 등화의 수직 운동에 의한 신체 동작 신호는 조난 신호가 아니라 조난자를 태운 보트를 유도하기 위한 신호로 이곳은 상륙하기에 좋은 장소라는 의미이며, 반대로 상륙하기 위험하다는 신체 동작 신호는 백색 등화의 수평 운동을 하면 된다.

268 해상에서 선박이 항해한 거리를 나타낼 때 사용하는 단위는?

갑. 노트
을. 미터
병. 해리
정. 피트

> 해설 해상에서의 거리단위는 해리를 사용한다.

269 연안 항해에서 선위를 측정할 때 가장 부정확한 방법은?

갑. 한 목표물의 레이더 방위와 거리에 의한 방법
을. 레이더 거리와 실측 방위에 의한 방법
병. 둘 이상 목표물의 레이더 거리에 의한 방법
정. 둘 이상 목표물의 레이더 방위에 의한 방법

> 해설 목표물의 레이더 방위에 의한 선위 측정 방법으로 정확도가 떨어진다.

270 선박이 우현쪽으로 둑에 접근할 때 선수가 받는 영향은?

갑. 우회두한다.
을. 흡인된다.
병. 반발한다.
정. 영향이 없다.

> 해설 선박이 우현쪽으로 둑에 접근 시 선수는 반발한다.

271 전타 선회 시 제일 먼저 생기는 현상은?

갑. 킥(Kick)
을. 종거
병. 선회경
정. 횡거

> 해설 킥(Kick) 현상은 원침로에서 횡방향으로 무게중심이 이동한 거리를 말하며, 가장 먼저 발생한다

정답 267. 정 268. 병 269. 정 270. 병 271. 갑

272 조석과 조류에 대한 설명으로 옳지 않은 것은?

갑. 조석으로 인한 해수의 주기적인 수평운동을 조류라 한다.
을. 조류가 암초나 반대 방향의 수류에 부딪혀 생기는 파도를 급조라 한다.
병. 좁은 수로 등에서 조류가 격렬하게 흐르면서 물이 빙빙도는 것을 반류라 한다.
정. 같은 날의 조석이 그 높이와 간격이 같지 않은 현상을 일조부등이라 한다.

> 해설 병은 와류에 대한 설명이다.

273 음향표지 또는 무중신호에 대한 설명으로 옳지 않은 것은?

갑. 밤에만 작동한다.
을. 사이렌이 많이 쓰인다.
병. 공중음신호와 수중음신호가 있다.
정. 일반적으로 등대나 다른 항로표지에 부설되어 있다.

274 우리나라의 우현표지에 대한 설명으로 옳은 것은?

갑. 우측항로가 일반적인 항로임을 나타낸다.
을. 공사구역 등 특별한 시설이 있음을 나타낸다.
병. 고립된 장애물 위에 설치하여 장애물이 있음을 나타낸다.
정. 항행하는 수로의 우측 한계를 표시함으로, 표지 좌측으로 항행해야 안전하다.

275 두 지점 사이의 실제 거리와 해도에서 이에 대응하는 두 지점 사이의 거리의 비는?

갑. 축척   을. 지명
병. 위도   정. 경도

276 점장도에 대한 설명으로 옳지 않은 것은?

갑. 항정선이 직선으로 표시된다.
을. 침로를 구하기에 편리하다.
병. 두 지점간의 최단거리를 구하기에 편리하다.
정. 자오선과 거등권은 직선으로 나타낸다.

> 해설 대권항법은 대권을 따라서 항행하는 항법으로, 구면상에 있어 두 지점 사이의 최단거리는 두 지점을 지나는 대권이므로 먼 거리를 항해할 때 항해거리를 단축하고 연료를 절약하는 등 경제적인 선박운항에 유리함

정답 272. 병 273. 갑 274. 정 275. 갑 276. 병

277 〈그림〉과 같이 보트 용골(Keel)에서 프로펠러까지의 높이(H)가 길 때 나타나는 현상은?

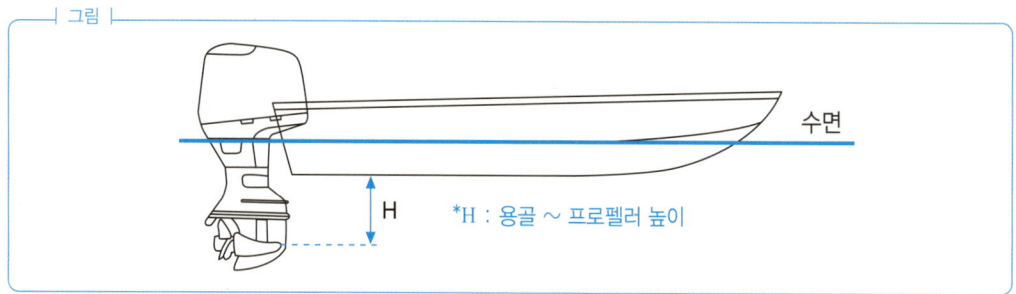

갑. 벤틸레이션(Ventilation) 현상이 나타난다.
을. 엔진 하부의 취수구에서 충분한 물이 흡입되지 않는다.
병. 물과 공기가 접촉되기 쉽다.
정. 불필요한 항력이 발생하고 트랜섬(엔진거치대)에 무리를 준다.

> 해설 벤틸레이션은 "수면의 공기나 배기가스가 회전하는 프로펠러의 날로 빨려들어가 보트의 속도와 RPM을 급상승 시키는 현상"을 말한다. 벤틸레이션 현상과 취수구에서 물의 흡입 상태 불량, 물과 공기의 접촉은 H(용골~프로펠러까지 높이)가 짧을 때 나타나는 현상이다. 불필요한 항력에 의한 보트 성능 및 연비 저하, 트랜섬(엔진거치대)에 무리를 주는 현상은 H가 지나치게 길 때 나타나는 현상이다.

278 비상위치지시용 무선표지설비(EPIRB)에 대한 설명으로 옳지 <u>않은</u> 것은?

갑. 선박이 침몰할 때 떠올라서 조난신호를 발신한다.
을. 위성으로 조난신호를 발신한다.
병. 조타실 안에 설치되어 있어야 한다.
정. 자동작동 또는 수동작동 모두 가능하다.

> 해설 비상위치지시용무선표지설비(EPIRB) : 선교(Top bridge)에 설치되어 선박이 침몰했을 때 자동으로 부상하여 COSPAS-SARSAT 위성을 통해 조난신호를 전송한다.

279 복원력이 증가함에 따라 나타나는 영향에 대한 설명으로 옳지 <u>않은</u> 것은?

갑. 화물이 이동할 위험이 있다.
을. 승무원의 작업능률을 저하시킬 수 있다.
병. 선체나 기관 등이 손상될 우려가 있다.
정. 횡요 주기가 길어진다.

> 해설 복원력이 증가함에 따라 횡요 주기는 짧아진다.

정답 277. 정 278. 병 279. 정

280 좁은 수로나 항만의 입구 등에 2~3개의 등화를 앞뒤로 설치하여 그 중시선에 의해 선박을 인도하도록 하는 것은?

갑. 부등 을. 도등
병. 임시등 정. 가등

- 부등(Auxiliary light) : 등표의 설치가 불가능하거나 등부표를 설치하여도 보수하기 아주 어려운 주, 초 등이 있는 위험한 구역으로부터 가까운 곳에 등대가 있을 때 그 등대에 강력한 투광기를 설치하여 그 구역을 비추어 위험을 표시하는 등화
- 임시등(Occasional light) : 보통 선박의 출입이 많지 않은 항만이나 하구 등에 출입항선이 있을 때 또는 어로기 등 선박의 출입이 일시적으로 많아질 때 임시로 점등되는 것
- 가등(Temporary light) : 등대를 개축할 때 긴급조치로 가설되는 것

정답 280. 을

SECTION 03 기관

기관 영역의 문제은행은 총 70문항으로 이 중 5문항이 출제됩니다.

281 다음 중 가솔린기관에서 전자제어 연료 분사 장치의 연료공급 계통에 포함되지 않는 요소로 가장 옳은 것은?

- 갑. 연료 탱크
- 을. 연료 여과기
- 병. 연료 펌프
- 정. 전자제어 유닛

> **해설** 가솔린기관에서 전자제어 연료 분사 장치의 연료공급 계통은 연료 탱크에서 연료 인젝터(injector) 또는 분사 밸브(injection valve)로 연료를 공급하는 계통으로 연료 펌프, 연료 여과기, 압력 조절기로 구성된다.

282 내연기관의 열효율을 높이기 위한 조건으로 옳지 않은 것은?

- 갑. 배기로 배출되는 열량을 적게 한다.
- 을. 압축압력을 낮춘다.
- 병. 용적효율을 좋게 한다.
- 정. 연료분사를 좋게 한다.

> **해설** 내연기간의 열효율을 높이기 위한 조건
> - 연소 전에 압축압력이 높을수록
> - 연소기간이 짧을수록
> - 연소가 상사점에서 일어날수록
> - 공연비가 좋을수록
> - 연료분사상태가 좋을수록
> - 용적효율이 좋을수록

283 다음 중 가솔린기관에서 배기가스 정화 장치의 종류로 가장 옳지 않은 것은?

- 갑. 블로바이 가스 환원 장치
- 을. 연료 증발 가스 처리 장치
- 병. 서지 탱크 장치
- 정. 배기가스 재순환 장치

> **해설** 가솔린기관에서 배출 가스 정화 장치는 배기가스, 블로바이 가스, 연료 증발 가스 등에 들어 있는 유해 물질을 정화 또는 재순환하는 장치를 말한다.

정답 281. 정 282. 을 283. 병

284 다음 중 가솔린기관에서 〈보기〉가 설명하는 윤활장치의 구성요소로 가장 옳은 것은?

> | 보기 |
> - 캠축 또는 크랭크축에 의해 구동된다.
> - 오일을 각 윤활부에 압송하는 기능을 수행한다.

갑. 오일 팬(oil pan) 을. 오일펌프(oil pump)
병. 오일 여과기(oil filter) 정. 오일 스트레이너(oil strainer)

285 엔진의 냉각수 계통에서 수온 조절기(thermostat)의 역할 중 가장 옳지 않은 것은?

갑. 과열 및 과냉각을 방지한다.
을. 오일의 열화방지 및 엔진의 수명을 연장시킨다.
병. 냉각수의 소모를 방지한다.
정. 냉각수의 녹 발생을 방지한다.

286 다음 중 가솔린기관에서 〈보기〉가 설명하는 냉각 장치의 구성요소로 가장 옳은 것은?

> | 보기 |
> - 기관 내부의 냉각수 온도 변화에 따라 자동으로 밸브를 개폐한다.
> - 냉각수의 적정온도를 유지시켜 주는 일종의 개폐장치이다.

갑. 수온 조절기(thermostat) 을. 워터 재킷(water jacket)
병. 라디에이터(radiator) 정. 냉각 핀(cooling fin)

> 해설 수온 조절기는 기관 내부의 냉각수 온도 변화에 따라 밸브가 자동적으로 개폐하여 라디에이터로 흐르는 유량을 조절함으로써 냉각수의 적정온도를 유지시켜 주는 일종의 개폐장치이다.

287 다음 중 가솔린기관에서 〈보기〉가 설명하는 점화 장치의 구성요소로 가장 옳은 것은?

> | 보기 |
> - 가혹한 조건에 견딜 수 있도록 전기적 절연성, 내열성, 기밀성 기계적 강도가 필요하다.
> - 구조가 간단하고 작지만, 기관의 성능에 직접적인 영향을 끼치는 부품이다.

갑. 점화 플러그(spark plug) 을. 점화 코일(ignition coil)
병. 배전기(distributer) 정. 차단기(NFB, no fuse breaker)

> 해설 차단기(NFB, no fuse breaker)는 가솔린기관에서 점화 장치를 구성하는 요소가 아님

정답 284. 을 285. 정 286. 갑 287. 갑

288 멀티테스터기로 직접 측정할 수 없는 것은?

갑. 직류전압
을. 직류전류
병. 교류전압
정. 유효전력

289 추진기 날개면이 거칠어졌을 때 추진기 성능에 미치는 영향으로 옳지 않은 것은?

갑. 추력이 증가한다.
을. 소요 토크가 증가한다.
병. 날개면에 대한 마찰력이 증가한다.
정. 캐비테이션을 유발한다.

290 다음 중 왕복 운동형 내연기관의 시동 장치에 대한 설명으로 가장 옳지 않은 것은?

갑. 기관을 시동시키기 위해서는 외부로부터 회전력을 공급해주어야 한다.
을. 시동 전동기(starting motor)는 기계적 에너지를 전기적 에너지로 바꾸어 회전력을 발생시킨다.
병. 축전지, 시동 전동기, 시동 스위치, 마그네틱 스위치, 배선 등으로 구성된다.
정. 솔레노이드 스위치(solenoid switch)는 피니언을 링 기어에 물려주는 역할을 한다.

> 해설 시동 전동기(starting motor)는 전기적 에너지를 기계적 에너지로 바꾸어 회전력을 발생시키는 전기 기기로서 시동 토크가 큰 직류 직권 전동기가 주로 사용된다.

291 다음 중 〈보기〉의 현상에 대한 가솔린기관의 고장원인과 대책으로 가장 옳지 않은 것은?

> 보기
> (a) 연료가 제대로 공급되지 않는다.
> (b) 축전지가 방전되었다.

갑. (a)의 고장원인은 연료 파이프나 연료 여과기의 막힘이며, 대책은 연료 파이프나 연료 여과기를 청소하고 필요시 교환
을. (a)의 고장원인은 인젝터 작동 불량이며, 대책은 연료 분사 계통을 점검하고 인젝터를 교환하는 것이다.
병. (b)의 고장원인은 축전지 수명이 다했거나 접지 불량이며, 대책은 릴레이를 점검하고 필요시 교환
정. (b)의 고장원인은 구동 벨트가 느슨하거나 전압 조정기의 결함이며, 대책은 구동 벨트의 장력 점검 및 발전기의 이상 유무를 점검하는 것이다.

> 해설 (b)의 고장원인 중 하나는 축전지 수명이 다했거나 접지 불량일 수 있는데 이에 대한 대책은 접지 상태를 확인하고, 수명이 다한 경우 교환하는 것이므로 릴레이 점검과 필요시 교환은 해당 사항이 없다.

정답 288. 정 289. 갑 290. 을 291. 병

292 다음 중 〈보기〉의 현상에 대한 가솔린기관의 고장원인과 대책으로 가장 옳지 <u>않은</u> 것은?

> **보기**
> (a) 기관의 진동이 너무 크다.
> (b) 시동 전동기가 제대로 작동되지 않는다.

갑. (a)의 고장원인은 기관 및 변속기의 브래킷이 풀린 것이며, 대책은 풀림 여부 확인 후 풀린 경우 다시 조이는 것이다.
을. (a)의 고장원인은 기관 변속기의 부품 파손이며, 대책은 파손 부품을 확인하고 교체하는 것이다.
병. (b)의 고장원인은 시동 릴레이 불량이며, 대책은 릴레이를 점검하고 필요하면 교환하는 것이다.
정. (b)의 고장원인은 축전지의 충전 상태가 불량한 것이며, 대책은 축전지 충전기를 점검 후 필요시 교환하는 것이다.

해설 (b)의 원인 중 하나로 시동 전동기 불량이 원인일 수 있는데, 이는 시동 전동기를 구동하기 위한 전기에너지를 공급하는 축전지 상태 불량보다는 시동 전동기 자체의 불량을 의심해 보는 것이 합리적이므로 시동 전동기를 점검 후 정비하고 필요하면 교환하는 것이 대책이다.

293 디젤기관에서 연료소비율이란?

갑. 기관이 1시간에 소비하는 연료량
을. 연료의 시간당 발열량
병. 기관이 1시간당 1마력을 얻기 위해 소비하는 연료량
정. 기관이 1실린더당 1시간에 소비하는 연료량

294 가솔린 기관에서 노크와 같이 연소화염이 매우 고속으로 전파하는 현상을 무엇이라 하는가?

갑. 데토네이션(Detonation) 을. 와일드 핑(Wild ping)
병. 럼블(Rumble) 정. 케비테이션(Cavitation)

295 〈보기〉에 나열된 가솔린기관의 오일펌프 정비 수행 순서가 가장 옳은 것은?

> **보기**
> ① 오일펌프 팁 간극과 사이드 간극을 필러게이지로 측정하여 규정값 이내에 있는지 점검한다.
> ② 프런트 케이스 기어 접촉면 및 오일펌프 커버의 마멸을 점검하고, 필요하면 교환한다.
> ③ 오일펌프 덮개와 기어를 프런트 케이스에서 떼어낸다.
> ④ 프런트 케이스 오일 통로 및 오일펌프 덮개의 통로가 막혔는지 점검하고, 필요하면 청소한다.

갑. ③ → ④ → ① → ② 을. ① → ③ → ② → ④
병. ④ → ① → ② → ③ 정. ③ → ② → ④ → ①

정답 292. 정 293. 병 294. 갑 295. 정

296 엔진 시동 중 회전수가 급격하게 높아 질 때 점검할 사항으로 옳지 <u>않은</u> 것은?

갑. 거버너 위치 등을 점검
을. 한꺼번에 많은 연료가 공급되는지를 확인
병. 시동 전 가연성 가스를 배제했는지를 확인
정. 냉각수 펌프의 정상 작동여부를 점검

297 과급(supercharging)이 기관의 성능에 미치는 영향에 대한 설명 중 옳은 것은 모두 몇 개인가?

① 평균 유효압력을 높여 기관의 출력을 증대시킨다.
② 연료소비율이 감소한다.
③ 단위 출력 당 기관의 무게와 설치 면적이 작아진다.
④ 미리 압축된 공기를 공급하므로 압축 초의 압력이 약간 높다.
⑤ 저질 연료를 사용하는데 불리하다.

갑. 2개   을. 3개
병. 4개   정. 5개

[해설] 과급을 하면 저질 연료도 사용하는데 유리하다.

298 윤활유 소비량이 증가되는 원인으로 옳지 <u>않은</u> 것은?

갑. 연료분사밸브의 분사상태 불량
을. 펌핑작용에 의한 연소실 내에서의 연소
병. 열에 의한 증발
정. 크랭크케이스 혹은 크랭크축 오일리테이너의 누설

[해설] 연료분사밸브의 분사상태 불량은 연소상태와 연관되지 윤활유 소모량과의 관계가 없다.

299 연료유 연소성을 향상시키는 방법으로 옳지 <u>않은</u> 것은?

갑. 연료유를 미립화한다.
을. 연료유를 가열한다.
병. 연소실을 보온한다.
정. 냉각수 온도를 낮춘다.

[해설] 냉각수 온도를 높여서 연소가 더 잘 되도록 해야 연소성이 향상된다.

정답 296. 정 297. 병 298. 갑 299. 정

300 플라이휠의 주된 설치목적은?

갑. 크랭크축 회전속도의 변화를 감소시킨다.
을. 기관의 과속을 방지한다.
병. 기관의 부착된 부속장치를 구동한다.
정. 축력을 증가시킨다.

> **해설** 플라이휠 : 축과 함께 회전하는 바퀴. 축을 회전시키는 기관 동력이 증감해도 일정한 속도로 회전하려는 관성을 이용한 것으로, 연소행정에서 피스톤의 발생 동력으로 생기는 회전력을 축적해 두었다가 다음 각 행정에서 회전력이 약해졌을 때 관성력으로 회전속도를 유지한다.

301 〈보기〉에 나열된 가솔린기관의 마그네틱 스위치 점검 수행 순서가 가장 옳은 것은?

| 보기 |
① 축전지의 (−)단자를 M단자에, (+)단자를 S단자에 접속하여 풀인 코일을 점검한다.
② 홀딩 코일을 점검한다.
③ 축전지의 (+)단자와 (−)단자를 시동 전동기의 몸체에 접지시켜 플런저의 되돌림을 점검한다.
④ 전동기에 조립한 상태에서 틈새 게이지를 이용하여 피니언 갭을 점검한다.

갑. ④ → ① → ② → ③
을. ② → ③ → ④ → ①
병. ③ → ④ → ① → ②
정. ① → ② → ③ → ④

302 〈보기〉에서 설명하는 디젤기관의 구성요소로 가장 옳은 것은?

| 보기 |
• 실린더 내를 왕복 운동하여 새로운 공기를 흡입하고 압축한다.
• 실린더와 함께 연소실을 형성한다.

갑. 커넥팅 로드(connecting rod)
을. 피스톤(piston)
병. 크로스헤드(crosshead)
정. 스커트(skirt)

303 릴리프 밸브(relief valve)의 설명 중 맞는 것은?

갑. 압력을 일정치로 유지한다.
을. 압력을 일정치 이상으로 유지한다.
병. 유체의 방향을 제어한다.
정. 유량을 제어한다.

정답 300. 갑 301. 정 302. 을 303. 갑

304 프로펠러에 관한 설명 중 옳지 않은 것은?

갑. 프로펠러의 직경은 날개수가 증가함에 따라 작아진다.
을. 전개면적비가 작을수록 프로펠러 효율은 감소한다.
병. 프로펠러의 날개는 공동현상에 의하여 손상을 받을 수 있다.
정. 가변피치 프로펠러의 경우는 회전수 여유를 주지 않는다.

> 해설 프로펠러 날개의 면적이 작아지면 추진기의 효율이 좋아지지만 너무 작아지면 공동현상을 일으킬 우려가 있다.

305 기관(엔진) 시동 후 점검사항으로 옳지 않은 것은?

갑. 기관(엔진)의 상태를 점검하기 위해 모든 계기를 관찰한다.
을. 연료, 오일 등의 누출 여부를 점검한다.
병. 기관(엔진)의 시동모터를 점검한다.
정. 클러치 전·후진 및 스로틀레버 작동상태를 점검한다.

306 선외기 가솔린기관(엔진)이 시동되지 않아 연료계통을 점검하고자 한다. 유의사항으로 옳지 않은 것은?

갑. 프라이머 밸브(primer valve)를 제거한다.
을. 연료필터(Fuel filter)에 불순물 또는 물이 차 있지 않은지 확인한다.
병. 연료계통 내에 누설되는 곳이 있는지 확인한다.
정. 연료탱크의 출구밸브 및 공기변(air vent)이 닫혀있는지 확인한다.

> 해설 프라이머 펌프(primer pump)는 연료를 공급하여 연료를 채워주는 기능과 연료계통 수리 시 공기를 배출하는데 사용된다. (시동되지 않을 때는 프라이머 펌프를 작동시켜 연료를 보충하거나 공기를 제거해야 한다)

307 〈보기〉에서 설명하는 디젤기관의 구성요소로 가장 옳은 것은?

| 보기 |
- 이 장치는 연료 분사 시기 및 분사량을 조정한다.
- 이 장치의 작동상태는 기관의 성능에 직접 영향을 준다.

갑. 연료 분사 밸브(fuel injection valve)
을. 연료 분사 캠(fuel injection cam)
병. 연료 분사 펌프(fuel injection pump)
정. 연료 분사 노즐(fuel injection nozzle)

> 해설 〈보기〉에서 설명하는 디젤기관의 구성요소는 연료의 분사 시기 및 분사량을 조정하고, 연료 분사에 필요한 고압을 만드는 연료 분사 펌프이다.

정답 304. 을 305. 병 306. 갑 307. 병

308 수상오토바이의 추진방식은?

갑. 원심펌프에 의한 추진방식
을. 임펠러 회전에 의한 워터제트 분사방식
병. 프로펠러 회전에 의한 공기분사방식
정. 임펠러 회전에 의한 공기분사방식

해설 수상오토바이의 추진방식은 워터제트분사방식이다.

309 전기기기의 절연상태가 나빠지는 경우로 옳지 않은 것은?

갑. 습기가 많을 때
을. 먼지가 많이 끼었을 때
병. 과전류가 흐를 때
정. 절연저항이 클 때

310 다음 중 디젤기관의 시동 방법에 대한 설명으로 가장 옳은 것은?

갑. 전동기에 의한 시동은 시동모터에서 발생한 전기를 이용한다.
을. 전동기에 의한 시동은 축전지를 이용하여 시동모터로 캠축을 회전시키는 시동 방법이다.
병. 압축 공기에 의한 시동은 각 피스톤에 압축 공기를 직접 분사할 때 생기는 힘을 이용한 것이다.
정. 압축 공기에 의한 시동 방법은 항상 피스톤이 작동 위치에 있을 때 시동 밸브가 열리도록 해야 한다.

311 선외기(outboard) 기관(엔진)의 시동 전 점검사항으로 옳지 않은 것은?

갑. 엔진오일의 윤활방식이 자동 혼합장치일 경우 잔량을 확인한다.
을. 연료탱크의 환기구가 열려있는가를 확인한다.
병. 비상정지스위치가 RUN에 있는지 확인한다.
정. 엔진내부의 냉각수를 확인한다.

해설 선외기 기관(엔진)은 냉각수가 엔진 내부에 따로 없고 외부의 해수나 담수를 바로 흡입하여 냉각하는 시스템으로 이뤄져 있다.

312 가솔린 기관에서 윤활유 압력저하가 되는 원인으로 옳지 않은 것은?

갑. 오일팬 내의 오일량 부족
을. 오일여과기 오손
병. 오일에 물이나 가솔린의 유입
정. 오일온도 하강

정답 308. 을 309. 정 310. 정 311. 정 312. 정

313 〈보기〉에 열거된 시동 준비 항목을 절차에 따라 순서대로 가장 옳게 나열한 것은?

| 보기 |
| ① 선저, 드라이브 유니트, 스크루 이상 유무를 확인한다.
| ② 기관실 빌지 배수 및 누수 개소를 확인한다.
| ③ 엔진 장착 상태, 각종 벨트, 엔진 및 엔진오일, 연료 계통 등을 확인한다.
| ④ 선외기(2행정일 경우) 연료는 가솔린과 오일을 일정 비율로 혼합하여 사용한다.
| ⑤ 연료 계통 밸브를 열고, 기관실 환기 후 기관을 시동한다.

갑. ① → ② → ③ → ④ → ⑤
을. ① → ③ → ② → ④ → ⑤
병. ⑤ → ② → ③ → ④ → ①
정. ⑤ → ③ → ② → ④ → ①

314 수상오토바이 운행 중 갑자기 출력이 떨어질 경우 점검해야할 곳은?

갑. 냉각수 압력을 점검한다.
을. 연료혼합비를 점검한다.
병. 물 흡입구에 이물질 부착을 점검한다.
정. 임펠러의 피치를 점검한다.

315 모터보트 운행 중 갑자기 선체가 심하게 떨림 현상이 나타날 때 즉시 점검해야 하는 곳으로 옳지 않은 것은?

갑. 크랭크축 균열 상태를 확인한다.
을. 프로펠러의 축계(shaft) 굴절여부를 확인한다.
병. 프로펠러의 파손상태를 점검한다.
정. 프로펠러에 로프가 감겼는지 확인한다.

> 해설 크랭크축 변형이나 절손 시 진동이 발생되나 균열발생으로는 떨림을 감지하기 어렵다. (총분해 수리 시 점검 가능)

316 냉각수펌프로 주로 사용되는 원심펌프에서 호수(프라이밍)를 하는 목적은?

갑. 흡입수량을 일정하게 유지시키기 위해서
을. 송출량을 증가시키기 위해서
병. 기동 시 흡입 측에 국부진공을 형성시키기 위해서
정. 송출측 압력의 맥동을 줄이기 위해서

> 해설 원심펌프는 시동할 때에 먼저 펌프 내에 물을 채워야(호수) 한다. 따라서 펌프의 설치 위치가 흡입측 수면보다 낮은 경우에는 공기 빼기 콕(Air vent cock)만 있으면 되지만, 흡입측 수면보다 높으면 물을 채우기 위하여 풋밸브(foot valve), 호수밸브(priming valve) 및 공기 빼기 콕을 설치해야 한다.

정답 313. 갑 314. 병 315. 갑 316. 병

317 〈보기〉에서 설명하는 가솔린기관 이상 현상으로 가장 옳은 것은?

> **보기**
> • [원인] : 오일팬 내 오일량 부족, 오일필터 오손, 오일 내 물이나 가솔린 유입, 오일 온도 상승
> • [조치] : 오일 충유, 오일필터 교체 또는 계통검사 후 수리, 냉각계통 고장원인 확인 및 수리

갑. 윤활유 압력 상승
을. 윤활유 압력 저하
병. 냉각수 압력 상승
정. 냉각수 압력 저하

해설 윤활유 저하 시 발생하는 이상 현상과 조치 사항임

318 선외기(outboard) 엔진에서 주로 사용되는 냉각방식은?

갑. 냉매가스식
을. 공랭식
병. 부동액냉각식
정. 담수 또는 해수냉각식

319 수상오토바이 운항 중 기관(엔진)이 정지된 경우 즉시 점검해야 할 사항으로 옳지 않은 것은?

갑. 몸에 연결한 스톱스위치(비상정지)를 확인한다.
을. 연료잔량을 확인한다.
병. 임펠라가 로프나 기타부유물에 걸렸는지 확인한다.
정. 엔진의 노즐 분사량을 확인한다.

320 윤활유의 기본적인 역할로서 옳지 않은 것은?

갑. 감마작용
을. 냉각작용
병. 산화작용
정. 청정작용

321 스크루 용어에 대한 설명으로 가장 옳지 않은 것은?

갑. 날개 : 스크루의 날개를 말하며 3~5매 정도이다.
을. 보스 : 스크루의 중심부로 둥글게 생긴 부분이다.
병. 압력면 : 선박이 전진할 때 날개의 뒷면을 말한다.
정. 피치 : 스크루가 1회전 할 때 흡입되는 냉각수량을 말한다.

해설 (스크루) 피치는 스크루가 1회전 할 때 축 방향으로 전진한 거리를 말함

정답 317. 을 318. 정 319. 정 320. 병 321. 정

322 실린더 윤활의 목적으로 옳지 않은 것은?

갑. 연소가스의 누설을 방지하기 위하여
을. 과열을 방지하기 위하여
병. 마찰계수를 감소시키기 위하여
정. 연료펌프 고착을 방지하기 위하여

323 클러치의 동력전달 방식에 따른 구분에 해당되지 않는 것은?

갑. 마찰클러치		을. 유체클러치
병. 전자클러치		정. 감속클러치

324 내연기관의 피스톤 링(Piston ring)이 고착되는 원인으로 옳지 않은 것은?

갑. 실린더 냉각수의 순환량이 과다할 때
을. 링과 링홈의 간격이 부적당할 때
병. 링의 장력이 부족할 때
정. 불순물이 많은 연료를 사용할 때

> 해설: 냉각수의 순환량이 많으면 실린더의 온도는 낮아지므로 피스톤 링이 고착되는 원인과 거리가 멀다.

325 〈보기〉에 나열된 냉각수 계통 세정 방법을 순서대로 가장 옳게 나타낸 것은?

> 보기
> ① 물이 완전히 빠지도록 선외기 엔진을 세워 놓는다.
> ② 냉각수 흡입구에 세정기를 끼우고, 세정기에 수돗물이 공급될 수 있도록 호스를 연결한다.
> ③ 기어를 중립에 두고 엔진을 시동하여 검수구에 물이 나오고 있는지 확인한다.
> ④ 3~5분간 냉각수 계통을 세정하고, 엔진을 정지한다.

갑. ① → ② → ③ → ④
을. ② → ③ → ④ → ①
병. ③ → ④ → ① → ②
정. ④ → ① → ② → ③

326 선체의 형상이 유선형일수록 가장 적어지는 저항은?

갑. 와류저항		을. 조와저항
병. 공기저항		정. 마찰저항

정답 322. 정 323. 정 324. 갑 325. 을 326. 을

327 장기 보관에 대비한 가솔린기관 정비에 대한 설명으로 가장 옳지 않은 것은?

갑. 냉각 계통에 청수를 연결하여 세척 한다.
을. 엔진 내부의 연료를 완전히 제거한다.
병. 최소한의 전력공급을 위해 축전지를 완충한다.
정. 제작사의 취급설명서에서 요구하는 조치를 정확히 한다.

> 해설 장기간 보관을 위해 축전지 단자를 엔진과 분리하는 것이 필요함

328 가솔린 기관(엔진)이 과열되는 원인으로서 옳지 않은 것은?

갑. 냉각수 취입구 막힘
을. 냉각수 펌프 임펠러의 마모
병. 윤활유 부족
정. 점화시기가 너무 빠름

329 수상오토바이 출항 전 반드시 점검하여야 할 사항으로 옳지 않은 것은?

갑. 선체 드레인 플러그가 잠겨 있는지 확인한다.
을. 예비 배터리가 있는 것을 확인한다.
병. 오일량을 점검한다.
정. 엔진룸 누수 여부를 확인한다.

330 〈보기〉에서 설명하는 것으로 가장 옳은 것은?

> 보기
> • 연소 과정을 통해 열, 빛, 동력 에너지 등을 얻을 수 있는 물질을 말한다.
> • 고체, 액체, 기체 형태가 있다.

갑. 휘발유(gasoline)
을. 등유(kerosene)
병. 연료(fuel)
정. 윤활(lubrication)

> 해설 〈보기〉는 연료에 대한 설명으로 연료는 연소과정을 통해 열, 빛, 동력 에너지 등을 얻을 수 있는 물질을 말하며 고체, 액체, 기체 형태가 있다.

331 선외기 4행정기관(엔진) 진동 발생 원인으로 옳지 않은 것은?

갑. 점화플러그 작동이 불량할 때
을. 실린더 압축압력이 균일하지 않을 때
병. 연료분사밸브의 분사량이 균일하지 않을 때
정. 냉각수펌프 임펠러가 마모되었을 때

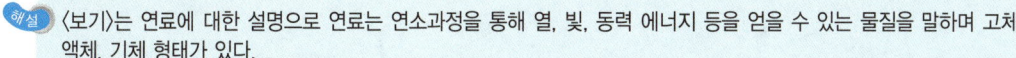
정답 327. 병 328. 정 329. 을 330. 병 331. 정

332 수상오토바이 배기냉각시스템의 플러싱(관내 청소) 절차로 맞는 것은?

갑. 냉각수 호스연결 → 냉각수 공급 → 엔진기동 → 엔진운전(약5분) 후 정지 → 냉각수 차단
을. 냉각수 호스연결 → 엔진기동 → 냉각수 공급(약5분) → 냉각수 차단 → 엔진정지
병. 냉각수 호스연결 → 엔진기동 → 냉각수 공급(약5분) → 엔진정지 → 냉각수 차단
정. 엔진기동 → 냉각수 호스연결 → 냉각수 공급 → 엔진기동(약5분) → 엔진정지 → 냉각수 차단

333 내연기관에서 피스톤(piston)의 주된 역할 중 가장 옳지 않은 것은?

갑. 새로운 공기(소기)를 실린더 내로 흡입 및 압축
을. 상사점과 하사점 사이의 직선 왕복운동
병. 고온고압의 폭발 가스압력을 받아 연접봉을 통해 크랭크샤프트에 회전력 발생
정. 회전운동을 통해 외부로 동력을 전달

> 해설: 연접봉(커넥팅로드)은 피스톤의 동력을 크랭크축에 전달하고, 크랭크축이 피스톤의 왕복운동을 크랭크축 회전운동으로 바꿔 동력을 외부로 전달한다.

334 선외기 가솔린엔진의 연료유에 해수가 유입되었을 때 엔진에 미치는 영향으로 옳지 않은 것은?

갑. 연료유 펌프 고장원인이 된다.
을. 시동이 잘 되지 않는다.
병. 해수 유입 초기에 진동과 엔진 꺼짐 현상이 발생한다.
정. 윤활유가 오손된다.

335 모터보트 속력이 떨어지는 직접적인 원인으로 옳지 않은 것은?

갑. 수면 하 선체에 조패류가 많이 붙어 있을 때
을. 선체가 수분을 흡수하여 무게가 증가했을 때
병. 선체 내부 격실에 빌지 량이 많을 때
정. 냉각수 압력이 낮을 때

336 윤활유의 취급상 주의사항으로 옳지 않은 것은?

갑. 이물질이나 물이 섞이지 않도록 한다.
을. 점도가 적당한 윤활유를 사용한다.
병. 여름에는 점도가 높은 것, 겨울에는 점도가 낮은 것을 사용한다.
정. 고온부와 저온부에서 함께 쓰는 윤활유는 온도에 따른 점도 변화가 큰 것을 사용한다.

> 해설: 윤활유는 점도지수가 커야한다. 즉 온도변화에 따른 점도변화가 적은 것이 좋다는 의미이다.

정답 332. 을 333. 정 334. 정 335. 정 336. 정

337 수상오토바이 출력저하 원인으로 옳지 않은 것은?

갑. Wear ring(웨어링) 과다 마모
을. Impeller(임펠러) 손상
병. 냉각수 자동온도조절밸브 고장
정. 피스톤링 과다마모

338 가솔린 기관의 연료가 구비해야 할 조건에 들지 않는 것은?

갑. 내부식성이 크고, 저장 시에 안정성이 있어야 한다.
을. 옥탄가가 높아야 한다.
병. 휘발성(기화성)이 작아야 한다.
정. 연소 시 발열량이 커야 한다.

> 해설) 가솔린 기관에서 사용되는 연료는 옥탄가가 높아야 하며, 연소 시에 발열량이 크고, 기화성이 좋아야 하며, 내부식성이 크고 저장시 안전성이 있어야 한다.

339 선외기 프로펠러에 손상을 주는 요인으로 옳지 않은 것은?

갑. 캐비테이션(공동현상)이 발생할 때
을. 프로펠러가 공회전할 때
병. 프로펠러가 기준보다 깊게 장착되어 있을 때
정. 전기화학적인 부식이 발생할 때

> 해설) 프로펠러의 심도가 깊다는 뜻은 수면하에 충분히 잠겨 있다는 것으로 공회전이나 캐비테이션 등의 발생 가능성이 낮고 추진효율이 개선된다.

340 가솔린기관에 비해 디젤기관이 갖는 특성으로 옳은 것은?

갑. 시동이 용이하다.
을. 운전이 정숙하다.
병. 압축비가 높다.
정. 마력당 연료소비율이 높다.

> 해설) 디젤엔진의 압축비는 압축열에 의한 압축점화 방식을 취하기 때문에 가솔린엔진에 비해 행정이 길어 2배 이상 높다.

341 가솔린기관 진동발생 원인으로 가장 옳지 않은 것은?

갑. 배기가스 온도가 높을 때
을. 기관이 노킹을 일으킬 때
병. 위험회전수로 운전하고 있을 때
정. 베어링 틈새가 너무 클 때

> 해설) 배기가스 온도상승은 불완전연소와 배기밸브 누설 등의 원인이다.

정답 337. 병 338. 병 339. 병 340. 병 341. 갑

342 윤활유의 점도에 대한 설명으로 옳은 것은?

갑. 윤활유의 온도가 올라가면 점도는 낮아진다.
을. 점도가 너무 높으면 유막이 얇아져 내부의 마찰이 감소한다.
병. 점도가 높으면 마찰이 적어 윤활계통의 순환이 개선된다.
정. 점도가 너무 낮으면 시동은 곤란해지나 출력이 올라간다.

해설) 윤활유는 온도가 올라가면 점도가 낮아지고, 저항이 적어 압력도 떨어진다. 그러므로 적절한 온도가 유지되어야 하며 온도변화에 따른 점도변화가 적은 윤활유를 사용하여야 한다.

343 디젤기관에서 피스톤 링 플러터(Flutter) 현상의 영향으로 옳은 것은?

갑. 윤활유 소비가 감소한다.
을. 기관의 효율이 높아진다.
병. 압축압력이 높아진다.
정. 블로바이 현상이 나타난다.

해설) 링 플러터란 기관의 회전수가 고속이 되면 관성력이 크게 되고 링이 링 홈에서 진동을 일으켜 실린더 벽 또는 홈의 상·하면으로부터 뜨는 현상으로 가스 누설이 급격이 증가한다.

344 프로펠러 축에 슬리브(sleeve)를 씌우는 주된 이유는?

갑. 윤활을 양호하게 하기 위하여
을. 진동을 방지하기 위하여
병. 회전을 원활하게 하기 위하여
정. 축의 부식과 마모를 방지하기 위하여

해설) 해수에 의한 부식이 발생되지 않도록 슬리브를 가열 끼우기 하거나, 축에 비틀림 진동이 생기지 않도록 하거나, 프로펠러의 보스 부분의 수밀을 완전히 하여 해수의 침입이 없도록 한다.

345 모터보트 기관(엔진) 시동불량 시 점검사항으로 옳지 않은 것은?

갑. 자동정지 스위치 확인
을. 연료유량 확인
병. 냉각수량 확인
정. 점화코일용 퓨즈(Fuse) 확인

346 모터보트 시동 전 점검사항으로 옳지 않은 것은?

갑. 배터리 충전상태 확인한다.
을. 연료탱크 에어벤트를 개방한다.
병. 엔진오일 및 연료유량 점검
정. 냉각수 검수구에서 냉각수 확인

정답 342. 갑 343. 정 344. 정 345. 병 346. 정

347 연료소모량이 많아지고, 출력이 떨어지는 직접적인 원인으로 맞는 것은?

갑. 피스톤 및 실린더 마모가 심할 때
을. 윤활유 온도가 높을 때
병. 냉각수 압력이 낮을 때
정. 연료유 공급압력이 높을 때

348 모터보트의 전기설비 중에 설치되어 있는 퓨즈(Fuse)에 대한 설명 중 옳지 않은 것은?

갑. 전원을 과부하로부터 보호한다.
을. 부하를 과전류로부터 보호한다.
병. 과전류가 흐를 때 고온에서 녹아 전기회로를 차단한다.
정. 허용 용량 이상의 크기로 사용할 수 있다.

> 해설 퓨즈는 전류의 허용 용량 이상의 크기로 사용할 경우 녹아서 전기회로를 차단한다.

349 〈보기〉에서 설명하는 연료유의 종류로 가장 옳은 것은?

> 보기
> • 기화하기 쉽고, 인화점이 낮아서 공기와 혼합되면 폭발성이 있다.
> • 비등점이 30℃~200℃ 정도이고, 비중은 0.69~0.77 정도이다.

갑. 휘발유(gasoline)
을. 등유(kerosene)
병. 경유(light oil)
정. 중유(heavy oil)

> 해설 〈보기〉는 휘발유의 특성과 성상에 대한 설명이다.

350 모터보트 선외기에 과부하 운전이 장시간 지속되었을 때 기관(엔진)에 미치는 영향으로 맞지 않는 것은?

갑. 연료분사 압력이 낮아진다.
을. 피스톤 및 피스톤링의 마멸이 촉진된다.
병. 흡·배기밸브에 카본이 퇴적되어 소기효율이 떨어진다.
정. 배기가스가 배출량이 많아진다.

> 해설 모터보트의 기관(엔진)은 간헐적인 과부하운전을 피할 수는 없다. 그러나 과부하 운전이 지속된다면 기관(엔진)에는 치명적인 손상 원인으로 작용하므로 운용자는 가능한 과부하 운전을 피해야 한다. 연료분사 압력은 과부하운전과 관련이 없음.

정답 347. 갑 348. 정 349. 갑 350. 갑

SECTION 04 법규

법규 영역의 문제은행은 총 350문항으로 이 중 25문항이 출제됩니다.

351 〈보기〉는 수상레저기구등록법상 안전검사에 대한 설명이다. (   )에 순서대로 적합한 것은?

| 보기 |
동력수상레저기구 중 「수상레저안전법」 제37조에 따른 수상레저사업에 이용되는 동력수상레저기구는 (   )년마다, 그 밖의 동력수상레저기구는 (   )년마다 정기검사를 받아야 한다.

갑. 1, 1
을. 1, 5
병. 5, 1
정. 5, 5

해설 안전검사의 대상 동력수상레저기구 중 수상레저사업에 이용되는 동력수상레저기구는 1년마다, 그 밖의 동력수상레저기구는 5년마다 정기검사를 받아야 한다.

352 수상레저안전법상 수상레저사업 등록 유효기간 내 갱신신청서 제출기간으로 옳은 것은?

갑. 등록의 유효기간 종료일 당일까지
을. 등록의 유효기간 종료일 5일 전까지
병. 등록의 유효기간 종료일 10일 전까지
정. 등록의 유효기간 종료일 1개월 전까지

해설 등록을 갱신하려는 자는 등록의 유효기간 종료일 5일전까지 수상레저사업 갱신 신청서를 관할해양경찰서장 또는 시장·군수·구청장에게 제출하여야 한다.

353 수상레저 일반조종면허시험 필기시험 중 법규과목으로 옳지 않은 것은?

갑. 선박안전법
을. 해양환경관리법
병. 해상교통안전법
정. 선박의 입항 및 출항 등에 관한 법률

정답 351. 을 352. 을 353. 갑

354 〈보기〉 중 수상레저안전법 상 1년 이하의 징역 또는 1천만 원 이하의 벌금 처분 대상자로 옳은 것은 모두 몇 개인가?

> **보기**
> ㉠ 면허증을 빌리거나 빌려주거나 이를 알선한 사람
> ㉡ 조종면허를 받지 아니하고 동력수상레저기구를 조종한 사람
> ㉢ 술에 취한 상태에서 동력수상레저기구를 조종한 사람
> ㉣ 술에 취한 상태라고 인정할 만한 상당한 이유가 있는데도 관계공무원의 측정에 따르지 아니한 사람
> ㉤ 약물복용 등으로 인하여 정상적으로 조종하지 못할 우려가 있는 상태에서 동력수상레저기구를 조종한 사람
> ㉥ 등록 또는 변경등록을 하지 아니하고 수상레저사업을 한 사람
> ㉦ 수상레저사업 등록취소 후 또는 영업정지기간에 수상레저사업을 한 사람

갑. 3개   을. 4개
병. 5개   정. 7개

해설 〈보기〉에서 제시된 행위자 모두 1년 이하의 징역 또는 1천만원 이하의 벌금 처분을 받을 수 있음

355 〈보기〉 중 수상레저안전법 상 6개월 이하의 징역 또는 500만 원 이하의 벌금 처분 대상자로 옳은 것은 모두 몇 개인가?

> **보기**
> ㉠ 정비원상복구의 명령을 위반한 수상레저사업자
> ㉡ 안전을 위하여 필요한 조치를 하지 아니하거나 금지된 행위를 한 수상레저사업자와 그 종사자
> ㉢ 영업구역이나 시간의 제한 또는 영업의 일시정지 명령을 위반한 수상레저사업자
> ㉣ 수상레저활동 금지구역에서 수상레저활동을 한 사람

갑. 1개   을. 2개
병. 3개   정. 4개

해설 ㉣의 경우 100만원 이하의 과태료 부과 대상자

356 수상레저안전법상 해양경찰청장의 권한을 위임받은 관청에 대한 연결이 옳지 않은 것은?

갑. 해양경찰서장 : 면허증의 발급
을. 해양경찰서장 : 조종면허의 취소·정지처분
병. 지방해양경찰청장 : 조종면허를 받으려는 자의 수상안전교육
정. 지방해양경찰청장 : 안전관리계획의 시행에 필요한 지도·감독

해설
• 지방해양경찰청장 : 안전관리계획의 시행에 필요한 지도·감독
• 해양경찰서장 : 면허증의 발급, 조종면허의 취소·정지처분, 과태료의 부과·징수
• 시장·군수·구청장 : 과태료의 부과·징수

정답 354. 정 355. 병 356. 병

357 수상레저안전법상 다른 수상레저기구의 진로를 횡단하는 운항규칙으로 적절한 방법은?

갑. 속력이 상대적으로 느린 기구가 진로를 피한다.
을. 속력이 상대적으로 빠른 기구가 진로를 피한다.
병. 다른 기구를 왼쪽에 두고 있는 기구가 진로를 피한다.
정. 다른 기구를 오른쪽에 두고 있는 기구가 진로를 피한다.

> 해설 다른 수상레저기구의 진로를 횡단하는 경우에는 충돌의 위험이 있을 때에는 다른 수상레저기구를 오른쪽에 두고 있는 수상레저기구가 진로를 피하여야 한다.

358 수상레저기구등록법상 동력수상레저기구 소유자가 수상레저기구를 등록해야 하는 기관은?

갑. 소유자 주소지를 관할하는 시장·군수·구청장
을. 기구를 주로 매어두는 장소를 관할하는 기초자치단체장
병. 소유자 주소지를 관할하는 해양경찰서장
정. 기구를 주로 매어두는 장소를 관할하는 해양경찰서장

> 해설 동력수상레저기구의 소유자는 주소지를 관할하는 시장·군수·구청장에게 동력수상레저기구를 소유한 날부터 1개월 이내에 등록신청을 하여야 한다.

359 수상레저기구등록법상 동력수상레저기구 안전검사가 면제되지 않는 경우는?

갑. 시험운항허가를 받아 운항하는 동력수상레저기구
을. 검사대행기관에 안전검사를 신청한 후 입거, 상가 또는 거선의 목적으로 국내항 간을 운항하는 동력수상레저기구
병. 우수제조사업장으로 인증받은 사업장에서 제조된 동력수상레저기구로 안전검사를 신청하지 않고 운항하는 동력수상레저기구
정. 안전검사를 받는 기간 중에 시운전을 목적으로 운항하는 동력수상레저기구

> 해설  안전검사의 면제
> • 시험운항 허가를 받아 운항하는 경우, 안전검사 신청 후 입거, 상가, 거선의 목적으로 국내항 간을 운항하는 경우, 안전검사를 받는 기간 중에 시운전을 목적으로 운항하는 경우

360 수상레저안전법에 따라 조종면허의 효력을 1년 이내의 범위에서 정지 시킬 수 있는 사유에 해당하는 것은?

갑. 거짓이나 그 밖의 부정한 방법으로 조종면허를 받은 경우
을. 면허증을 다른 사람에게 빌려주어 조종하게 한 경우
병. 조종면허 효력정지 기간에 조종을 한 경우
정. 술에 취한 상태에서 조종을 한 경우

정답 357. 정 358. 갑 359. 병 360. 을

361 수상레저안전법에 따른 수상의 정의로 가장 옳지 않은 것은?

갑. 기수의 수류 또는 수면
을. 해수면과 내수면
병. 담수의 수류 또는 수면
정. 해수면의 수중

> 해설: "해수면"이란 바다의 수류나 수면을 말한다.
> "내수면"이란 하천, 댐, 호수, 늪, 저수지, 그 밖에 인공으로 조성된 담수나 기수의 수류 또는 수면을 말한다.

362 다음 〈보기〉 중 수상레저안전법상 동력수상레저기구의 종류에 포함되는 것은?

보기
① 수상오토바이 ② 스쿠터 ③ 고무보트 ④ 공기부양정(호버크라프트) ⑤ 모터보트 ⑥ 수륙양용기구 ⑦ 세일링요트(돛과 기관이 설치된 것)

갑. 3개
을. 4개
병. 5개
정. 7개

> 해설: 보기에 제시된 기구 모두 동력수상레저기구 종류에 포함됨

363 수상레저안전법상 수상레저사업자 및 그 종사자의 고의 또는 과실로 사람을 사상한 경우 처분으로 가장 옳은 것은?

갑. 6월 이내의 기간을 정하여 영업의 전부 또는 일부의 정지를 명하여야 한다.
을. 수상레저사업의 등록을 취소하거나 3개월의 범위에서 영업의 전부 또는 일부의 정지를 명할 수 있다.
병. 수상레저사업의 등록을 취소하거나 6개월 이내의 기간을 정하여 영업의 전부 또는 일부의 정지를 명할 수 있다.
정. 수상레저사업의 등록을 취소하여야 한다.

364 수상레저안전법상 외국인에 대한 조종면허의 특례로 옳지 않은 것은?

갑. 수상레저활동을 하려는 외국인이 국내에서 개최되는 국제경기대회에 참가하여 수상레저기구를 조종하는 경우에는 조종면허를 받지 않아도 된다.
을. 국제경기대회 개최일 10일 전부터 국제경기대회 기간까지 특례가 적용된다.
병. 국내 수역에만 특례가 적용된다.
정. 4개국 이상이 참여하는 국제경기대회에 특례가 적용된다.

> 해설: 국제경기대회 종류 및 규모 : 2개국 이상이 참여하는 국제경기대회

정답 361. 정 362. 정 363. 을 364. 정

365 수상레저안전법상 조종면허에 관한 설명 중 옳지 않은 것은?

갑. 조종면허를 받으려는 자는 해양경찰청장이 실시하는 면허시험에 합격하여야 한다.
을. 면허시험은 필기시험·실기시험으로 구분하여 실시한다.
병. 조종면허를 받으려는 자는 면허시험 응시원서를 접수한 후부터 해양경찰청장이 실시하는 수상안전교육을 받아야 한다.
정. 조종면허의 효력은 조종면허를 받으려는 자가 면허시험에 최종 합격할 날부터 발생한다.

해설 조종면허의 효력은 면허증을 본인이나 그 대리인에게 발급한 때부터 발생한다.

366 수상레저안전법상 주취 중 조종금지에 대한 설명 중 옳지 않은 것은?

갑. 술에 취한 상태의 기준은 혈중알콜농도 0.03%이상으로 한다.
을. 술에 취하였는지 여부를 측정한 결과에 불복하는 수상레저활동자에 대해서는 해당 수상레저활동자의 동의를 받아 혈액채취 등의 방법으로 다시 측정할 수 있다.
병. 술에 취한 상태에서 동력수상레저기구를 조종한 자는 1년 이하의 징역 또는 1천만원 이하의 벌금에 처하고, 조종면허의 효력을 정지할 수 있다.
정. 술에 취한 상태라고 인정할 만한 상당한 이유가 있는데도 관계공무원의 측정에 따르지 아니한 자는 1년 이하의 징역 또는 1천만원 이하의 벌금에 처하고, 조종면허를 취소하여야 한다.

367 수상레저안전법상 면허시험에 대한 설명으로 가장 옳지 않은 것은?

갑. 면허시험의 필기시험 시행일을 기준으로 조종면허 취득 결격사유에 해당하는 사람은 면허시험에 응시할 수 없다.
을. 면허시험은 필기시험실기시험으로 구분하여 실시한다.
병. 조종면허를 받으려는 사람은 해양경찰청장이 실시하는 면허시험에 합격하여야 한다.
정. 면허시험의 과목과 방법 등에 필요한 사항은 대통령령으로 정한다.

해설 면허시험의 실기시험일 기준으로 조종면허 취득 결격사유에 해당하는 사람은 면허시험에 응시할 수 없다.

368 수상레저안전법상 옳지 않은 것은?

갑. 등록을 갱신하려는 자는 등록의 유효기간 종료일 5일전까지 수상레저사업 등록·갱신등록 신청서를 관할 해양경찰서장 또는 시장·군수·구청장에게 제출하여야 한다.
을. 과태료의 부과·징수, 재판 및 집행 등의 절차에 관한사항은 「질서위반행위규제법」에 따른다.
병. 내수면이란 하천, 댐, 호수, 늪, 저수지, 그 밖의 인공으로 조성된 담수나 기수의 수류 또는 수면을 말한다.
정. 수상레저 일반조종면허시험 필기시험 법규과목으로는 「수상레저안전법」, 「선박의 입항 및 출항 등에 관한 법률」, 「해상교통안전법」, 「선박안전법」이 있다.

정답 365. 정 366. 병 367. 갑 368. 정

369 수상레저안전법상 인명안전장비의 착용에 대한 내용이다. ( )안에 들어갈 단어가 알맞은 것은?

> 인명안전장비에 관하여 특별한 지시를 하지 아니하는 경우에는 구명조끼를 착용하며, 서프보드 또는 패들보드를 이용한 수상레저활동의 경우에는 (㉠)를 착용하여야 하며, 워터슬레드를 이용한 수상레저활동 또는 래프팅을 할 때에는 구명조끼와 함께 (㉡)를 착용하여야 한다.

갑. ㉠ 보드리쉬, ㉡ 안전모
을. ㉠ 구명장갑, ㉡ 드로우백
병. ㉠ 구명슈트, ㉡ 구명장갑
정. ㉠ 구명줄, ㉡ 노

370 수상레저안전법상 술에 취한 상태에서의 조종금지에 대한 설명으로 가장 옳지 않은 것은?

갑. 누구든지 술에 취한 상태에서 동력수상레저기구를 조종하여서는 아니 되는데, 술에 취한 상태의 기준은 혈중알코올농도 0.05퍼센트 이상이다.
을. 동력수상레저기구를 조종한 사람이 술에 취한 상태라고 인정할 만한 상당한 이유가 있는 경우 술에 취했는지 측정할 수 있는 사람은 경찰공무원이다.
병. 동력수상레저기구를 조종한 사람이 술에 취한 상태라고 인정할 만한 상당한 이유가 있는 경우 술에 취했는지 측정할 수 있는 사람은 시군구 소속 공무원 중 수상레저안전업무에 종사하는 사람이다.
정. 근무복을 착용한 경찰공무원을 제외하고는 술에 취했는지 측정하는 관계 공무원은 그 권한을 표시하는 증표를 지니고 이를 해당 동력수상레저기구를 조종한 사람에게 제시하여야 한다.

371 수상레저안전법상 항해구역을 평수구역으로 지정받은 동력수상레저기구를 이용하여 항해구역을 연해구역 이상으로 지정받은 동력수상레저기구와 500미터 이내의 거리에서 동시에 이동하려고할 때, 운항신고 내용으로 옳지 않은 것은?

갑. 수상레저기구의 종류
을. 운항시간
병. 운항자의 성명 및 연락처
정. 보험가입증명서

372 수상레저안전법상 수상레저사업에 이용되는 인명구조용 장비에 대한 설명 중 옳지 않은 것은?

갑. 구명조끼는 탑승정원의 110퍼센트 이상에 해당하는 수의 구명조끼를 갖추어야 하고 탑승정원의 10퍼센트는 소아용으로 한다
을. 비상구조선은 비상구조선임을 표시하는 주황색 깃발을 달아야 한다
병. 영업구역이 3해리 이상인 경우에는 수상레저기구에 사업장 또는 가까운 무선국과 연락할 수 있는 통신장비를 갖추어야 한다.
정. 탑승정원이 13명 이상인 동력수상레저기구에는 선실, 조타실 및 기관실에 각각 1개 이상의 소화기를 갖추어야 한다.

정답 369. 갑 370. 갑 371. 정 372. 병

373 수상레저안전법상 수상레저사업에 이용하는 비상구조선의 수에 대한 설명으로 옳지 <u>않은</u> 것은?

갑. 수상레저기구가 30대 이하인 경우 1대 이상의 비상구조선을 갖춰야 한다.
을. 수상레저기구가 31대 이상 50대 이하인 경우 2대 이상의 비상구조선을 갖춰야 한다.
병. 수상레저기구가 31대 이상인 경우 30대를 초과하는 30대 마다 1대씩 더한 수 이상의 비상구조선을 갖춰야 한다.
정. 수상레저기구가 51대 이상인 경우 50대를 초과하는 50대 마다 1대씩 더한 수 이상의 비상구조선을 갖춰야 한다.

374 수상레저안전법상 1번만 위반하여도 조종면허를 취소해야 하는 경우로 옳지 <u>않은</u> 것은?

갑. 거짓이나 그 밖의 부정한 방법으로 조종면허를 받은 경우
을. 조종면허 효력정지 기간에 조종을 한 경우
병. 조종 중 고의 또는 과실로 사람을 사상한 경우
정. 조종면허를 받을 수 없는 사람이 조종면허를 받은 경우

375 수상레저안전법상 운항규칙에 대한 내용 중 ( )안에 들어갈 단어가 알맞은 것은?

> 다른 수상레저기구와 정면으로 충돌할 위험이 있을 때에는 음성신호·수신호 등 적당한 방법으로 상대에게 이를 알리고 (㉠)쪽으로 진로를 피해야 하며, 다른 수상레저기구의 진로를 횡단하여 충돌의 위험이 있을 때에는 다른 수상레저기구를 (㉡)에 두고 있는 수상레저기구가 진로를 피해야 한다.

갑. ㉠ 우현   ㉡ 왼쪽   을. ㉠ 우현   ㉡ 오른쪽
병. ㉠ 좌현   ㉡ 왼쪽   정. ㉠ 좌현   ㉡ 오른쪽

해설 다른 수상레저기구와 정면으로 충돌할 위험이 있을 때에는 음성신호·수신호 등 적당한 방법으로 상대에게 이를 알리고 우현 쪽으로 진로를 피해야 하며, 다른 수상레저기구의 진로를 횡단하는 경우에는 충돌의 위험이 있을 때에는 다른 수상레저기구를 오른쪽에 두고 있는 수상레저기구가 진로를 피해야 한다.

376 수상레저안전법상 안전준수의무에 대한 설명으로 가장 옳지 <u>않은</u> 것은?

갑. 1급 조종면허 소지자가 운항하는 동력수상레저기구에는 1명 이내로 정원을 초과하여 사람을 태울 수 있다.
을. 양귀비아편코카인 등 마약의 영향을 받은 누구라도 정상적인 조종을 못 할 우려가 있는 상태에서 동력수상레저기구를 조종하여서는 아니 된다.
병. 부포테닌, 사일로신 등 향정신성 의약품의 영향을 받은 누구라도 정상적인 조종을 못 할 우려가 있는 상태에서 동력수상레저기구를 조종하여서는 아니 된다.
정. 부탄가스, 아산화질소 등 환각물질의 영향을 받은 누구라도 정상적인 조종을 못 할 우려가 있는 상태에서 동력수상레저기구를 조종하여서는 아니 된다.

정답 373. 병 374. 병 375. 을 376. 갑

377 수상레저기구등록법상 정원 또는 운항구역을 변경하려는 경우 받아야 하는 안전검사는?

갑. 정기검사
을. 임시검사
병. 신규검사
정. 중간검사

 안전검사
- 정원 또는 운항구역(이 경우 정원의 변경은 해양경찰청장이 정하여 고시하는 최대승선정원의 범위 내로 한정한다)
- 해양수산부령으로 정하는 구조, 설비 또는 장치

378 수상레저안전법상 동력수상레저기구 일반조종면허 실기시험 사행 시 감점사항으로 맞는 것은?

갑. 첫 번째 부이로부터 시계방향으로 진행한 경우
을. 부이로부터 3미터 이상으로 접근한 경우
병. 3개의 부이와 일직선으로 침로를 유지한 경우
정. 사행중 갑작스러운 핸들조작으로 선회가 부자유스러운 경우

해설 사행 중 핸들 조작 미숙으로 선체가 심하게 흔들리거나 선체 후미에 급격한 쏠림이 발생하는 경우, 선회가 부자유스러운 경우 감점 3점에 해당한다.

379 수상레저안전법상 일반조종면허 실기시험 중 실격사유로 옳지 <u>않은</u> 것은?

갑. 3회 이상의 출발 지시에도 출발하지 못한 경우
을. 속도전환레버 및 핸들 조작 미숙 등 조종능력이 현저히 부족하다고 인정되는 경우
병. 계류장과 선수 또는 선미가 부딪힌 경우
정. 이미 감점한 점수의 합계가 합격기준에 미달함이 명백한 경우

380 수상레저기구등록법상 등록대상에 해당하는 수상레저기구끼리 짝지어진 것은?

갑. 모터보트, 수상스키
을. 수상오토바이, 프라이보드
병. 고무보트, 수상오토바이
정. 스쿠터, 고무보트

해설 1. 수상오토바이, 2. 모터보트, 3. 고무보트, 4. 세일링요트(돛과 기관이 설치된 것)

381 수상레저안전법상 면허시험에서 부정행위를 하여 시험의 중지 또는 무효의 처분을 받은 자는 그 시험 시행일로부터 ( )년간 면허시험에 응시할 수 없다. ( )안에 알맞은 것은?

갑. 6개월
을. 1년
병. 2년
정. 3년

정답 377. 을 378. 정 379. 병 380. 병 381. 병

382 수상레저안전법상 조종면허 응시원서의 제출 등에 대한 내용으로 옳지 <u>않은</u> 것은?

갑. 시험면제대상은 해당함을 증명하는 서류를 제출해야 한다.
을. 응시원서의 유효기간은 접수일로부터 6개월이다.
병. 면허시험의 필기시험에 합격한 경우에는 그 합격일로부터 1년까지로 한다.
정. 응시표를 잃어버렸을 경우 다시 발급받을 수 있다.

383 수상레저안전법상 수상레저 활동을 하는 자는 수상레저기구에 동승한 자가 사망·실종 또는 중상을 입은 경우 지체 없이 사고 신고를 하여야 한다. 이때 신고를 받는 행정기관의 장으로 옳지 <u>않은</u> 것은?

갑. 경찰서장
을. 해양경찰서장
병. 시장·군수·구청장
정. 소방서장

384 수상레저안전법에 규정된 수상레저활동자의 준수사항으로 옳지 <u>않은</u> 것은?

갑. 정원초과금지
을. 과속금지
병. 면허증 휴대
정. 주취조종금지

385 수상레저기구등록법상 시험운항 허가에 대한 내용 중 옳지 <u>않은</u> 것은?

갑. 시험운항 구역이 내수면인 경우 관할하는 시장·군수·구청장에게 신청해야 한다.
을. 시험운항 허가 관서의 장은 시험운항을 허가하는 경우에는 시험운항 허가증을 내줘야 한다.
병. 시험운항 허가 운항구역은 출발지로부터 직선거리로 10해리 이내이다.
정. 시험운항 허가 기간은 10일로 한다.

386 수상레저안전법상 무동력 수상레저기구를 이용하여 수상에서 노를 저으며 급류를 타거나 유락행위를 하는 수상레저 활동은?

갑. 윈드서핑
을. 스킨스쿠버
병. 래프팅
정. 페러세일

387 수상레저안전법상 정으로 옳지 <u>않은</u> 것은?

갑. 웨이크보드는 수상스키의 변형된 형태로 볼 수 있다.
을. 강과 바다가 만나는 부분의 기수는 해수면으로 분류된다.
병. 수면비행선은 수상레저사업장에서 수상레저기구로 이용할 수 있지만, 선박법에 따라 등록하고, 선박직원법에서 정한 면허를 가지고 조종해야 한다.
정. 수상레저안전법상의 세일링요트는 돛과 마스트로 풍력을 이용할 수 있고, 기관(엔진)도 설치된 것을 말한다.

정답 382. 을 383. 병 384. 을 385. 정 386. 병 387. 을

388 수상레저안전법상에서 명시한 적용 배제 사유로 옳지 않은 것은?

갑. 「낚시관리 및 육성법」에 의한 낚시어선업 및 그 사업과 관련된 수상에서의 행위를 하는 경우
을. 「유선 및 도선사업법」에 따른 유·도선사업 및 그 사업과 관련된 수상에서의 행위를 하는 경우
병. 「관광진흥법」에 의한 유원시설업 및 그 사업과 관련된 수상에서의 행위를 하는 경우
정. 「체육시설의 설치·이용에 관한 법률」에 따른 체육시설업 및 그 사업과 관련된 수상에서의 행위를 하는 경우

> **해설** 수상레저안전법 제3조 (적용 배제)
> - 「유선 및 도선 사업법」에 따른 유·도선 사업 및 그 사업과 관련된 수상에서의 행위를 하는 경우
> - 「체육시설의 설치·이용에 관한 법률」에 따른 체육시설업 및 그 사업과 관련된 수상에서의 행위를 하는 경우
> - 「낚시어선업법」에 의한 낚시어선업 및 그 사업과 관련된 수상에서의 행위를 하는 경우

389 수상레저안전법상 수상안전교육에 대한 설명으로 가장 옳지 않은 것은?

갑. 조종면허를 받으려는 사람은 면허시험 응시원서를 접수한 후부터 해양경찰청장이 실시하는 수상안전 교육을 받아야 한다.
을. 면허증을 갱신하려는 사람은 면허증 갱신 기간 이내에 해양경찰청장이 실시하는 수상안전교육을 받아야 한다.
병. 수상안전교육에는 수상안전에 관한 법령, 수상레저기구의 사용과 관리에 관한 사항 및 그 밖의 수상안전을 위하여 필요한 사항이 포함된다.
정. 최초 면허시험 합격 전의 수상안전교육 유효기간은 1년이다.

> **해설** 최초 면허시험 합격 전의 안전교육의 유효기간은 6개월로 함

390 수상레저안전법상 수상레저활동을 하는 사람이 지켜야 할 운항규칙으로 옳지 않은 것은?

갑. 모든 수단에 의한 적절한 경계
을. 기상특보가 예보된 구역에서의 활동금지
병. 다른 수상레저기구와 마주치는 경우 왼쪽으로 진로변경
정. 다른 수상레저기구와 동일방향 진행시 2m이내 접근 금지

> **해설** 다른 수상레저기구와 마주치는 경우 오른쪽으로 진로 변경하여야 한다.

391 수상레저안전법상 야간에 수상레저활동자가 갖추어야 할 장비로 옳지 않은 것은?

갑. 통신기기
을. 레이더
병. 위성항법장치(GPS)
정. 등이 부착된 구명조끼

정답 388. 병 389. 정 390. 병 391. 을

392. 수상레저기구등록법상 동력수상레저기구의 변경등록 사항으로 옳지 않은 것은?

갑. 수상사고 등으로 본래 기능이 상실되어 변경
을. 동력수상레저기구 명칭의 변경
병. 매매 · 증여 · 상속 등으로 인한 소유권의 변경
정. 동력수상레저기구의 정원, 운항구역, 구조의 변경

해설 수상사고 등으로 본래의 기능을 상실한 경우 말소등록 대상임

393. 수상레저안전법상 수상레저기구 등록대상으로 옳지 않은 것은?

갑. 총톤수 15톤인 선외기 모터보트
을. 총톤수 15톤인 세일링요트
병. 추진기관 20마력인 수상오토바이
정. 추진기관 20마력인 고무보트

394. 수상레저안전법상 수상레저사업장에서 갖춰야할 구명조끼에 대한 설명으로 옳지 않은 것은?

갑. 수상레저기구 탑승정원 수만큼 갖춰야 한다.
을. 소아용은 승선정원의 10%만큼 갖추어야 한다.
병. 사업자는 이용객이 구명조끼를 착용토록 조치하여야 한다.
정. 「전기용품 및 생활용품 안전관리법」에 따른 안전기준에 적합한 제품이어야 한다.

해설 구명조끼는 수상레저기구 탑승정원의 110% 이상을 갖춰야 한다.

395. 수상레저안전법상 원거리 수상레저 활동의 신고 내용 중 가장 옳지 않은 것은?

갑. 「선박입출항법」에 따른 출입 신고를 하거나, 「선박안전조업규칙」에 따른 출항입항 신고를 한 선박의 경우에는 원거리 수상레저활동 신고를 할 필요가 없다.
을. 등록 대상 동력수상레저기구가 아닌 수상레저기구로 수상레저활동을 하려는 사람은 출발항으로부터 10해리 이상 떨어진 곳에서 수상레저활동을 하여서는 아니 된다.
병. 출발항으로부터 10해리 이상 떨어진 곳에서 등록 대상 동력수상레저기구가 아닌 수상레저기구로 수상레저활동을 하고자 할 때에는 안전관리 선박의 동행 등이 필요하다.
정. 출발항으로부터 10해리 이상 떨어진 곳에서 수상레저활동을 하려는 사람은 해양경찰관서나 소방관서에 신고하여야 한다.

해설 출발항으로부터 10해리 이상 떨어진 곳에서 수상레저활동을 하려는 자는 해양경찰관서나 경찰관서에 신고하여야 한다.

정답 392. 갑 393. 정 394. 갑 395. 정

396 수상레저안전법상 무면허 조종이 허용되는 경우이다. 제1급 조종면허를 가진 사람의 감독하에 수상레저활동을 하는 경우의 설명으로 옳지 <u>않은</u> 것은?

갑. 해당 수상레저기구에 다른 수상레저기구를 견인하고 있지 않을 경우
을. 수상레저사업장 안에서 탑승정원이 4인 이하인 수상레저기구를 조종하는 경우
병. 면허시험과 관련하여 수상레저기구를 조종하는 경우
정. 수상레저기구가 4대 이하인 경우

> **해설** 동시 감독하는 수상레저기구가 3대 이하인 경우

397 수상레저안전법상 무동력 수상레저기구끼리 짝지어진 것으로 옳은 것은?

갑. 세일링요트, 패러세일   을. 고무보트, 노보트
병. 수상오토바이, 워터슬레드
정. 워터슬레드, 서프보드

> **해설**
> - 동력수상레저기구 : 모터보트, 세일링요트(돛과 기관이 설치), 수상오토바이, 고무보트, 스쿠터, 공기부양정(호버크래프트)
> - 무동력수상레저기구 : 수상스키, 패러세일, 조정, 카약, 카누, 워터슬레드, 수상자전거, 서프보드, 노보트

398 수상레저기구등록법상 동력수상레저기구의 등록사항 중 변경사항에 해당되지 <u>않은</u> 것은?

갑. 소유권의 변경이 있는 때
을. 기구의 명칭에 변경이 있는 때
병. 수상레저기구의 그 본래의 기능을 상실한 때
정. 구조나 장치를 변경한 때

> **해설** 갑, 을, 정 그 밖에 임시검사에 합격한 경우 그 소유자 또는 점유자는 그 변경이 발생한 날부터 30일 이내에 시장·군수·구청장에게 변경등록을 신청하여야 한다.

399 수상레저기구등록법상 등록번호판에 대한 설명으로 옳지 <u>않은</u> 것은?

갑. 누구든지 등록번호판을 부착하지 아니한 동력수상레저기구를 운항하여서는 아니 된다.
을. 발급받은 등록번호판 2개를 동력수상레저기구의 옆면과 뒷면에 각각 견고하게 부착해야 한다.
병. 동력수상레저기구 구조의 특성상 뒷면에 부착하기 곤란한 경우에는 다른 면에 부착할 수 있다.
정. 부착하기 곤란한 경우에는 동력수상레저기구 내부에 보관할 수 있다.

> **해설** 옆면과 뒷면에 부착이 곤란한 경우 잘 보이는 다른 면에 부착해야 함.

정답 396. 정 397. 정 398. 병 399. 정

400 수상레저안전법상 동력수상레저기구 등록·검사 대상에 대한 설명으로 가장 옳지 않은 것은?

갑. 등록대상과 안전검사 대상은 동일하다.
을. 무동력 요트는 등록 및 검사에서 제외된다.
병. 모든 수상오토바이는 등록·검사 대상에 포함된다.
정. 책임보험가입 대상과 등록대상은 동일하다.

401 수상레저안전법상 등록대상 동력수상레저기구의 보험가입기간으로 가장 옳은 것은?

갑. 소유자의 필요시에 가입
을. 등록 후 1년까지만 가입
병. 등록기간 동안 계속하여 가입
정. 사업등록에 이용할 경우에만 가입

402 수상레저기구등록법상 등록대상 동력수상레저기구의 등록절차로 옳은 것은?

갑. 안전검사 – 등록 – 보험가입(필수)
을. 안전검사 – 등록 – 보험가입(선택)
병. 등록 – 안전검사 – 보험가입(선택)
정. 안전검사 – 보험가입(필수) – 등록

403 수상레저안전법상 수상레저사업자가 영업구역 안에서 금지사항으로 옳지 않은 것은?

갑. 영업구역을 벗어나 영업하는 행위
을. 보호자를 동반한 14세 미만자를 수상레저기구에 태우는 행위
병. 수상레저기구에 정원을 초과하여 태우는 행위
정. 수상레저기구 안으로 주류를 반입토록 하는 행위

404 수상레저안전법상 수상레저사업 등록 시 영업구역이 2개 이상의 해양경찰서 관할 또는 시·군·구에 걸쳐있는 경우 사업등록은 어느 관청에서 해야 하는가?

갑. 수상레저사업장 소재지를 관할하는 관청
을. 수상레저사업장 주소지를 관할하는 관청
병. 영업구역이 중복되는 관청 간에 상호 협의하여 결정
정. 수상레저기구를 주로 매어두는 장소를 관할하는 관청

> 해설) 영업구역이 2 이상의 해양경찰서장 또는 시장·군수·구청장의 관할지역에 걸쳐 있는 경우 수상레저사업에 사용되는 수상레저기구를 주로 매어두는 장소를 관할하는 해양경찰서장 또는 시장·군수·구청장에게 등록

정답 400. 정 401. 병 402. 정 403. 을 404. 정

405 수상레저안전법상 수상레저활동 안전을 위한 안전점검에 대한 설명으로 옳지 않은 것은?

갑. 정비·원상복구 명령 위반 사업자에게 기간을 정하여 해당 수상레저기구 사용정지를 명할 수 있다.
을. 수상레저사업자에 대한 정비 및 원상복구 명령은 구두로 한다.
병. 수상레저기구 및 선착장 등 수상레저 시설에 대한 안전점검을 실시한다.
정. 점검결과에 따라 정비 또는 원상복구를 명할 수 있다.

406 수상레저안전법상 인명안전장비의 설명으로 옳지 않은 것은?

갑. 서프보드 이용자들은 구명조끼 대신 보드리쉬(리쉬코드)를 착용할 수 있다.
을. 시장·군수·구청장은 인명안전장비의 종류를 특정하여 착용 등의 지시를 할 수 있다.
병. 래프팅을 할 때는 구명조끼와 함께 안전모(헬멧) 착용해야 한다.
정. 해양경찰서장 또는 시·군·구청장이 안전장비의 착용기준을 조정한 때에는 수상레저 활동자가 보기 쉬운 장소에 그 사실을 게시하여야 한다.

407 수상레저안전법상 야간 수상레저활동 시 갖춰야할 장비로 바르게 나열된 것은?

갑. 항해등, 나침반, 전등, 자동정지줄,
을. 소화기, 통신기기, EPIRB, 위성항법장치(GPS)
병. 야간 조난신호장비, 자기점화등, 위성항법장치(GPS), 구명부환
정. 등이 부착된 구명조끼, 구명부환, 나침반, EPIRB

해설 항해등, 나침반, 야간조난신호장비, 통신기기, 전등, 구명튜브, 소화기, 자기점화등, 위성항법장치, 등이 부착된 구명조끼

408 수상레저안전법의 제정 목적으로 가장 적당하지 않은 것은?

갑. 수상레저사업의 건전한 발전을 도모
을. 수상레저활동의 안전을 확보
병. 수상레저활동으로 인한 사상자의 구조
정. 수상레저활동의 질서를 확보

409 수상레저안전법상 동력수상레저기구 조종면허 중, 제2급 조종면허를 취득한 자가 제1급 조종면허를 취득한 경우 조종면허의 효력관계를 맞게 설명한 것은?

갑. 제1급과 제2급 모두 유효하다.
을. 제2급 조종면허의 효력은 상실된다.
병. 제1급 조종면허의 효력은 상실된다.
정. 제1급과 제2급 조종면허 모두 유효하며, 각각의 갱신기간에 맞게 갱신만 하면 된다.

정답 405. 을 406. 갑 407. 병 408. 병 409. 을

410 수상레저안전법상 동력수상레저기구 조종면허의 종류로 옳지 않은 것은?

갑. 제1급 조종면허
을. 제2급 조종면허
병. 요트조종면허
정. 제2급 요트조종면허

411 수상레저안전법상 수상레저활동자가 착용하여야 할 인명안전장비 종류를 조정할 수 있는 권한이 없는 자는?

갑. 해양경찰서장
을. 경찰서장
병. 구청장
정. 시장·군수

412 수상레저안전법에 규정된 수상레저기구로 옳지 않은 것은?

갑. 스쿠터
을. 관광잠수정
병. 조정
정. 호버크라프트

413 수상레저안전법상 제1급 조종면허를 받을 수 있는 나이의 기준으로 옳은 것은?

갑. 14세 이상
을. 16세 이상
병. 18세 이상
정. 19세 이상

414 일정한 거리 이상에서 수상레저활동을 하고자 하는 자는 해양경찰관서에 신고하여야 한다. 신고 대상으로 맞는 것은?

갑. 해안으로부터 5해리 이상
을. 출발항으로부터 5해리 이상
병. 해안으로부터 10해리 이상
정. 출발항으로부터 10해리 이상

> 해설 출발항으로부터 10해리 이상 떨어진 곳에서 수상레저활동을 하려는 자는 해양경찰관서에 신고하여야 한다.

415 수상레저안전법상 등록대상 수상레저기구를 보험에 가입하지 않았을 경우 수상레저안전법상 과태료의 부과 기준은 얼마인가?

갑. 30만원
을. 10일 이내 1만원, 10일 초과 시 1일당 1만원 추가, 최대 30만원까지
병. 10일 이내 5만원, 10일 초과 시 1일당 1만원 추가, 최대 50만원까지
정. 50만원

> 해설 보험 등에 가입하지 않은 경우 10일 이내의 기간이 지난 자는 1만원(10일이 초과한 경우 1일 초과할 때마다 1만원 추가, 최대 30만원을 초과하지 못한다.

정답 410. 병 411. 을 412. 을 413. 병 414. 정 415. 을

416 수상레저안전법상 땅콩보트, 바나나보트, 플라잉피쉬 등과 같은 튜브형기구로서 동력수상레저기구에 의해 견인되는 형태의 기구는?

갑. 에어바운스(Air bounce)
을. 튜브체이싱(Tube chasing)
병. 워터슬레드(Water sled)
정. 워터바운스(Water bounce)

417 수상레저안전법상 동력수상레저기구 조종면허의 효력발생 시기는?

갑. 수상 안전교육을 이수한 때
을. 필기시험 합격일로부터 14일 이후
병. 면허시험에 최종 합격한 날
정. 동력수상레저기구 조종면허증을 본인 또는 대리인에게 발급한 때부터

> 해설 조종면허의 효력은 면허증을 본인이나 그 대리인에게 발급한 때부터 발생한다.

418 수상레저안전법상 풍력을 이용하는 수상레저기구로 옳지 않은 것은?

갑. 케이블 웨이크보드(Cable wake-board)
을. 카이트보드(Kite-board)
병. 윈드서핑(Wind surfing)
정. 딩기요트(Dingy yacht)

> 해설 케이블 웨이크보드는 수상오토바이를 이용하여 끄는 기구

419 동력수상레저기구 조종면허를 가진 자와 동승하여 무면허로 조종할 경우 면허를 소지한 사람의 요건으로 옳지 않은 것은?

갑. 제1급 일반조종면허를 소지할 것
을. 술에 취한 상태가 아닐 것
병. 약물을 복용한 상태가 아닐 것
정. 면허 취득 후 2년이 경과한 사람일 것

420 수상레저안전법상 동력수상레저기구 조종면허를 받아야 조종할 수 있는 동력수상레저기구의 추진기관 최대출력 기준은?

갑. 3마력 이상
을. 5마력 이상
병. 10마력 이상
정. 50마력 이상

> 해설 동력수상레저기구 중 추진기관의 최대 출력이 5마력 이상인 것을 말한다.

정답 416. 병 417. 정 418. 갑 419. 정 420. 을

421 수상레저안전법상 수상레저활동 금지구역에서 수상레저기구를 운항한 사람에 대한 과태료 부과기준은 얼마인가?

갑. 30만원
을. 40만원
병. 60만원
정. 100만원

422 수상레저안전법에 대한 설명으로 옳지 않은 것은?

갑. 수상레저활동은 수상에서 수상레저기구를 이용하여 취미·오락·체육·교육 등의 목적으로 이루어지는 활동이다.
을. 수상레저안전법에서 정한 래프팅(rafting)이란 무동력 수상레저기구를 이용하여 계곡이나 하천에서 노를 저으며 급류 또는 물의 흐름을 타는 수상레지활동을 말한다.
병. 동력수상레저기구 추진기관의 최대출력이 5마력 이상이면 동력수상레저기구 조종면허가 필요하다.
정. 조종면허는 일반조종면허, 제1급 요트조종면허, 제2급 요트조종면허로 구분된다.

> 해설) 선박법에 따른 총톤수 20톤 미만의 모터보트는 동력수상레저기구로 볼 수 있다.

423 수상레저기구등록법상 제정 목적에 관한 사항으로 옳지 않은 것은?

갑. 수상레저기구의 등록에 관한 사항을 정함
을. 수상레저기구의 검사에 관한 사항을 정함
병. 수상레저기구의 성능 및 안전 확보에 관한 사항을 정함
정. 수상레저기구 활동의 질서유지에 관한 사항을 정함

424 수상레저기구등록법상 수상레저기구 등록번호판에 관한 설명으로 옳은 것은?

갑. 뒷면에만 부착한다.
을. 앞면과 뒷면에 부착한다.
병. 옆면과 뒷면에 부착한다.
정. 번호판은 규격에 맞지 않아도 된다.

425 수상레저안전법상 수상안전교육에 관한 내용으로 옳지 않은 것은?

갑. 안전교육 대상자는 동력수상레저기구 조종면허를 받고자 하는 자 또는 갱신하고자 하는 자이다.
을. 수상안전교육 시기는 동력수상레저기구 조종면허를 받으려는 자는 조종면허시험 응시원서를 접수한 후부터, 동력수상레저기구 조종면허를 갱신하려는 자는 조종면허 갱신기간 이내이다.
병. 수상안전교육 내용은 수상안전에 관한 법령, 수상레저기구의 사용과 관리에 관한 사항, 수상상식 및 수상구조, 그 밖의 수상안전을 위하여 필요한 사항이다.
정. 수상안전교육 시간은 3시간이고 최초 면허시험 합격 전의 안전교육 유효기간은 5개월이다.

> 해설) 최초 면허시험 합격 전의 안전교육 유효기간은 6개월이다.

정답 421. 병 422. 정 423. 정 424. 병 425. 정

426 수상레저안전법상 원거리 수상레저활동 관련 설명으로 옳지 않은 것은?

갑. 출발항으로부터 10해리 이상 떨어진 곳에서 활동할 경우 신고하여야 한다.
을. 선박안전 조업규칙에 의한 신고를 별도로 한 경우에는 원거리 수상레저활동 신고의무의 예외로 본다.
병. 출발항으로부터 5해리 이상 떨어진 곳에서 활동할 경우 신고하여야 한다.
정. 원거리 수상레저활동은 해양경찰관서 또는 경찰관서에 신고한다.

해설 출발항으로부터 10해리 이상 떨어진 곳에서 활동할 경우 신고하여야 한다.

427 수상레저안전법상 수상레저사업장에 비치하는 비상구조선에 대한 설명으로 옳지 않은 것은?

갑. 비상구조선임을 표시하는 주황색 깃발을 달아야 한다.
을. 비상구조선은 30미터 이상의 구명줄을 갖추어야 한다.
병. 비상구조선은 탑승정원이 4명이상, 속도가 시속 30노트 이상이어야 한다.
정. 망원경, 호루라기 1개, 구명부환 또는 레스큐튜브 2개 이상을 갖추어야 한다.

해설 비상구조선은 탑승정원이 3명 이상, 속도가 시속 20노트 이상이어야 한다.

428 수상레저기구등록법상 ( )에 들어갈 숫자로 적합한 것은?

> 동력수상레저기구의 등록 사항 중 변경사항이 있는 경우 그 소유자나 점유자는 그 변경이 발생한 날부터 ( )일 이내에 시장·군수·구청장에게 변경등록을 신청하여야 한다.

갑. 7일
을. 15일
병. 30일
정. 90일

429 수상레저안전법상 수상레저 사업등록 시 구비서류로 옳지 않은 것은?

갑. 수상레저기구 및 인명구조용 장비 명세서
을. 수상레저기구 수리업체 명부
병. 시설기준 명세서
정. 영업구역에 관한 도면

해설 수상레저 사업등록 시 구비서류 : 영업구역에 관한 도면, 시설기준 명세서, 수상레저사업자와 종사자의 명단 및 해당 면허증 사본(면허증 사본의 경우 수상레저종합정보시스템으로 확인이 가능한 경우는 제외), 수상레저기구 및 인명구조용 장비 명세서, 인명구조요원 또는 래프팅가이드의 명단과 해당 자격증 사본, 공유수면등의 점용 또는 사용 등에 관한 허가서 사본

정답 426. 병 427. 병 428. 병 429. 을

430 수상레저안전법상 수상레저사업장에서 금지되는 행위로 옳지 않은 것은?

갑. 15세인 자를 보호자 없이 태우는 행위
을. 술에 취한 자를 태우는 행위
병. 정신질환자를 태우는 행위
정. 수상레저기구 내에서 주류제공 행위

> **해설** 14세 미만인 사람(보호자를 동반하지 아니한 사람으로 한정)을 태우는 행위는 금지되어 있다.

431 수상레저안전법을 위반한 사람에 대한 과태료 부과 권한이 없는 사람은?

갑. 통영시상
을. 영도소방서장
병. 해운대구청장
정. 속초해양경찰서장

> **해설** 과태료는 대통령령으로 정하는 바에 따라 해양경찰청장, 해양경찰서장, 시장·군수·구청장(서울특별시 한강의 경우에는 서울특별시의 한강 관리에 관한 업무를 관장하는 기관의 장을 말하며, 이하 이 조에서 "부과권자"라 한다)이 부과·징수한다.

432 수상레저안전법상 동력수상레저기구 조종면허 종별 합격기준으로 옳지 않은 것은?

갑. 제1급 조종면허 : 필기 70점, 실기 80점
을. 제2급 조종면허 : 필기 60점, 실기 60점
병. 제2급 조종면허 : 필기 70점, 실기 60점
정. 요트 조종면허 : 필기 70점, 실기 60점

> **해설**
> • 제1급 조종면허 : 필기 70점 이상, 실기 80점 이상
> • 제2급 조종면허 : 필기 60점 이상, 실기 60점 이상
> • 요트조종면허 : 필기 70점 이상, 실기 60점 이상

433 수상레저안전법상 해양경찰청장이 면허시험 과목의 전부 또는 일부를 면제할 수 있는 사람에 대한 설명으로 가장 옳지 않은 것은?

갑. 대통령령으로 정하는 체육 관련 단체에 수상레저기구의 선수로 등록된 사람
을. 해양경찰청장이 지정고시하는 기관이나 단체에서 실시하는 교육을 이수한 사람
병. 항해사 6급 또는 기관사 6급 면허를 가진 사람
정. 제1급 조종면허 필기시험에 합격한 후 제2급 조종면허 실기시험으로 변경하여 응시하려는 사람

> **해설** 대통령령으로 정하는 체육 관련 단체에 동력수상레저기구의 선수로 등록된 사람

정답 430. 갑 431. 을 432. 병 433. 갑

434 수상레저기구등록법상 동력수상레저기구를 등록할 때 등록신청서에 첨부하여 제출하여야 할 서류로 옳지 않은 것은?

갑. 안전검사증(사본)
을. 등록할 수상레저기구의 사진
병. 보험가입증명서
정. 등록자의 경력증명서

> 해설 안전검사증(사본), 동력수상레저기구와 추진기관의 양도증명서, 제조증명서, 수입허가서, 매매계약서 등 등록원인을 증명할수 있는 서류, 보험가입증명서, 동력수상레저기구의 사진, 동력수상레저기구를 공동으로 소유하고 있는 경우 공동 소유자의 대표자 및 공동소유자별 지분비율이 기재된 서류

435 수상레저안전법상 정원을 초과하여 사람을 태우고 수상레저기구를 조종한 경우 과태료 부과 기준은 얼마 인가?

갑. 50만원
을. 60만원
병. 70만원
정. 100만원

436 수상레저안전법상 수상레저활동을 하는 사람이 준수해야 하는 내용으로 가장 옳지 않은 것은?

갑. 다이빙대, 교량으로부터 20m 이내의 구역에서는 12노트 이하로 운항해야 한다.
을. 해양경찰서장 등이 지정하는 위험구역에서는 10노트 이하의 속력으로 운항해야 한다.
병. 계류장으로부터 150미터 이내의 구역에서는 인위적으로 파도를 발생시키는 특수한 장치가 설치된 동력수상레저기구를 운항해서는 안 된다
정. 수상에 띄우는 수상레저기구 및 설비가 설치된 곳으로부터 150미터 이내의 구역에서 인위적으로 파도를 발생시키지 않고 5노트 이하의 속력으로 운항이 가능하다.

437 수상레저안전법상 동력수상레저기구 조종면허 시험 중 부정행위자에 대한 제재조치로서 옳지 않은 것은?

갑. 당해 시험을 중지시킬 수 있다.
을. 당해 시험을 무효로 할 수 있다.
병. 공무집행방해가 인정될 경우 형사처벌을 받을 수 있다.
정. 1년간 동력수상레저기구조종면허 시험에 응시할 수 없다.

438 수상레저안전법상 해양경찰청장 또는 시장군수구청장에게 납부하는 수수료에 대한 설명으로 가장 옳은 것은?

갑. 훼손된 면허증을 재발급하거나 갱신하려는 사람이 납부해야 하는 수수료는 5,000원이다.
을. 안전교육을 받으려는 사람이 납부해야 하는 수수료는 14,400원이며 교재는 별도로 구매해야 한다.
병. 조종면허를 받으려는 사람이 납부해야 하는 면허시험 응시 수수료는 필기시험 4,800원, 실기시험 64,800원이다.
정. 면허증을 신규 발급 받으려는 사람이 납부해야 하는 수수료는 4,000원이다.

정답 434. 정 435. 을 436. 갑 437. 정 438. 병

439 수상레저안전법상 수상레저사업장에 대한 안전점검 항목으로 가장 옳지 않은 것은?

갑. 수상레저기구의 형식승인 여부
을. 수상레저기구의 안전성
병. 사업장 시설·장비 등이 등록기준에 적합한지의 여부
정. 인명구조요원 및 래프팅가이드의 자격·배치기준 적합여부

해설 을, 병, 정 외 수상레저사업자 등의 안전조치 여부, 행위제한 등의 준수여부 등이 있다.

440 수상레저안전법상 (   )안에 알맞은 말은?

> 시·군·구청장은 민사집행법에 따라 (   )으로부터 압류등록의 촉탁이 있거나 국세징수법이나 지방세징수법에 따라 행정관청으로부터 압류등록의 촉탁이 있는 경우에는 해당 등록원부에 압류등록을 하고 소유자 및 이해관계자 등에게 통지하여야 한다.

갑. 해양수산부 을. 경찰청
병. 법원   정. 해양경찰청

441 수상레저안전법상 동력수상레저기구 조종면허 응시표의 유효기간으로 옳은 것은?

갑. 접수일부터 6개월
을. 접수일부터 1년
병. 필기시험 합격일부터 6개월
정. 필기시험 합격일부터 3년

442 수상레저기구등록법상 동력수상레저기구 등록에 대한 설명으로 옳지 않은 것은?

갑. 등록신청은 주소지를 관할하는 시장·군수·구청장 또는 해양경찰서장에게 한다.
을. 능복대상 기구는 모터보트·세일링요트(20톤 미만), 고무보트(30마력 이상), 수상오토바이이다.
병. 기구를 소유한 날로부터 1개월 이내에 등록신청해야 한다.
정. 소유한 날로부터 1개월 이내 등록을 하지 않은 경우 100만원 이하의 과태료 처분 대상이다.

443 수상레저안전법상 최초 동력수상레저기구 조종면허 시험합격 전 수상안전교육을 받은 경우 그 유효기간은?

갑. 1개월   을. 3개월
병. 6개월   정. 1년

정답 439. 갑 440. 병 441. 을 442. 갑 443. 병

444 수상레저기구등록법상 국내의 제조사에서 건조하는 동력수상레저기구 중 건조에 착수한 때부터 안전검사를 받아야 하는 동력수상레저기구에 해당하지 않은 것은?

갑. 총톤수가 5톤 이상인 모터보트 또는 세일링요트
을. 운항구역이 연해구역 이상인 모터보트 또는 세일링요트
병. 외국에서 수입하여 추진기관을 교체하는 모터보트 또는 세일링요트
정. 승선정원이 13명 이상인 모터보트 또는 세일링요트

445 수상레저안전법상 동력수상레저기구를 이용한 범죄의 종류로 옳지 않은 것은?

갑. 살인·사체유기 또는 방화
을. 강도·강간 또는 강제추행
병. 방수방해 또는 수리방해
정. 약취·유인 또는 감금

446 수상레저안전법상 동력수상레저기구 조종면허 결격사유와 관련한 내용으로 옳지 않은 것은?

갑. 정신질환자(치매, 조현병, 조현정동장애, 양극성 정동장애, 재발성 우울장애, 알코올 중독)로서 전문의가 정상적으로 수상레저활동을 수행할 수 있다고 인정하는 자는 동력수상레저기구 조종면허 시험 응시가 가능하다.
을. 부정행위로 인해 해당 시험의 중지 또는 무효처분을 받은 자는 그 시험 시행일로부터 2년간 면허시험에 응시할 수 없다.
병. 동력수상레저기구 조종면허를 받지 아니하고 동력수상레저기구를 조종한 자로서 사람을 사상한 후 구호조치 등 필요한 조치를 하지 아니하고 도주한 자는 4년이 경과되어야 동력수상레저기구 조종면허시험 응시가 가능하다.
정. 동력수상레저기구 조종면허가 취소된 날부터 2년이 경과되지 아니한 자는 동력수상레저기구 조종면허 시험응시가 불가하다.

447 수상레저안전법상 수상안전교육의 면제 대상에 대한 설명으로 가장 옳지 않은 것은?

갑. 면허시험 응시원서를 접수한 날로부터 소급하여 6개월 이내에 「선원법 시행령」 제43조제1항에 따른 기초안전교육 또는 상급안전교육을 이수한 사람
을. 면허증 갱신 기간의 시작일부터 소급하여 6개월 이내에 「수상레저안전법」 제13조제1항에 따른 수상안전교육을 이수한 사람
병. 「수상레저안전법」 제9조제1항제5호에 해당하여 제2급 조종면허 또는 요트조종면허 시험과목의 전부를 면제받은 사람
정. 면허시험 응시원서를 접수한 날 또는 면허증 갱신 기간의 시작일부터 소급하여 6개월 이내에 「수상레저안전법」 제19조에 따른 종사자 교육을 받은 사람

정답 444. 병 445. 병 446. 정 447. 정

448 수상레저안전법상 수상레저활동이 금지되는 기상특보의 종류로 옳지 않은 것은?

갑. 태풍주의보
을. 폭풍주의보
병. 대설주의보
정. 풍랑주의보

449 수상레저안전법상 등록된 수상레저기구가 존재하는지 여부가 분명하지 않은 경우 말소등록을 신청해야 할 기한으로 옳은 것은?

갑. 1개월
을. 3개월
병. 6개월
정. 12개월

450 수상레저안전법상 동력수상레저기구 조종면허증 갱신에 대한 설명으로 가장 옳지 않은 것은?

갑. 최초의 면허증 갱신 기간은 면허증 발급일부터 기산 하여 7년이 되는 날부터 6개월 이내이다.
을. 최초의 면허증 갱신이 아닌 경우, 직전의 면허증 갱신 기간이 시작되는 날부터 기산 하여 7년이 되는 날부터 6개월 이내이다.
병. 면허증 갱신을 정해진 갱신 기간 내에 아니한 경우에는 갱신기간이 만료한 다음날부터 조종면허의 효력이 취소된다.
정. 대통령령으로 정하는 사유로 인하여 면허증 갱신 기간 내에 갱신할 수 없는 경우에는 갱신을 미리하거나 연기할 수 있다.

451 수상레저안전법상 수상레저사업장에서 금지되는 행위로 옳지 않은 것은?

갑. 정원을 초과하여 탑승시키는 행위
을. 14세 미만인 사람을 보호자 없이 탑승시키는 행위
병. 알코올 중독자에게 기구를 대여하는 행위
정. 허가 없이 일몰 30분 이후 영업행위

> **해설** 갑, 을, 정 그 밖에 수상레저기구 안에서 술을 판매·제공하거나 수상레저기구 이용자가 수상레저기구 안으로 이를 반입하노록 하는 행위, 영업구역을 벗어나 영업을 하는 행위 등

452 수상레저안전법상 수상레저활동의 안전을 위해 행하는 시정명령 행정조치의 형태에 해당되지 않는 것은?

갑. 탑승인원의 제한 또는 조종자 교체
을. 수상레저활동의 일시정지
병. 수상레저기구의 개선 및 교체
정. 동력수상레저기구 조종면허의 효력정지

정답 448. 을 449. 을 450. 병 451. 병 452. 정

453 수상레저안전법상 동력수상레저기구에 포함되지 않는 것은?

갑. 수상오토바이
을. 스쿠터
병. 호버크라프트
정. 워터슬레이드

> 해설 워터슬레이드는 무동력수상레저기구

454 수상레저안전법상 수상레저사업 등록에 관한 것이다. 내용 중 옳지 않은 것은?

갑. 수상레저사업의 등록 유효기간은 10년으로 하되, 10년 미만으로 영업하려는 경우에는 해당 영업기간을 등록 유효기간으로 한다.
을. 해양경찰서장 또는 시장·군수·구청장은 등록의 유효기간 종료일 1개월 전까지 해당 수상레저사업자에게 수상레저사업 등록을 갱신할 것을 알려야 한다.
병. 해양경찰서장 또는 시장·군수·구청장은 변경등록의 신청을 받은 경우에는 변경되는 사항에 대하여 사실 관계를 확인한 후 등록사항을 변경하여 적거나 다시 작성한 수상레저사업 등록증을 신청인에게 발급하여야 한다.
정. 등록을 갱신하려는 자는 등록의 유효기간 종료일 3일전까지 수상레저사업 등록·갱신등록 신청서(전자문서로 된 신청서를 포함한다)를 관할 해양경찰서장 또는 시장·군수·구청장에게 제출하여야 한다.

455 수상레저안전법상 동력수상레저기구 조종면허 시험 중, 항해사·기관사·운항사 또는 소형선박 조종사의 면허를 가진 자가 면제받을 수 있는 사항으로 옳은 것은?

갑. 제1급 조종면허 및 제2급 조종면허 실기시험
을. 제2급 조종면허 실기시험
병. 제1급 조종면허 및 제2급 조종면허 필기시험
정. 제2급 조종면허 및 요트조종면허 필기시험

> 해설 항해사·기관사·운항사 또는 소형선박 조종사의 면허를 가진 자는 제2급 조종면허 및 요트조종면허 필기시험을 면제받을 수 있다.

456 수상레저안전법상 수상레저사업장의 구명조끼 보유기준으로 가장 옳지 않은 것은?

갑. 구명조끼는 5년마다 교체하여야 한다.
을. 탑승정원의 110%에 해당하는 구명조끼를 갖추어야 한다.
병. 탑승정원의 10%는 소아용 구명조끼를 갖추어야 한다.
정. 구명조끼는 전기용품 및 생활용품 안전관리법(구. 품질경영 및 공산품안전관리법)에 따른 안전기준이나 해양수산부장관이 정하여 고시하는 선박 또는 어선의 구명설비기준에 적합한 제품이어야 한다.

정답 453. 정 454. 정 455. 정 456. 갑

457 수상레저안전법상 수상레저사업 등록의 결격사유로 옳지 않은 것은?

갑. 수상레저사업 등록이 취소되고 2년이 경과되지 않은 자
을. 금고 이상의 형의 집행유예 선고를 받고 그 기간 중에 있는 자
병. 미성년자, 피성년후견인, 피한정후견인
정. 금고 이상의 형 집행이 종료 후 3년이 경과되지 않은 자

해설 징역 이상의 실형을 선고받고 그 집행이 끝나거나 집행이 면제된 날로부터 2년이 지나지 아니한 자

458 수상레저안전법상 동력수상레저기구 조종면허를 취소하거나 효력을 정지하여야 하는 경우에 해당하지 않는 것은?

갑. 부정한 방법으로 면허를 받은 경우
을. 혈중 알코올농도 0.03% 이상의 술에 취한 상태에서 조종한 경우
병. 조종 중 고의 또는 과실로 사람을 사상한 때
정. 수상레저사업이 취소된 때

해설 갑, 을, 병 그 밖에 조종면허 효력정지 기간에 조종을 한 경우, 동력수상레저기구를 이용하여 범죄행위를 한 경우, 면허증을 다른사람에게 빌려주어 조종하게 한 경우, 조종 중 고의 또는 과실로 사람을 사상하거나 다른 사람의 재산에 중대한 손해를 입힌 경우 등

459 수상레저기구등록법상 수상레저기구의 정기검사를 받아야 하는 기간으로 바른 것은?

갑. 검사유효기간 만료일을 기준으로 하여 전후 각각 10일 이내로 한다.
을. 검사유효기간 만료일을 기준으로 하여 전후 각각 30일 이내로 한다.
병. 검사유효기간 만료일을 기준으로 하여 전후 각각 60일 이내로 한다.
정. 검사유효기간 만료일을 기준으로 하여 전후 각각 90일 이내로 한다.

해설 수상레저기구의 정기검사를 받아야 하는 검사유효기간 만료일을 기준으로 하여 전후 각각 30일 이내로 한다.

460 수상레저안전법상 풍랑·폭풍해일·호우·대설·강풍 주의보가 발효된 구역에서 관할 해양경찰서장 또는 시장·군수·구청장에게 기상특보활동신고서를 제출한 경우 활동가능한 수상레저기구는?

갑. 워터슬레이드
을. 윈드서핑
병. 카약
정. 모터보트

해설 기상특보가 발효된 구역에서 파도 또는 바람만을 이용 하여 활동이 가능한 수상레저 기구를 운항 신고한 경우는 가능 하다.

정답 457. 정 458. 정 459. 을 460. 을

461 수상레저안전법상 제2급 조종면허를 받을 수 있는 나이의 기준으로 옳은 것은?

갑. 13세 이상   을. 14세 이상
병. 15세 이상   정. 16세 이상

 14세 미만인 자는 조종면허를 받을 수 없다.

462 수상레저안전법상 수상레저기구에 동승한 사람이 사망하거나 실종된 경우, 해양경찰관서에 신고할 내용으로 옳지 않은 것은?

갑. 사고발생 장소   을. 수상레저기구 종류
병. 사고자 인적사항   정. 레저기구의 엔진상태

 사고신고 시 신고해야 하는 내용
- 사고 발생의 날짜, 시간 및 장소
- 사고자 및 조종자의 인적사항
- 사고와 관련된 수상레저기구의 종류
- 피해상황 및 조치사항

463 수상레저안전법상 해양경찰서장 또는 시장·군수·구청장이 영업구역 또는 영업시간의 제한이나 영업의 일시정지를 명할 수 있는 경우로 옳지 않은 것은?

갑. 사업장에 대한 안전점검을 하려고 할 때
을. 기상·수상 상태가 악화된 때
병. 수상사고가 발생한 때
정. 부유물질 등 장애물이 발생한 경우

을, 병, 정 그 밖에 유류, 화학물질 등의 유출 또는 녹조, 적조 등의 발생으로 수질이 오염된 경우, 사람의 신체나 생명에 피해를 줄 수 있는 유해생물이 발생한 경우

464 수상레저안전법상 수상레저사업의 휴업 또는 폐업 시 며칠 전까지 등록관청에 신고하여야 하는가?

갑. 1일   을. 3일
병. 5일   정. 10일

수상레저사업의 휴업 또는 폐업하기 3일 전까지 해양경찰서장 또는 시장·군수·구청장에게 제출하여야 한다.

465 수상레저안전법상 수상레저사업 취소사유로 맞는 것은?

갑. 종사자의 과실로 사람을 사망하게 한 때
을. 거짓이나 그 밖의 부정한 방법으로 수상레저사업을 등록한 때
병. 보험에 가입하지 않고 영업 중인 때
정. 이용요금 변경 신고를 하지 아니하고 영업을 계속한 때

정답 461. 을 462. 정 463. 갑 464. 을 465. 을

466 수상레저안전법상 영업구역이 내수면인 경우 수상레저사업 등록기관으로 옳은 것은?

갑. 해양경찰서장
을. 해양경찰청장
병. 광역시장·도지사
정. 시장·군수·구청장

 수상레저기구사업 영업구역이 내수면인 경우 해당 지역을 관할하는 시장·군수·구청장에게 등록을 한다.

467 수상레저안전법상 수상안전교육내용으로 옳지 않은 것은?

갑. 수상레저기구의 사용과 관리에 관한 사항
을. 수상안전에 관한 법령
병. 수상구조
정. 오염방지

 갑, 을, 병 그 밖에 수상안전을 위하여 필요한 사항

468 수상레저안전법상 조종면허를 받은 사람이 지켜야 할 의무로 옳은 것은?

갑. 면허증은 언제나 소지하고 있어야 한다.
을. 면허증을 필요에 따라 타인에게 빌려주어도 된다.
병. 주소가 변경된 때에는 지체없이 변경하여야 한다.
정. 관계 공무원이 면허증 제시를 요구하면 면허증을 내보여야 한다.

469 수상레저안전법상 ( )안에 들어갈 알맞은 수는?

> 수상레저사업 등록기준상 탑승정원( )명 이상인 동력수상레저기구에는 선실, 조타실, 기관실에 각각 ( )개 이상의 소화기를 갖추어야 한다.

갑. 3, 1
을. 10, 2
병. 13, 1
정. 5, 1

470 수상레저안전법상 영업구역이 ( ) 해리 이상인 경우에는 수상레저기구에 사업장 또는 가까운 무선국과 연락할 수 있는 통신장비를 갖추어야 한다. ( )안에 들어갈 숫자로 알맞은 것은?

갑. 1
을. 2
병. 3
정. 4

해설 영업구역이 2해리 이상인 경우에는 수상레저기구에 사업장 또는 가까운 무선국과 연락할 수 있는 통신장비를 갖추어야 한다.

정답 466. 정 467. 정 468. 정 469. 병 470. 을

471 동력수상레저기구 조종면허 중, 제1급 조종면허 시험의 합격기준으로 바르게 연결된 것은?

갑. 필기-60점, 실기-70점
을. 필기-70점, 실기-70점
병. 필기-70점, 실기-80점
정. 필기-60점, 실기-80점

해설 제1급 조종면허 시험의 합격기준 필기 70점, 실기 80점

472 수상레저안전법상 보험 가입 의무가 있는 사람에 대한 설명으로 가장 옳지 않은 것은?

갑. 등록 대상 동력수상레저기구의 소유자는 소유한 날로부터 1개월 이내에 보험이나 공제에 가입하여야 한다.
을. 등록 대상 동력수상레저기구의 소유자는 가입 기간 및 가입 금액을 충족하는 보험이나 공제에 가입해야 한다.
병. 등록 대상 동력수상레저기구의 소유자가 가입한 보험 또는 공제의 책임보험금은 사망의 경우 1억원, 부상의 경우 부상 정도에 따라 최대 3천만원 한도로 보장된다.
정. 수상레저사업자는 대통령령으로 정하는 바에 그 종사자와 이용자의 피해를 보전하기 위하여 보험이나 공제에 가입하여야 한다.

해설 책임보험금은 사망 시 1억 5천만원, 부상시 3천만원 이상으로 할 것.

473 수상레저안전법상 수상레저사업장의 시설기준으로 옳지 않은 것은?

갑. 노 또는 상앗대가 있는 수상레저기구는 그 수의 10%에 해당하는 수의 예비용 노 또는 상앗대를 갖추어야 한다.
을. 탑승정원 13인 이상인 동력수상레저기구에는 선실, 조타실, 기관실에 각각 1개 이상의 소화기를 갖추어야 한다.
병. 무동력수상레저기구에는 구명부환 대신 스로 백(throw bag)을 갖출 수 있다.
정. 탑승정원 5명이상인 수상레저기구(수상오토바이를 제외)에는 그 탑승정원의 30%에 해당하는 수의 구명튜브를 갖추어야 한다.

해설 탑승정원 4명 이상인 수상레저기구에는 그 탑승정원의 30%에 해당하는 수의 구명튜브를 갖추어야 한다.

474 수상레저안전법상 동력수상레저기구 조종면허의 취소 또는 정지처분의 기준으로 옳지 않은 것은?

갑. 위반 행위가 2가지 이상인 때에는 중한 처분에 의한다.
을. 다수의 면허정지 사유가 있더라도 정지기간은 6개월을 초과할 수 없다.
병. 위반행위의 횟수에 따른 정지처분의 기준은 최근 1년간이다.
정. 면허정지에 해당하는 경우, 2분의 1의 범위 내에서 감경할 수 있다.

정답 471. 병 472. 병 473. 정 474. 을

475 수상레저안전법상 수상레저기구 운항 규칙에 대한 설명 중 ( )안에 들어갈 내용을 적절하게 나열한 것은?

> 다이빙대·계류장 및 교량으로부터 (①)이내의 구역이나 해양경찰서장 또는 시장·군수·구청장이 지정하는 위험구역에서는 (②)이하의 속력으로 운항해야 하며, 해양경찰서장 또는 시장·군수·구청장이 별도로 정한 운항지침을 따라야 한다.

갑. ① 10미터, ② 20노트 을. ① 10미터, ② 10노트
병. ① 20미터, ② 10노트 정. ① 20미터, ② 15노트

- 다이빙대·계류장 및 교량으로부터 20미터 이내의 구역이나 해양경찰서장 또는 시장·군수·구청장이 지정하는 위험구역에서는 10노트 이하의 속력으로 운항해야 한다.
- 해양경찰서장 또는 시장·군수·구청장이 별도로 정한 운항지침을 따라야 한다.

476 수상레저안전법상 수상레저기구 운항규칙에 대한 설명으로 옳지 않은 것은?

갑. 안전검사증에 지정된 항해구역을 준수해야 한다.
을. 진로를 횡단하여 충돌 위험이 있는 때 다른 기구를 왼쪽에 두고 있는 기구가 진로를 피하여야 한다.
병. 정면으로 충돌할 위험이 있을 시 우현 쪽으로 진로를 피하여야 한다.
정. 다른 기구와 같은 방향으로 운항 시 2m 이내 근접하여 운항해서는 안 된다.

 다른 수상레저기구등의 진로를 횡단하는 경우에 충돌의 위험이 있을 때에는 다른 수상레저기구등을 오른쪽에 두고 있는 수상레저기구가 진로를 피해야 한다.

477 수상레저안전법상 주취 중 조종으로 면허가 취소된 사람은 취소된 날부터 얼마동안 동력수상레저기구 조종면허를 받을 수 없는가?

갑. 면허가 취소된 날부터 1년   을. 면허가 취소된 날부터 2년
병. 면허가 취소된 날부터 3년   정. 면허가 취소된 날부터 4년

478 수상레저안전법상 야간 수상레저활동 시간을 조정할 수 있는 권한을 가진 사람으로 옳지 않은 것은?

갑. 해양경찰서장   을. 시장·군수
병. 한강 관리기관의 장   정. 경찰서장

 해양경찰서장 또는 시장·군수·구청장은 야간 수상레저활동시간을 조정하려는 경우에는 해가 진 후 30분부터 24시간까지의 범위에서 조정이 가능하다.

정답 475. 병 476. 을 477. 갑 478. 정

479 수상레저기구등록법상 동력수상레저기구의 말소사항에 해당하지 않은 것은?

갑. 동력수상레저기구가 사고 등으로 본래의 기능을 상실한 경우
을. 동력수상레저기구의 존재 여부가 1개월간 분명하지 아니한 경우
병. 추진기관의 제거로 동력수상레저기구에서 제외된 경우
정. 수상레저활동 외의 목적으로 사용하게 된 경우

> **해설** 말소등록
> • 수상레저기구가 멸실되거나 수상사고 등으로 본래의 기능을 상실한 경우
> • 수상레저기구의 존재여부가 3개월간 분명하지 아니한 경우
> • 총톤수 · 추진기관의 변경 등 해양수산부령으로 정하는 사유로 수상레저기구에서 제외된 경우
> • 수상레저기구를 수출하는 경우

480 수상레저안전법상 ( ) 안에 들어갈 알맞은 것은?

> 사람을 사상한 후 구호조치 등 필요한 조치를 하지 아니하고 도주한 자는 그 위반한 날부터 ( )간 조종면허를 받을 수 없다.

갑. 3년   을. 2년
병. 1년   정. 4년

> **해설** 사람을 사상한 후 구호조치 등 필요한 조치를 하지 아니하고 도주한 자는 그 위반한 날부터 4년이 지나지 아니한 자는 동력수상레저기구 조종면허를 받을 수 없다.

481 수상레저안전법상 수상레저사업장 비상구조선의 기준으로 옳지 않은 것은?

갑. 주황색 깃발을 달아야 함
을. 탑승정원 5명 이상, 시속 20노트 이상
병. 망원경 1개 이상
정. 30미터 이상의 구명줄

> **해설** 탑승정원이 3명 이상, 속도가 시속 20노트 이상이어야 한다.

482 수상레저안전법상 래프팅을 하고자 하는 사람이 일반 안전장비에 추가하여 착용해야 할 안전장비는?

갑. 방수화   을. 팽창식 구명벨트
병. 가슴보호대   정. 헬멧

> **해설** 래프팅을 하고자 할 때에는 구명조끼와 함께 안전모(헬멧)을 착용하여야 한다.

정답 479. 을 480. 정 481. 을 482. 정

483 수상레저기구등록법상 수상레저기구 변경등록 시 필요한 서류로 옳지 않은 것은?

갑. 안전검사증 사본(구조 장치를 변경한 경우)
을. 보험가입증명서 사본(소유권 변동의 경우)
병. 동력수상레저기구 조종면허증
정. 변경내용을 증명할 수 있는 서류

484 수상레저안전법상 수수료가 들지 않는 것은?

갑. 수상레저사업의 변경등록
을. 수상레저사업의 휴업등록
병. 동력수상레저기구 등록번호판의 재발급
정. 동력수상레저기구 말소등록

485 수상레저안전법을 위반한 사람에 대하여 과태료 처분권한이 없는 사람은 누구인가?

갑. 한강사업본부장
을. 강동소방서장
병. 연수구청장
정. 인천해양경찰서장

486 수상레저안전법상 수상레저사업에 관한 설명으로 옳지 않은 것은?

갑. 영업구역이 해수면인 경우 해당 지역을 관할하는 해양경찰서장에게 등록하여야 한다.
을. 수상레저사업을 등록한 수상레저사업자는 등록 사항에 변경이 있으면 변경등록을 하여야 한다.
병. 수상레저사업의 등록 유효기간을 10년 미만으로 영업하려는 경우에는 해당 영업기간을 등록 유효기간으로 한다.
정. 수상레저사업의 등록 유효기간은 20년으로 한다.

> 해설 수상레저사업의 등록 유효기간은 10년으로 한다.

487 동력수상레저기구 조종면허를 신규로 받으려는 사람은 해양경찰청장이 실시하는 수상안전교육을 ( )시간 받아야 면허증이 발급된다. 이때 ( )안에 들어갈 시간으로 옳은 것은?

갑. 1시간   을. 3시간
병. 5시간   정. 7시간

정답 483. 병 484. 을 485. 을 486. 정 487. 을

488 수상레저안전법상 수상레저사업자와 그 종사자가 영업구역에서 해서는 안 되는 행위에 해당하지 않는 것은?

갑. 보호자를 동반한 14세 이상인 자를 수상레저기구에 태우는 행위
을. 술에 취한 자를 수상레저기구에 태우거나 빌려주는 행위
병. 수상레저기구의 정원을 초과하여 태우는 행위
정. 영업구역을 벗어나 영업을 하는 행위

> 해설) 을, 병, 정 그 밖에 정원을 초과하여 태우는 행위, 술을 판매·제공하거나 수상레저기구 이용자가 수상레저기구 안으로 이를 반입하도록 하는 행위, 수상레저활동시간 외에 영업을 하는 행위, 위험물을 이용자가 타고 있는 수상레저기구로 반입·운송하는 행위, 안전점검을 받지 않은 동력수상레저기구를 영업에 이용하는 행위, 비상구조선을 그 목적과 다르게 이용하는 행위 등이 있다.

489 수상레저안전법상 누구든지 해진 후 30분부터 해뜨기 전 30분전까지 수상레저활동을 하여서는 아니 된다. 다만, 야간 운항장비를 갖춘 수상레저기구를 이용하는 경우는 그러하지 아니한다. 야간운항장비로 옳지 않은 것은?

갑. 항해등
을. 통신기기
병. 자기점화등
정. 비상식량

> 해설) 야간 운항장비에는 비상식량은 포함되지 않음

490 수상레저안전법상 동력수상레저기구 조종면허증 갱신에 대한 설명으로 옳지 않은 것은?

갑. 최초의 면허증 갱신 기간은 면허증 발급일부터 기산하여 7년이 되는 날부터 6개월 이내
을. 직전의 면허증 갱신 기간이 시작되는 날부터 기산하여 7년이 되는 날부터 6개월 이내
병. 면허증을 갱신하지 아니한 경우에는 갱신기간이 만료한 다음 날부터 조종면허의 효력은 정지된다.
정. 조종면허의 효력이 정지된 날부터 1년 이내에 갱신하지 아니한 경우에는 면허가 취소된다.

491 수상레저기구등록법상 안전검사에 대한 설명으로 옳지 않은 것은?

갑. '신규검사'란 동력수상레저기구를 최초 등록하려는 경우 실시하는 검사
을. '정기검사'란 최초 등록 후 일정 기간마다 정기적으로 실시하는 검사
병. '임시검사'란 정원 또는 운항구역, 구조설비, 장치 사항을 변경하려는 경우 실시하는 검사
정. '중간검사'란 정기검사와 정기검사의 사이에 무선설비 등에 대하여 실시하는 검사

> 해설) 수상레저기구등록법상 중간검사는 없음

정답 488. 갑 489. 정 490. 정 491. 정

492 수상레저안전법상 주취 중 조종 금지에 대한 내용으로 옳지 않은 것은?

갑. 술에 취하였는지 여부를 측정한 결과에 불복하는 사람에 대하여는 해당 수상레저활동자의 동의 없이 혈액채취 등의 방법으로 다시 측정할 수 있다.
을. 수상레저활동을 하는 자는 술에 취한 상태에서는 동력수상레저기구를 조종해서는 안 된다.
병. 수상레저안전법에서 말하는 술에 취한 상태는 해상교통안전법을 준용하고 있다.
정. 시·군·구 소속 공무원 중 수상레저안전업무에 종사하는 자는 수상레저활동을 하는 자가 술에 취하여 조종을 하였다고 인정할 만한 상당한 이유가 있는 경우에는 술에 취하였는지를 측정할 수 있다.

493 수상레저안전법상 ( )에 들어갈 내용으로 적합한 것은?

> 동력수상레저기구 조종면허를 받아야 조종할수 있는 동력수상레저기구로서 추진기관의 최대 출력이 5마력 이상(출력 단위가 킬로와트인 경우에는 ( ) 킬로와트 이상을 말한다)인 동력수상레저기구로 한다.

갑. 3.75 을. 3
병. 2.75 정. 5

494 수상레저안전법상 구명조끼 등 안전장비를 착용하지 않은 수상레저활동자에 대한 과태료 부과기준은 얼마인가?

갑. 5만원 을. 10만원
병. 20만원 정. 30만원

495 수상레저기구등록법상 6개월 이하의 징역 또는 500만 원 이하의 벌금에 해당하지 않는 것은?

갑. 등록되지 아니한 동력수상레저기구를 운항한 자
을. 시험운항 허가를 받지 아니하고 동력수상레저기구를 운항한 자
병. 안전검사를 받지 아니하거나 검사에 합격하시 못한 동력수싱레지기구를 운항한 지
정. 동력수상레저기구를 취득한 날부터 1개월 이내에 등록신청을 하지 아니한 자

해설 '정'의 경우 100만원 이하의 과태료 사항임

496 수상레저안전법상 원거리 수상레저활동 신고를 하지 않은 경우 과태료 기준은?

갑. 10만원 을. 20만원
병. 30만원 정. 40만원

정답 492. 갑 493. 갑 494. 을 495. 정 496. 을

497 수상레저안전법상 동력수상레저기구 조종면허 없이 동력수상레저기구를 조종할 수 있는 경우로 옳지 않은 것은?

갑. 제2급 조종면허 소지자와 동승하여 고무보트 조종
을. 제1급 조종면허 소지자 감독 하에 시험장에서 시험선 조종
병. 제1급 조종면허 소지자 감독 하에 수상레저사업장에서 수상오토바이 조종
정. 제1급 조종면허 소지자 감독 하에 학교에서 모터보트 조종

> 해설 제1급 조종면허 소지자 또는 요트조종면허 소지자와 함께 탑승하여 조종하는 경우는 무면허 조종이 가능하다.

498 수상레저안전법상 제2급 조종면허의 필기시험을 면제받을 수 있는 자는?

갑. 대통령령이 정하는 체육관련 단체에 동력수상레저기구의 선수로 등록된 자
을. 제1급 조종면허를 가지고 있는 자
병. 소형선박조종사 면허를 가지고 있는 자
정. 한국해양소년단연맹에서 동력수상레저기구의 훈련업무에 1년 이상 종사한자로써 단체장의 추천을 받은 자

> 해설 소형선박조종사 면허를 가지고 있는 자는 제2급 조종면허 필기시험을 면제받을 수 있다.

499 수상레저기구등록법상 등록대상 수상레저기구로서 옳지 않은 것은?

갑. 추진기관의 출력 25마력 선외기를 장착한 고무보트
을. 추진기관의 출력이 45마력인 수상오토바이
병. 추진기관의 출력 15마력 선외기를 장착한 세일링요트
정. 추진기관의 출력 2마력 선외기를 장착한 모터보트

> 해설 고무보트의 추진기관이 30마력 이상인 경우(킬로와트인 경우 22킬로와트 이상) 등록 대상임

500 수상레저안전법상 시험대행기관의 지정기준으로 옳지 않은 것은?

갑. 시험장별로 책임운영자 1명 및 시험관 4명이상 갖출 것
을. 시험대행기관으로 지정 받으려는 자는 해양수산부령으로 정하는 바에 따라 해양경찰청장에게 그 지정을 신청하여야 한다.
병. 시험장별로 해양수산부령으로 정하는 기준에 맞는 실기시험용 시설 등을 갖출 것
정. 조종면허시험대행기관의 지정기준에 따른 책임운영자는 수상레저활동 관련 업무 중 해양경찰청장이 정하여 고시하는 업무에 4년 이상 종사한 경력이 있는 사람이어야 하며, 일반조종면허 시험관은 제1급 조종면허를 갖춘 사람이어야 한다.

정답 497. 갑 498. 병 499. 갑 500. 정

501 수상레저안전법상 조종면허시험대행기관의 시험장별 실기시험 시설기준 중 안전시설에 관한 내용으로 옳지 않은 것은?

갑. 비상구조선의 속력은 30노트 이상이어야 한다.
을. 구명조끼는 20개 이상 갖추어야 한다.
병. 소화기는 3개 이상 갖추어야 한다.
정. 비상구조선의 정원은 4인 이상이어야 한다.

502 수상레저안전법상 (　)에 적합한 것은?

> 조종면허시험대행기관의 지정기준에 따른 책임운영자는 수상레저활동 관련 업무 중 해양경찰청장이 정하여 고시하는 업무에 (　)년 이상 종사한 경력이 있는 사람이어야 하며, 일반조종면허 시험관은 (　)급 조종면허를 갖춘 사람이어야 한다.

갑. 3년, 1급
을. 3년, 2급
병. 5년, 1급
정. 5년, 2급

503 수상레저안전법상 야간 수상레저활동에 대한 설명으로 가장 옳지 않은 것은?

갑. 누구든지 해진 후 30분부터 해뜨기 전 30분까지는 수상레저활동을 하여서는 아니 된다.
을. 해양경찰청장이나 광역시장·도지사 등은 필요하다고 인정하면 일정한 구역에 대하여 해뜨기 전 30분 부터 24시까지의 범위에서 시간을 조정할 수 있다.
병. 항해등, 구명부환 등 야간 운항장비를 갖춘 수상레저기구를 사용하면 해진 후 30분부터 해뜨기 전 30분까지 제한되는 야간 수상레저활동이 가능하다.
정. 야간 수상레저활동을 하려는 사람이 수상레저기구에 갖추어야 하는 야간 운항장비는 항해등, 전등, 야간 조난신호장비, 등(燈)이 부착된 구명조끼, 통신기기, 구명부환, 소화기, 자기점화등, 나침반, 위성항법장치이다.

> 해설 해양경찰서장이나 시장·군수·구청장은 해가 진 후 30분부터 24시까지의 범위에서 야간 수상레저활동의 시간을 조정할 수 있다.

504 수상레저안전법상 야간 수상레저활동시간을 조정하려는 경우 조정범위로 올바른 것은?

갑. 해가 진 후부터 24시까지의 범위에서 조정 할 수 있다.
을. 해가 진 후 30분부터 24시까지의 범위에서 조정 할 수 있다.
병. 해가 진 후부터 다음날 해뜨기 전까지의 범위에서 조정 할 수 있다.
정. 해진 후 30분부터 해뜨기 전 30분까지의 범위에서 조정 할 수 있다.

정답　501. 갑　502. 병　503. 을　504. 을

505 수상레저안전법상 조종면허 효력정지 기간에 조종을 한 경우 처분 기준은?

갑. 면허취소
을. 과태료
병. 경고
정. 징역

 조종면허 효력정지 기간에 조종을 한 경우 면허취소 사유

506 수상레저안전법상 수상레저기구의 정원에 관한 사항으로 옳지 않은 것은?

갑. 수상레저기구의 정원은 안전검사에 따라 결정되는 정원으로 한다
을. 등록대상이 되지 아니하는 수상레저기구의 정원은 해당 수상레저기구의 좌석 수 또는 형태 등을 고려하여 해양경찰청장이 정하여 고시하는 정원 산출 기준에 따라 산출한다.
병. 정원을 산출할 때에는 해난구조의 사유로 승선한 인원은 정원으로 보지 아니한다.
정. 조종면허 시험장에서의 시험을 보기 위한 승선인원은 정원으로 보지 아니한다.

507 수상레저기구등록법상 동력수상레저기구의 소유자가 주소지를 관할하는 시장·군수·구청장에게 등록신청을 하여야 하는 기간은?

갑. 동력수상레저기구를 소유한 날부터 7일 이내
을. 동력수상레저기구를 소유한 날부터 14일 이내
병. 동력수상레저기구를 소유한 날부터 15일 이내
정. 동력수상레저기구를 소유한 날부터 1개월 이내

해설 동력수상레저기구의 소유자는 동력수상레저기구를 소유한 날부터 1개월 이내 주소지를 관할하는 시장·군수·구청장에게 등록신청을 하여야 한다.

508 수상레저기구등록법상 동력수상레저기구의 말소등록에 대한 설명으로 옳지 않은 것은?

갑. 말소등록을 하고자 하는 때에는 시장·군수·구청장에게 등록증과 등록번호판을 반납하고 말소등록을 신청하여야 한다.
을. 말소등록을 신청하려는 자는 말소 사유가 발생한 날부터 1개월 이내에 말소신청서를 제출하여야 한다.
병. 시장·군수·구청장이 직권으로 등록을 말소하고자 할 때는 그 사유를 소유자에게 통지하여야 한다.
정. 동력수상레저기구를 수출하는 때에는 등록증 및 등록번호판을 반납하지 아니할 수 있다.

해설 동력수상레저기구를 수출하는 경우 등록 및 등록번호판을 반납하고 말소등록을 신청하여야 한다.

정답 505. 갑 506. 정 507. 정 508. 정

509 수상레저안전법상 등록대상 수상레저기구의 소유자가 수상레저기구의 운항으로 다른 사람이 사망하거나 부상한 경우에 피해자에 대한 보상을 위하여 보험이나 공제에 가입하여야 하는 기간은?

갑. 소유일부터 즉시
을. 소유일부터 7일 이내
병. 소유일부터 15일 이내
정. 소유일부터 1개월 이내

> 해설) 등록대상 수상레저기구를 소유일부터 1개월 이내 보험이나 공제에 가입하여야 한다.

510 수상레저안전법상 수상레저기구 안전검사의 내용으로 옳지 않은 것은?

갑. 수상레저기구를 등록하려는 자는 신규검사를 받아야 한다.
을. 수상레저기구의 운항구역을 변경하려는 경우 임시검사를 받아야 한다.
병. 안전검사 대상 동력수상레저기구 중 수상레저사업에 이용되는 동력수상레저기구는 1년마다 정기검사를 받아야 한다.
정. 안전검사를 받은 동력수상레저기구는 3년마다 정기검사를 받아야 한다.

> 해설) 수상레저사업에 이용되는 동력수상레저기구는 1년마다, 그 밖의 동력수상레저기구는 5년마다 정기검사를 받아야 한다.

511 수상레저기구등록법상 수상레저기구 안전검사의 유효기간에 대한 설명으로 옳지 않은 것은?

갑. 최초로 신규검사에 합격한 경우 : 안전검사증을 발급받은 날부터 계산한다.
을. 정기검사의 유효기간 만료일 전후 각각 30일 이내에 정기검사에 합격한 경우 : 종전 안전검사증 유효기간 만료일의 다음날부터 계산한다.
병. 정기검사의 유효기간 만료일 전후 각각 30일 이내의 기간이 아닌 때에 정기검사에 합격한 경우 : 안전 검사증을 발급받은 날부터 계산한다.
정. 안전검사증의 유효기간 만료일 후 30일 이후에 정기검사를 받은 경우 : 종전 안전검사증 유효기간 만료일부터 계산한다.

> 해설) 정기검사의 유효기간 만료일 전후 각각 30일 이내에 정기검사에 합격한 경우 종전 안전검사증 유효기간 만료일이 다음 날부터 계산한다.

512 수상레저안전법상 수상레저사업의 등록 유효기간은 몇 년인가?

갑. 1년
을. 5년
병. 10년
정. 20년

> 해설) 수상레저사업의 등록 유효기간은 10년으로 하되, 10년 미만으로 영업하려는 경우에는 해당 영업기간을 등록 유효기간으로 한다.

정답 509. 정 510. 정 511. 정 512. 병

513 수상레저안전법상 동력수상레저기구 일반조종면허 실기시험의 채점기준에서 사용하는 용어의 뜻이 옳지 않은 것은?

갑. "이안"이란 계류줄을 걷고 계류장에서 이탈하여 출발한 경우를 말한다.
을. "출발"이란 정지된 상태에서 속도전환레버를 조작하여 전진 또는 후진하는 것을 말한다.
병. "침로"란 모터보트가 진행하는 방향의 나침방위를 말한다.
정. "접안"이란 시험선을 계류할 수 있도록 접안 위치에 정지시키는 동작을 말한다.

해설) "이안"이란 계류줄을 걷고 계류장에서 이탈하여 출발할 수 있도록 준비하는 행위를 말한다.

514 수상레저안전법상 일반조종면허 필기시험의 시험과목에 해당하지 않는 것은?

갑. 수상레저안전
을. 항해 및 범주
병. 수상레저기구 운항 및 운용
정. 기관

해설) 항해 및 범주는 요트 필기시험 과목이다.

515 수상레저안전법상 수상레저활동을 하는 사람이 준수하여야 하는 내용으로 가장 옳지 않은 것은?

갑. 주위의 상황 및 수상레저기구등 과의 충돌 위험을 충분히 판단할 수 있도록 시각청각 등 모든 수단을 이용하여 항상 적절한 경계를 해야 한다.
을. 다른 수상레저기구등과 정면으로 충돌할 위험이 있을 때에는 적절한 방법으로 상대에게 알리고 좌현 쪽으로 진로를 피해야 한다.
병. 다른 수상레저기구등의 진로를 횡단하는 경우에 충돌의 위험이 있을 때에는 다른 수상레저기구등을 오른쪽에 두고 있는 수상레저기구가 진로를 피해야 한다.
정. 다른 수상레저기구 등을 앞지르기하려는 경우에는 앞지르기당하는 수상레저기구 등을 완전히 앞지르기하거나 그 수상레저기구 등에서 충분히 멀어질 때까지 그 수상레저기구 등의 진로를 방해하여서는 아니 된다.

해설) 다른 수상레저기구등과 정면으로 충돌할 위험이 있을 때에는 음향신호·수신호 등 적절한 방법으로 상대에게 이를 알리고 우현쪽으로 진로를 피해야 한다.

516 수상레저안전법상 동력수상레저기구 일반조종면허 실기시험 운항코스 시설에 대한 설명으로 옳지 않은 것은?

갑. 계류지는 2대 이상의 시험선이 동시에 계류할 수 있어야 하며, 비트(bitt)를 설치할 것
을. 사행코스에서는 3개의 고정 부표를 설치할 것
병. 시험선에는 인명구조용 부표를 2개씩 비치할 것
정. 사행코스의 부표와 부표 사이의 거리는 50미터 간격으로 설치할 것

정답 513. 갑 514. 을 515. 을 516. 병

517 수상레저안전법상 동력수상레저기구 일반조종면허 실기시험 채점기준으로 옳지 <u>않은</u> 것은?

갑. 출발 전 점검 및 확인 시 확인사항을 행동 및 말로 표시한다.
을. 출발 시 속도전환 레버를 중립에 두고 시동을 건다.
병. 운항 시 시험관의 증속 활주 지시에 15노트 이하 또는 25노트 이상 운항하지 않는다.
정. 사행 시 부표로부터 2미터 이내로 접근하여 통과한다.

518 수상레저기구등록법상 등록번호판에 표시되는 동력수상레저기구의 명칭으로 옳지 <u>않은</u> 것은?

갑. 모터보트 – MB
을. 수상오토바이 – AB
병. 고무보트 – RB
정. 세일링요트 – YT

519 수상레저안전법상 동력수상레저기구 일반조종면허 실기시험 중, 실격사유에 해당하는 것으로 옳은 것은?

갑. 지시시험관의 지시 없이 2회 이상 임의로 시험을 진행하는 경우
을. 급정지 지시 후 3초 이내에 속도전환 레버를 중립으로 조작하지 못한 경우
병. 지시시험관이 2회 이상의 출발 지시에도 출발하지 못한 경우
정. 지시시험관이 물에 빠진 사람이 있음을 고지한 후 2분 이내에 인명구조를 실패한 경우

> 해설 (갑)은 실격사유, (을), (병), (정)은 감점사항임

520 수상레저안전법상 동력수상레저기구 일반조종면허시험을 합격한 사람이 면허증을 신청하면 며칠 이내에 신규 면허증이 발급이 되는가?

갑. 1일
을. 5일 이내
병. 7일 이내
정. 14일 이내

521 〈보기〉 중 수상레저안전법 시행규칙 상 동력수상레저기구를 사용하여 행한 범죄행위로 옳은 것은 모두 몇 개인가?

― 보기 ―
㉠ 살인사체유기 또는 방화
㉡ 상습절도(절취한 물건을 운반한 경우로 한정)
㉢ 약취유인 또는 감금
㉣ 강도강간 또는 강제추행

갑. 4개
을. 3개
병. 2개
정. 1개

정답 517. 정 518. 을 519. 갑 520. 정 521. 갑

522 수상레저안전법상 동력수상레저기구 일반조종면허 실기시험의 출발 전 점검 사항으로 옳은 것은?

갑. 구명부환, 소화기, 예비 노, 연료, 배터리, 자동정지줄
을. 구명부환, 소화기, 예비 노, 엔진, 연료, 배터리, 핸들, 자동정지줄
병. 구명부환, 소화기, 예비 노, 엔진, 연료, 배터리, 핸들, 계기판, 자동정지줄
정. 구명부환, 소화기, 예비 노, 엔진, 연료, 배터리, 핸들, 속도전환레버, 계기판, 자동정지줄

523 수상레저기구등록법상 등록번호판에 대한 설명으로 옳지 않은 것은?

갑. 시장·군수·구청장은 등록원부에 동력수상레저기구의 소유자로 등록한 날부터 3일 이내에 등록증과 등록번호판을 발급하여야 한다.
을. 동력수상레저기구 소유자는 등록증 또는 등록번호판이 없어진 경우에는 시장·군수·구청장에게 신고하고 다시 발급받을 수 있다.
병. 동력수상레저기구 등록증 또는 등록번호판을 다시 발급받으려는 자는 기존의 등록증 또는 등록번호판은 발급과 동시 폐기하여야 한다.
정. 동력수상레저기구 소유자는 등록증 또는 등록번호판이 알아보기 곤란하게 된 경우에는 시장·군수·구청장에게 신고하고 다시 발급받을 수 있다.

> **해설** 등록증 또는 등록번호판을 다시 발급받으려는 자는 등록증·등록번호판 재발급신청서에 기존 등록증 또는 등록번호판을 첨부하여 시장·군수·구청장에게 제출해야 한다.

524 수상레저기구등록법상 동력수상레저기구 등록번호판의 색상이 올바르게 나열된 것은?

갑. 바탕 : 옅은 회색   숫자(문자) : 검은색
을. 바탕 : 흰색   숫자(문자) : 검은색
병. 바탕 : 검은색   숫자(문자) : 흰색
정. 바탕 : 초록색   숫자(문자) : 흰색

525 수상레저기구등록법상 신규검사를 받기 전 국내 조선소에서 건조 중인 동력수상레저기구의 성능 점검을 위하여 시험운항을 하고자 한다. 다음 중 '시험운항 허가'에 대한 설명으로 옳지 않은 것은?

갑. 시험운항을 하고자 하는 자는 안전장비를 비치 또는 보유하고 해양경찰서장 또는 시장·군수·구청장의 시험운항 허가를 받아야 한다.
을. 시험운항 허가를 받고자 하는 자는 운항구역이 해수면인 경우 해양경찰서장에게 내수면의 경우 경찰 서장에게 시험운항 허가를 신청해야 한다.
병. 시험운항 구역은 출발지로부터 직선거리로 10해리 이내에 한한다.
정. 시험운항 허가의 기간은 7일 이내이며, 해뜨기 전 30분부터 해진 후 30분까지로 한정한다.

> **해설** 시험운항 허가는 운항구역이 해수면이면 해양경찰서장, 내수면이면 시장·군수·구청장에게 신청함.

정답 522. 정   523. 병   524. 갑   525. 을

526 수상레저안전법상 수상레저사업장에서 갖추어야 하는 구명조끼에 대한 설명이다. (   )안에 들어갈 내용으로 적합한 것은?

> 수상레저기구 탑승정원의 (   )퍼센트 이상에 해당하는 수의 구명조끼를 갖추어야 하고, 탑승정원의 (   ) 퍼센트는 소아용으로 한다

갑. 100, 10   을. 100, 20
병. 110, 10   정. 110, 20

해설 수상레저기구 탑승정원의 110퍼센트 이상에 해당하는 수의 구명조끼를 갖추어야 하고, 탑승정원의 10퍼센트는 소아용으로 한다.

527 요트조종면허 필기시험의 시험과목에 해당하지 않는 것은?

갑. 요트활동 개요   을. 항해 및 범주
병. 수상레저기구 운항 및 운용   정. 법규

528 수상레저안전법상 동력수상레저기구 조종면허증의 효력정지 기간에 조종을 한 경우 행정 처분 기준으로 옳은 것은?

갑. 면허취소   을. 면허정지 3개월
병. 면허정지 4 개월   정. 면허정지 1년

해설 동력수상레저기구 조종면허증 효력정기 기간에 조종을 한 경우 그 면허가 취소된다.

529 수상레저안전법상 일반조종면허 시험에 관한 내용으로 옳지 않은 것은?

갑. 필기시험에 합격한 사람은 그 합격일로부터 1년 이내에 실시하는 면허시험에서만 그 필기시험이 면제된다.
을. 실기시험을 실시할 때 동력수상레저기구 1대에 1명의 시험관을 탑승시켜야 한다.
병. 실기시험은 필기시험에 합격 또는 필기시험 면제받은 사람에 대하여 실시한다.
정. 응시자가 따로 준비한 수상레저기구가 규격에 적합한 때에는 해당 수상레저기구를 실기시험에 사용하게 할 수 있다.

해설 해양경찰청장은 실기시험을 실시할 때 수상레저기구 1대에 2명의 시험관을 탑승시켜야 한다.

정답 526. 병 527. 병 528. 갑 529. 을

530 수상레저기구등록법상 동력수상레저기구의 등록에 대한 설명으로 옳지 <u>않은</u> 것은?

갑. 동력수상레저기구를 취득한 자는 소유자 주소지 관할 시장·군수·구청장에게 등록신청을 해야 한다.
을. 동력수상레저기구를 취득한 자는 취득한 날부터 1개월 이내에 등록신청을 해야 한다.
병. 수상레저사업에 이용하려는 동력수상레저기구는 사업장을 관할하는 해양경찰서장에게 등록신청 해야 한다.
정. 수상레저기구 등록신청을 하고자 하는 경우 안전검사 대행기관으로부터 안전검사를 받아야 한다.

해설 사업에 이용하려는 기구라 하더라도 기구의 등록은 기구소유자 주소지 관할 시장·군수·구청장에 등록하여야 함

531 수상레저안전법상 동력수상레저기구 조종면허가 취소된 자가 해양경찰청장에게 동력수상레저기구 조종면허증을 반납하여야 하는 기간은?

갑. 취소된 날부터 3일 이내
을. 취소된 날부터 5일 이내
병. 취소된 날부터 7일 이내
정. 취소된 날부터 14일 이내

532 면허시험 면제교육기관의 장이 교육을 중지할 수 있는 기간은 ( )을 초과할 수 없다. ( )에 알맞은 기간은?

갑. 1개월
을. 2개월
병. 3개월
정. 6개월

533 수상레저안전법상 외국인이 국내에서 개최되는 국제경기대회에 참가하는 경우, 조종면허 없이 수상레저기구를 조종 할 수 있는 기간으로 맞는 것은?

갑. 국제경기대회 개최일 5일전부터 국제경기대회 기간까지
을. 국제경기대회 개최일 7일전부터 국제경기대회 기간까지
병. 국제경기대회 개최일 10일전부터 국제경기대회 종료 후 10일까지
정. 국제경기대회 개최일 15일전부터 국제경기대회 기간까지

534 수상레저안전법상 조종면허의 효력 발생 시기는?

갑. 면허증을 형제·자매에게 발급한 때부터
을. 실기시험에 합격하고 면허증 발급을 신청한 때부터
병. 본인이나 그 대리인에게 발급한 때부터
정. 실기시험 합격 후 안전교육을 이수한 경우

정답 530. 병 531. 병 532. 병 533. 병 534. 병

535 수상레저안전법상 (　) 안에 알맞은 기간은?

> 해양경찰서장이 동력수상레저기구 조종면허의 정지처분을 통지하고자 하나 처분대상자의 소재를 알 수 없어 처분내용을 통지할 수 없을 때에는 그 면허증에 기재된 주소지의 관할 해양경찰관서 게시판에 (　)일 간 공고함으로써 통지를 갈음할 수 있다.

갑. 7
을. 10
병. 14
정. 21

536 수상레저안전법상 동력수상레저기구 조종면허 실기시험에 관한 내용으로 옳지 <u>않은</u> 것은?

갑. 제1급 조종면허시험의 경우 합격점수는 80점 이상이다
을. 요트조종면허의 경우 합격점수는 60점 이상이다
병. 응시자가 준비한 동력수상레저기구로 조종면허 실기시험을 응시할 수 없다.
정. 실기시험을 실시할 때에는 동력수상레저기구 1대에 2명의 시험관을 탑승시켜야 한다.

> **해설** 응시자가 따로 준비한 동력수상레저기구가 규격에 적합한 경우에는 해당 동력수상레저기구를 실기시험에 사용하게 할 수 있다.

537 수상레저안전법상 제2급 조종면허시험 과목의 전부를 면제할 수 있는 경우는?

갑. 대통령령으로 정하는 체육관련 단체에 동력수상레저기구의 선수로 등록된 사람
을. 대통령령으로 정하는 동력수상레저기구 관련 학과를 졸업한 사람
병. 해양경찰청장이 지정·고시하는 기관이나 단체(면허시험 면제교육기관)에서 실시하는 교육을 이수한 사람
정. 제1급 조종면허 필기시험에 합격한 후 제2급 조종면허 실기시험으로 변경하여 응시하려는 사람

> **해설** 해양경찰청장이 지정·고시하는 기관이나 단체에서 실시하는 교육을 이수한 사람은 면허시험(제2급 조종면허와 요트조종면허에 한정한다)과목의 전부를 면제한다.

538 수상레저안전법상 동력수상레저기구 조종면허증의 갱신기간연기 사유로 옳지 <u>않은</u> 것은?

갑. 국외에 체류 중인 경우
을. 질병으로 인하여 통원치료가 필요한 경우
병. 법령에 따라 신체의 자유를 구속당한 경우
정. 군복무 중인 경우

> **해설** 그 밖에 재해·재난을 당한 경우, 질병에 걸리거나 부상을 입어 움직일 수 없는 경우, 군복무중이거나 대체복무요원으로 복무중인 경우

정답　535. 병　536. 병　537. 병　538. 을

539 수상레저안전법상 동력수상레저기구 조종면허증 갱신이 연기된 사람은 그 사유가 없어진 날부터 몇 개월 이내에 동력수상레저기구 조종면허증을 갱신하여야 하는가?

갑. 1개월   을. 3개월
병. 6개월   정. 12개월

540 수상레저안전법상 동력수상레저기구 조종면허증을 발급 또는 재발급하여야 할 사유로 옳지 않은 것은?

갑. 동력수상레저기구 조종면허시험에 합격한 경우
을. 조종면허증의 갱신 기한 도래에 따라 면허증을 갱신하는 경우
병. 수상레저사업을 하는 친구에게 빌려준 면허증을 돌려받지 못하게 되어 발급을 신청한 경우
정. 면허증을 잃어버렸거나 면허증이 헐어 못쓰게 되어 해양경찰청장에게 신고하고 발급을 신청한 경우

해설 누구든지 면허증을 빌리거나 빌려주거나 이를 알선하는 행위를 하여서는 아니 된다.

541 수상레저안전법상 50만 원 이하의 과태료를 부과하는 대상자로 옳지 않은 것은?

갑. 원거리 수상레저활동 신고를 하지 아니한 사람
을. 수상레저활동을 하는 사람 중 운항규칙 등을 준수하지 아니한 사람
병. 수상레저활동을 하는 사람 중 구명조끼 등 인명안전장비를 착용하지 아니한 사람
정. 면허증을 빌리거나 빌려주거나 이를 알선한 사람

해설 '정'의 경우 1년 이하의 징역 또는 1천만원 이하의 벌금 사항임

542 수상레저안전법상 수상레저활동 금지구역을 지정할 수 없는 자는?

갑. 소방서장   을. 시장
병. 구청장   정. 해양경찰서장

543 수상레저기구등록법상 동력수상레저기구 등록원부에 기재되는 사항으로 옳지 않은 것은?

갑. 등록번호 및 기구의 종류
을. 추진기관의 종류 및 정비 이력
병. 기구의 명칭 및 보관장소
정. 공유자의 인적사항 및 저당권

해설 등록원부에는 등록번호, 기구의 종류, 기구의 명칭, 보관장소, 기구의 제원, 추진기관의 종류 및 형식, 기구의 소유자, 공유자의 인적사항 및 저당권 등에 관한 사항을 기재하여야 한다.

정답 539. 을 540. 병 541. 정 542. 갑 543. 을

544 수상레저안전법상 수상레저기구 등록원부를 열람하거나 그 사본을 발급받으려는 자는 누구에게 신청하여야 하는가?

갑. 시 · 도지사
을. 해양경찰서장
병. 경찰서장
정. 시장 · 군수 · 구청장

545 수상레저안전법상 용어 정의로 옳지 않은 것은?

갑. 강과 바다가 만나는 부분의 기수는 해수면으로 분류 된다.
을. 수상이란 해수면과 내수면을 말한다.
병. 래프팅이란 무동력수상레저기구를 이용하여 계곡이나 하천에서 노를 저으며 급류 또는 물의 흐름 등을 타는 수상레저 활동을 말한다.
정. 내수면이란 하천, 댐, 호수, 늪, 저수지, 그 밖에 인공으로 조성된 담수나 기수(汽水)의 수류 또는 수면을 말한다.

546 수상레저기구등록법상 등록대상 동력수상레저기구가 갖추어야 할 구조 · 설비 또는 장치에 해당하지 않은 것은?

갑. 동력수상레저기구 견인 장치
을. 구명 · 소방시설
병. 조타 · 계선 · 양묘시설
정. 추진기관

> **해설** 동력수상레저기구의 구조설비 등
> ① 선체, ② 추진기관, ③ 배수설비, ④ 돛대, ⑤ 조타 · 계선 · 양묘시설, ⑥ 전기시설, ⑦ 구명 · 소방시설
> ⑧ 그 밖에 해양수산부령으로 정하는 설비

547 수상레저안전법상 수상레저 활동자가 착용하여야 할 구명조끼 · 구명복 또는 안전모 등 인명구조장비 착용에 관하여 특별한 지시를 할 수 있는 행정기관의 장으로 옳지 않는 것은?

갑. 인천해양경찰서장
을. 가평소방서장
병. 춘천시장
정. 가평군수

548 선박의 입항 및 출항 등에 관한 법률상 무역항의 수상구역 등에서 선박의 입항 및 출항 등에 관한 행정업무를 수행하는 행정관청을 관리청이라 한다. ⓐ국가관리무역항, ⓑ지방관리무역항의 관리청으로 올바르게 짝지어진 것은?

갑. ⓐ 해양수산부장관, ⓑ 지방해양수산청장
을. ⓐ 해양수산부장관, ⓑ 관할 특별시장 · 광역시장 · 도지사 또는 특별자치도지사
병. ⓐ 해양경찰청장, ⓑ 해양경찰서장
정. ⓐ 해양경찰청장, ⓑ 관할 특별시장 · 광역시장 · 도지사 또는 특별자치도지사

정답　544. 정　545. 갑　546. 갑　547. 을　548. 을

549 선박의 입항 및 출항 등에 관한 법률상 용어의 정의로 옳은 것은?

갑. "정박"이란 선박이 해상에서 일시적으로 운항을 멈추는 것을 말한다.
을. "계선"이란 선박이 운항을 중지하고 정박하거나 계류하는 것을 말한다.
병. "정류"란 선박이 해상에서 닻을 바다 밑바닥에 내려놓고 운항을 멈추는 것을 말한다.
정. "정박지"란 선박이 다른 시설에 붙들어 놓는 것을 말한다.

> **해설** 용어의 정의
> - 정박 : 선박이 해상에서 닻을 바다 밑바닥에 내려놓고 운항을 멈추는 것을 말한다.
> - 정박지 : 선박이 정박할 수 있는 장소를 말한다.
> - 정류 : 선박이 해상에서 일시적으로 운항을 멈추는 것을 말한다.
> - 계류 : 선박을 다른 시설에 붙들어 매어 놓는 것을 말한다.
> - 계선 : 선박이 운항을 중지하고 정박하거나 계류하는 것을 말한다.

550 선박의 입항 및 출항 등에 관한 법률상 규정된 무역항의 항계안 등의 항로에서의 항법에 대한 설명이다. 가장 옳지 않은 것은?(단서, 예외 규정은 제외한다)

갑. 선박은 항로에서 다른 선박을 추월해서는 안 된다.
을. 선박은 항로에서 나란히 항행하지 못한다.
병. 항로를 항행하는 선박은 항로 밖에서 항로로 들어오는 선박의 진로를 피하여 항행하여야 한다.
정. 선박이 항로에서 다른 선박과 마주칠 우려가 있는 경우에는 오른쪽으로 항행하여야 한다.

> **해설** 모든 선박은 항로에서 다음 각 호의 항법에 따라 항행하여야 한다.
> 1. 항로 밖에서 항로에 들어오거나 항로에서 항로 밖으로 나가는 선박은 항로를 항행하는 다른 선박의 진로를 피하여 항행할 것
> 2. 항로에서 다른 선박과 나란히 항행하지 아니할 것
> 3. 항로에서 다른 선박과 마주칠 우려가 있는 경우에는 오른쪽으로 항행할 것
> 4. 항로에서 다른 선박을 추월하지 아니할 것. 다만, 추월하려는 선박을 눈으로 볼 수 있고 안전하게 추월할 수 있다고 판단되는 경우에는 「해상교통안전법」 제67조제5항 및 제71조에 따른 방법으로 추월할 것
> 5. 항로를 항행하는 제37조제1항제1호에 따른 위험물운송선박(제2조제5호라목에 따른 선박 중 급유선은 제외한다) 또는 「해상교통안전법」 제2조제14호에 따른 흘수제약선(吃水制約船)의 진로를 방해하지 아니할 것
> 6. 「선박법」 제1조의2제1항제2호에 따른 범선은 항로에서 지그재그(zigzag)로 항행하지 아니할 것

551 선박의 입항 및 출항 등에 관한 법률상 무역항의 의미를 설명한 것으로 가장 적절한 것은?

갑. 여객선만 주로 출입할 수 있는 항
을. 대형선박이 출입하는 항
병. 국민경제와 공공의 이해(利害)에 밀접한 관계가 있고 주로 외항선이 입항·출항하는 항만
정. 공공의 이해에 밀접한 관계가 있는 항만

> **해설** "무역항"이란 국민경제와 공공의 이해(利害)에 밀접한 관계가 있고 주로 외항선이 입항·출항하는 항만으로서 제3조제1항에 따라 지정된 항만을 말한다.

정답   549. 을   550. 병   551. 병

552 선박의 입항 및 출항 등에 관한 법률상 입·출항 허가를 받아야 할 경우로 옳지 <u>않은</u> 것은?

갑. 전시나 사변
을. 전시·사변에 준하는 국가비상사태
병. 입·출항 선박이 복잡한 경우
정. 국가안전보장상 필요한 경우

 출입신고가 제외되는 선박
- 총톤수 5톤 미만의 선박
- 해양사고구조에 사용되는 선박
- 수상레저기구 중 국내항 간을 운항하는 모터보트 및 동력요트
- 그 밖에 공공목적이나 항만 운영의 효율성을 위하여 해양수산부령으로 정하는 선박
- 전시·사변이나 그에 준하는 국가비상사태 또는 국가안전보장에 필요한 경우에는 선장은 대통령령으로 정하는 바에 따라 관리청의 허가를 받아야 한다.

553 선박의 입항 및 출항 등에 관한 법률상 벌칙 및 과태료에 대한 내용이다. 벌칙 및 과태료가 큰 순서대로 나열된 것은?

A. 출항 중지 처분을 위반한 자
B. 장애물 제거 명령을 이행하지 아니한 자
C. 위험물 안전관리에 관한 교육을 받게 하지 아니한 자
D. 선원의 승선 명령을 이행하지 아니한 선박의 소유자 또는 임차인

갑. A＞C＞B＞D
을. A＞D＞C＞B
병. D＞C＞B＞A
정. D＞C＞A＞B

 Ⓐ : 1년 이하의 징역 또는 1천만원 이하의 벌금, Ⓑ : 200만원 이하의 과태료, Ⓒ : 300만원 이하의 과태료, Ⓓ : 500만원 이하의 벌금 사항임

554 선박의 입항 및 출항 등에 관한 법률상 무역항의 수상구역등에서 부두·잔교(棧橋)·안벽(岸壁)·계선부표·돌핀 및 선거(船渠)의 부근 수역 내 정박하거나 정류할 수 있는 경우로 옳지 <u>않은</u> 것은?

갑. 허가를 받은 행사를 진행하기 위한 경우
을. 선박의 고장이나 그 밖의 사유로 선박을 조종할 수 없는 경우
병. 인명을 구조하거나 급박한 위험이 있는 선박을 구조하는 경우
정. 허가를 받은 공사 또는 작업에 사용하는 경우

해설 선박의 입항 및 출항에 관한 법률 제6조(정박의 제한 및 방법 등) ② 제1항에도 불구하고 다음 각 호의 경우에는 제1항 각 호의 장소에 정박하거나 정류할 수 있다.
1. 「해양사고의 조사 및 심판에 관한 법률」 제2조제1호에 따른 해양사고를 피하기 위한 경우
2. 선박의 고장이나 그 밖의 사유로 선박을 조종할 수 없는 경우
3. 인명을 구조하거나 급박한 위험이 있는 선박을 구조하는 경우
4. 제41조에 따른 허가를 받은 공사 또는 작업에 사용하는 경우

정답 552. 병 553. 을 554. 갑

555 선박의 입항 및 출항 등에 관한 법률상 관리청이 선박교통의 제한과 관련하여 항로 또는 구역을 지정한 경우에 공고해야 할 내용으로 옳지 않은 것은?

갑. 항로의 위치
을. 구역의 위치
병. 제한·금지 거리
정. 제한·금지 기간

> **해설** **선박교통의 제한**
> • 관리청은 무역항의 수상구역 등에서 선박교통의 안전을 위하여 필요하다고 인정하는 경우에는 항로 또는 구역을 지정하여 선박교통을 제한하거나 금지할 수 있다.
> • 항로 또는 구역을 지정한 경우에는 항로 또는 구역의 위치, 제한·금지 기간을 정하여 공고하여야 한다.

556 선박의 입항 및 출항 등에 관한 법률상 무역항의 수상구역 등이나 무역항의 수상구역 밖 (   )이내의 수면에 선박의 안전운항을 해칠 우려가 있는 폐기물을 버려서는 아니 된다. (   )안에 알맞은 것은?

갑. 5킬로미터
을. 10킬로미터
병. 5해리
정. 10해리

> **해설** 누구든지 무역항의 수상구역 등이나 무역항의 수상구역 밖 10킬로미터 이내의 수면에 선박의 안전운항을 해칠 우려가 있는 흙·돌·나무·어구(漁具) 등 폐기물을 버려서는 아니 된다.

557 선박의 입항 및 출항 등에 관한 법률상 해양사고 등이 발생한 경우의 조치사항으로 옳지 않은 것은?

갑. 원칙적으로 조치의무자는 조난선의 선장이다.
을. 조난선의 선장은 즉시 항로표지를 설치하는 등 필요한 조치를 하여야 한다.
병. 선박의 소유자 또는 임차인은 위험 예방조치비용을 위험 예방조치가 종료된 날부터 7일 이내에 지방해양수산청장 또는 시도지사에게 납부하여야 한다.
정. 조난선의 선장이 필요한 조치를 할 수 없을 때에는 해양수산부령으로 정하는 바에 따라 해양수산부장관에게 필요한 조치를 요청할 수 있다.

558 선박의 입항 및 출항 등에 관한 법률상 정박지의 사용에 대한 내용으로 맞지 않는 것은?

갑. 관리청은 무역항의 수상구역등에 정박하는 선박의 종류·톤수·흘수(吃水) 또는 적재물의 종류에 따른 정박구역 또는 정박지를 지정·고시할 수 있다.
을. 무역항의 수상구역등에 정박하려는 선박은 정박구역 또는 정박지에 정박하여야 한다.
병. 우선피항선은 다른 선박의 항행에 방해가 될 우려가 있는 장소라 하더라도 피항을 위한 일시적인 정박과 정류가 허용된다.
정. 해양사고를 피하기 위해 정박구역 또는 정박지가 아닌 곳에 정박한 선박의 선장은 즉시 그 사실을 관리청에 신고하여야 한다.

| 정답 | 555. 병 | 556. 을 | 557. 병 | 558. 병 |

559 선박의 입항 및 출항 등에 관한 법률상 무역항의 수상구역 등에서 정박 또는 정류할 수 있는 경우는?

갑. 부두, 잔교, 안벽, 계선부표, 돌핀 및 선거의 부근 수역에 정박 또는 정류하는 경우
을. 하천운하, 그 밖의 협소한 수로와 계류장 입구의 부근 수역에 정박 또는 정류하는 경우
병. 선박의 고장으로 선박 조종만 가능한 경우
정. 항로 주변의 연안통항대에 정박 또는 정류하는 경우

560 선박의 입항 및 출항 등에 관한 법률의 조문 중 일부이다. ( )안에 들어가야 할 숫자로 맞게 짝지어진 것은?

> 1. 총톤수 (ⓐ)톤 이상의 선박을 무역항의 수상구역 등에 계선하려는 자는 해양수산부령으로 정하는 바에 따라 관리청에 신고하여야 한다.
> 2. 누구든지 무역항의 수상구역등이나 무역항의 수상구역 밖 (ⓑ)킬로미터 이내의 수면에 선박의 안전운항을 해칠 우려가 있는 흙·돌·나무·어구(漁具) 등 폐기물을 버려서는 아니 된다.

갑. ⓐ 20 ⓑ 10　　　을. ⓐ 20 ⓑ 20
병. ⓐ 10 ⓑ 20　　　정. ⓐ 10 ⓑ 10

561 선박의 입항 및 출항 등에 관한 법률상 방파제 부근에서의 입항선박과 출항선박과의 항법으로 맞는 것은?

갑. 입항선이 우선이므로 출항선은 정지해야 한다.
을. 입항선과 출항선이 모두 정지해야 한다.
병. 입항하는 동력선이 출항하는 선박의 진로를 피해야 한다.
정. 출항하는 동력선이 입항하는 선박의 진로를 피해야 한다.

> **해설** 무역항의 수상구역등에 입항하는 선박이 방파제 입구 등에서 출항하는 선박과 마주칠 우려가 있는 경우에는 방파제 밖에서 출항하는 선박의 진로를 피하여야 한다.

562 선박의 입항 및 출항 등에 관한 법률상 선박의 계선 신고에 관한 내용으로 맞지 않는 것은?

갑. 총톤수 20톤 이상의 선박을 무역항의 수상구역등에 계선하려는 자는 법령이 정하는 바에 따라 관리청에 신고하여야 한다.
을. 관리청은 신고를 받은 경우 그 내용을 검토하여 이 법에 적합하면 신고를 수리하여야 한다.
병. 총톤수 20톤 이상의 선박을 계선하려는 자는 통항안전을 감안하여 원하는 장소에 그 선박을 계선할 수 있다.
정. 관리청은 계선 중인 선박의 안전을 위하여 필요하다고 인정하는 경우에는 그 선박의 소유자나 임차인에게 안전 유지에 필요한 인원의 선원을 승선시킬 것을 명할 수 있다.

정답　559. 정　560. 갑　561. 병　562. 병

563 선박의 입항 및 출항 등에 관한 법률상 우선피항선에 해당하지 않는 것은?

갑. 부선
을. 주로 노와 삿대로 운전하는 선박
병. 예인선
정. 25톤 어선

> **해설** "우선피항선"(優先避航船)이란 주로 무역항의 수상구역에서 운항하는 선박으로서 다른 선박의 진로를 피하여야 하는 다음 각 목의 선박을 말한다.
> • 가목부터 마목까지의 규정에 해당하지 아니하는 총톤수 20톤 미만의 선박

564 선박의 입항 및 출항 등에 관한 법률상 무역항의 수상구역 등에서 정박·정류가 금지되는 것은?

갑. 해양사고를 피하고자 할 때
을. 선박의 고장 및 운전의 자유를 상실한 때
병. 화물이적작업에 종사할 때
정. 선박구조작업에 종사할 때

> **해설** ① 선박은 무역항의 수상구역등에서 다음 각 호의 장소에는 정박하거나 정류하지 못한다.
> 1. 부두·잔교(棧橋)·안벽(岸壁)·계선부표·돌핀 및 선거(船渠)의 부근 수역
> 2. 하천, 운하 및 그 밖의 좁은 수로와 계류장(繫留場) 입구의 부근 수역
> ② 제1항에도 불구하고 다음 각 호의 경우에는 제1항 각 호의 장소에 정박하거나 정류할 수 있다.
> 1. 「해양사고의 조사 및 심판에 관한 법률」 제2조제1호에 따른 해양사고를 피하기 위한 경우
> 2. 선박의 고장이나 그 밖의 사유로 선박을 조종할 수 없는 경우
> 3. 인명을 구조하거나 급박한 위험이 있는 선박을 구조하는 경우
> 4. 제41조에 따른 허가를 받은 공사 또는 작업에 사용하는 경우

565 선박의 입항 및 출항 등에 관한 법률상 무역항의 수상구역 등에서 2척 이상의 선박이 항행할 때 서로 충돌을 예방하기 위해 필요한 것은?

갑. 최고속력 유지
을. 최저속력 유지
병. 상당한 거리 유지
정. 기적 또는 사이렌을 울린다.

566 선박의 입항 및 출항 등에 관한 법률상 무역항의 수상구역 등에 출입하려는 내항선의 선장이 입항보고, 출항보고 등을 제출할 대상으로 옳지 않은 것은?

갑. 지방해양수산청장
을. 지방해양경찰청장
병. 해당 항만공사
정. 특별시장·광역시장·도지사

567 선박의 입항 및 출항 등에 관한 법률에 따라 모터보트가 항로 내에 정박할 수 있는 경우에 해당하는 것은?

갑. 급한 하역 작업 시
을. 보급선을 기다릴 때
병. 해양사고를 피하고자 할 때
정. 낚시를 하고자 할 때

정답 563. 정 564. 병 565. 병 566. 을 567. 병

568 선박의 입항 및 출항 등에 관한 법률상 선박의 입항·출항 통로로 이용하기 위해 지정·고시한 수로를 무엇이라 하는가?

갑. 연안통항로 을. 통항분리대
병. 항로   정. 해상교통관제수역

> 해설) 항로란 선박의 출입 통로로 이용하기 위하여 제10조에 따라 지정·고시한 수로를 말한다.

569 선박의 입항 및 출항 등에 관한 법률상 화재 시 기적이나 사이렌의 경보방법으로 옳은 것은?

갑. 단음으로 3회   을. 단음으로 5회
병. 장음으로 3회   정. 장음으로 5회

570 선박의 입항 및 출항 등에 관한 법률상 무역항의 수상구역 등에서 목재 등 선박교통의 안전에 장애가 되는 부유물에 대하여 어떤 행위를 할 때 해양수산부장관의 허가를 받아야 하는 경우로 옳지 <u>않은</u> 것은?

갑. 부유물을 수상에 내놓으려는 사람
을. 부유물을 선박 등 다른 시설에 붙들어 매거나 운반하려는 사람
병. 부유물을 수상에 띄워 놓으려는 사람
정. 선박에서 육상으로 부유물체를 옮기려는 사람

> 해설) 무역항의 수상구역등에서 목재 등 선박교통의 안전에 장애가 되는 부유물에 대하여 다음의 어느 하나에 해당하는 행위를 하려는 자는 해양수산부장관의 허가를 받아야 한다.
> • 부유물을 수상(水上)에 띄워 놓으려는 자
> • 부유물을 선박 등 다른 시설에 붙들어 매거나 운반하려는 자

571 선박의 입항 및 출항 등에 관한 법률상 무역항의 수상구역 등에서 선박의 안전 및 질서 유지를 위해 필요하다고 인정되는 경우 그 선박의 소유자·선장이나 그 밖의 관계인에게 명할 수 있는 사항으로 옳지 <u>않은</u> 것은?

갑. 시설의 보강 및 대체   을. 공사 또는 작업의 중지
병. 인원의 보강   정. 선박 척수의 확대

> 해설) 개선명령의 내용(무역항의 수상구역등에서 선박의 안전 및 질서 유지를 위하여 필요하다고 인정하는 경우)
> • 시설의 보강 및 대체(代替)
> • 공사 또는 작업의 중지
> • 인원의 보강
> • 장애물의 제거
> • 선박의 이동
> • 선박 척수의 제한
> • 그 밖에 해양수산부령으로 정하는 사항

정답 568. 병 569. 정 570. 정 571. 정

572 선박의 입항 및 출항 등에 관한 법률상 무역항에서의 항행방법에 대한 설명으로 옳은 것은?

갑. 선박은 항로에서 나란히 항행할 수 있다.
을. 선박이 항로에서 다른 선박과 마주칠 우려가 있는 경우에는 왼쪽으로 항행하여야 한다.
병. 동력선이 입항할 때 무역항의 방파제의 입구 또는 입구 부근에서 출항하는 선박과 마주칠 우려가 있는 경우에는 입항하는 동력선이 방파제 밖에서 출항하는 선박의 진로를 피하여야 한다.
정. 선박은 항로에서 다른 선박을 얼마든지 추월할 수 있다.

> 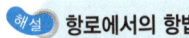 항로에서의 항법
> 1. 항로에서 다른 선박과 나란히 항행하지 아니할 것
> 2. 항로에서 다른 선박과 마주칠 우려가 있는 경우에는 오른쪽으로 항행할 것
> 3. 항로에서 다른 선박을 추월하지 아니할 것. 다만, 추월하려는 선박을 눈으로 볼 수 있고 안전하게 추월할 수 있다고 판단되는 경우에는 「해상교통안전법」 제67조제5항 및 제71조에 따른 방법으로 추월할 것

573 선박의 입항 및 출항 등에 관한 법률상 무역항의 수상구역 등에서 선박 경기 등의 행사를 하려는 사람은 어디에서 허가를 받아야 하는가?

갑. 해양경찰청 　　　　을. 관리청
병. 소방서 　　　　　　정. 지방해양경찰청

574 선박의 입항 및 출항 등에 관한 법률상 우선피항선에 해당하지 않는 것은?

갑. 주로 노와 삿대로 운전하는 선박 　　을. 예선
병. 총톤수 20톤 미만의 선박 　　　　　정. 입항부선

> "우선피항선"(優先避航船) : 주로 무역항의 수상구역에서 운항하는 선박
> • 예인선이 부선을 끌거나 밀고 있는 경우의 예인선 및 부선을 포함하되, 예인선에 결합되어 운항하는 압항부선(押航艀船)은 제외한다.

575 선박의 입항 및 출항 등에 관한 법률 중 항로에서의 항법에 대한 설명이다. 맞는 것으로 짝지어진 것은?

> ⓐ 항로를 항행하는 선박은 항로 밖에서 항로에 들어오거나 항로에서 항로 밖으로 나가는 다른 선박의 진로를 피하여 항행할 것
> ⓑ 항로에서 다른 선박과 나란히 항행하지 아니할 것
> ⓒ 항로에서 다른 선박과 마주칠 우려가 있는 경우에는 왼쪽으로 항행할 것
> ⓓ 항로에서 다른 선박을 추월하지 아니할 것. 다만, 추월하려는 선박을 눈으로 볼 수 있고 안전하게 추월할 수 있다고 판단되는 경우에는 「해상교통안전법」에 따른 방법으로 추월할 것

갑. ⓐ, ⓑ 　　　　을. ⓐ, ⓒ
병. ⓑ, ⓓ 　　　　정. ⓒ, ⓓ

정답　572. 병　573. 을　574. 정　575. 병

576 선박의 입항 및 출항 등에 관한 법률상 항만운영정보시스템을 구축·운영할 수 있는 자로 옳은 것은?
  갑. 해양수산부장관
  을. 해양경찰청장
  병. 지방해양경찰청장
  정. 중앙해양안전심판원장

  해설 선박의 입항 및 출항에 관한 법률 제50조(항만운영정보시스템의 사용 등) 해양수산부장관은 이 법에 따른 입항·출항 선박의 정보관리 및 민원사무의 처리 등을 위하여 항만운영정보시스템을 구축·운영할 수 있다.

577 선박의 입항 및 출항 등에 관한 법률상 무역항의 수상구역 등의 항로에서 가장 우선하여 항행할 수 있는 선박은?
  갑. 항로 밖에서 항로에 들어오는 선박
  을. 항로에서 항로 밖으로 나가는 선박
  병. 항로를 따라 항행하는 선박
  정. 항로를 가로질러 항행하는 선박

578 선박의 입항 및 출항 등에 관한 법률상 관리청에 무역항의 수상구역등에서의 선박 항행 최고속력을 지정할 것을 요청할 수 있는 자는?
  갑. 해양수산부장관
  을. 해양경찰청장
  병. 도선사협회장
  정. 해상교통관제센터장

  해설 해양경찰청장은 선박이 빠른 속도로 항행하여 다른 선박의 안전 운항에 지장을 초래할 우려가 있다고 인정하는 무역항의 수상구역등에 대하여는 관리청에 무역항의 수상구역등에서의 선박 항행 최고속력을 지정할 것을 요청할 수 있다.

579 선박의 입항 및 출항 등에 관한 법률에 규정되어 있지 않은 것은?
  갑. 입항·출항 및 정박에 관한 규칙
  을. 항로 및 항법에 관한 규칙
  병. 선박교통관제에 관한 규칙
  정. 예선에 관한 규칙

580 선박의 입항 및 출항 등에 관한 법률상 해양수산부장관 또는 시·도지사가 행정 처분을 할 때 청문을 하여야 하는 경우로 옳지 않은 것은?
  갑. 예선업 등록의 취소
  을. 지정교육기관 지정의 취소
  병. 중계망사업자 지정의 취소
  정. 정박지 지정 취소

정답 576. 갑 577. 병 578. 을 579. 병 580. 정

581 해상교통안전법상 삼색등을 표시할 수 있는 선박은?

갑. 항행 중인 길이 50m 이상의 동력선
을. 항행 중인 길이 50m 이하의 동력선
병. 항행 중인 길이 20m 미만의 범선
정. 어로에 종사하는 길이 50m 이상의 어선

582 다음 보기는 해상교통안전법상 흘수제약선에 대한 설명이다 ( )칸에 들어갈 순서로 알맞은 것은?

| 보기 |
흘수제약선은 동력선의 등화에 덧붙여 가장 잘 보이는 곳에서 붉은색 전주등 (A)를 수직으로 표시하거나 원통형의 형상물 (B)를 표시 할 수 있다.

갑. A : 3개 B : 1개
을. A : 3개 B : 3개
병. A : 1개 B : 3개
정. A : 1개 B : 1개

583 해상교통안전법상 용어의 정의로 옳은 것은?

갑. "선박"이란 「선박법」에 따른 선박을 말한다.
을. "거대선"이란 길이 150미터 이상의 선박을 말한다.
병. "고속여객선"이란 시속 20노트 이상으로 항행하는 여객선을 말한다.
정. "어로에 종사하고 있는 선박"이란 그물, 낚싯줄, 트롤망, 그 밖에 조종성능을 제한하는 어구를 사용하여 어로 작업을 하고 있는 선박을 말한다.

해설 "거대선"이란 길이 200미터 이상의 선박을 말한다. "고속여객선"이란 시속 15노트 이상으로 항행하는 여객선을 말한다.

584 해상교통안전법상 '항행 중'인 선박에 해당하는 선박은?

갑. 정박(碇泊)해 있는 선박
을. 항만의 안벽에 계류해 있는 선박
병. 표류하는 선박
정. 얹혀 있는 선박

585 해상교통안전법상 길이 12m 미만의 동력선에 설치하여야 할 등화를 맞게 나열한 것은?

갑. 마스트등 1개와 선미등 1개
을. 흰색 전주등 1개, 현등 1쌍
병. 현등 1쌍과 선미등 1개
정. 마스트등 1개

해설 길이 12m 미만의 동력선은 12m 이상의 동력선에 따른 등화를 대신하여 흰색 전주등 1개와 현등 1쌍을 표시할 수 있다.

정답 581. 병 582. 갑 583. 정 584. 병 585. 을

586. 해상교통안전법상 해양경찰서장이 거대선 등의 항행 안전확보 조치를 위하여 선장이나 선박 소유자에게 명할 수 있는 내용으로 옳지 않은 것은?

갑. 항로의 변경
을. 속력의 제한
병. 안내선의 사용
정. 운항관리자의 변경

587. 해상교통안전법상 조종불능선의 등화나 형상물로 옳은 것은?

갑. 가장 잘 보이는 곳에 수직으로 둥근꼴이나 그와 비슷한 형상물 2개
을. 가장 잘 보이는 곳에 수직으로 하얀색 전주등 1개
병. 대수속력이 있는 경우에는 현등 1쌍과 선미등 2개
정. 대수속력이 있는 경우에는 현등 2쌍과 선미등 2개

> **해설** 조종불능선의 등화나 형상물
> • 가장 잘 보이는 곳에 수직으로 붉은색 전주등 2개
> • 가장 잘 보이는 곳에 수직으로 둥근꼴이나 그와 비슷한 형상물 2개
> • 대수속력이 있는 경우에는 위 1,2에 덧붙여 현등 1쌍과 선미등 1개

588. 해상교통안전법상 선박이 다른 선박과의 충돌을 피하기 위한 조치 내용으로 옳지 않은 것은?

갑. 침로변경은 크게 한다.
을. 속력을 소폭으로 변경한다.
병. 가능한 충분한 시간을 두고 조치를 취한다.
정. 필요한 경우 선박을 완전히 멈추어야 한다.

> **해설** 다른 선박과의 충돌을 피하기 위해서는 침로와 속력을 소폭으로 연속적으로 변경해서는 안되고, 크게 변경하여야 한다.

589. 해상교통안전법상 선박의 우현변침 음향신호로 맞는 것은?

갑. 단음 2회
을. 장음 1회
병. 단음 1회
정. 장음 2회

> **해설** • 단음1회는 오른쪽으로 변침   • 단음2회는 왼쪽으로 변침   • 단음3회는 기관후진

590. 해상교통안전법상 좁은 수로 항행에 관한 설명으로 옳지 않은 것은?

갑. 통행시기는 역조가 약한 시간이나 계류시를 택한다.
을. 물표 정중앙 등의 항진목표를 선정하여 보면서 항행한다.
병. 좁은수로 정중앙으로 항행한다.
정. 좁은 수로의 우측을 따라 항행한다.

정답 586. 정 587. 갑 588. 을 589. 병 590. 병

591 해상교통안전법상 가항수역의 수심 및 폭과 선박의 흘수와의 관계에 비추어 볼 때 그 진로에서 벗어날 수 있는 능력이 매우 제한되어 있는 동력선을 무엇이라 하는가?

갑. 조종불능선   을. 조종제한선
병. 예인선   정. 흘수제약선

592 해상교통안전법상 항행 중인 동력선이 진로를 피해야 할 선박으로 옳지 않은 것은?

갑. 조종불능선   을. 조종제한선
병. 항행 중인 어선   정. 범선

 항행 중인 동력선은 다음 각 호에 따른 선박의 진로를 피하여야 한다.
- 조종불능선
- 조종제한선
- 어로에 종사하고 있는 선박
- 범선

593 해상교통안전법상 선박의 항행안전을 확보하기 위하여 한쪽 방향으로만 항행할 수 있도록 되어 있는 일정한 범위의 수역을 무엇이라 하는가?

갑. 통항로   을. 연안통항대
병. 항로지정제도   정. 좁은수로

594 해상교통안전법상 교통안전특정해역의 범위로 옳지 않은 곳은?

갑. 인천   을. 군산
병. 여수   정. 울산

 교통안전특정해역은 인천, 부산, 울산, 여수, 포항 등 5개구역으로 지정중이다

595 해상교통안전법상 항행장애물로 옳지 않은 것은?

갑. 선박으로부터 수역에 떨어진 물건
을. 침몰·좌초된 선박 또는 침몰·좌초되고 있는 선박
병. 침몰·좌초가 임박한 선박 또는 충분히 예견되어 있는 선박
정. 침몰·좌초된 선박으로부터 분리되지 않은 선박의 전체

항행장애물
1. 선박으로부터 수역에 떨어진 물건
2. 침몰·좌초된 선박 또는 침몰·좌초되고 있는 선박
3. 침몰·좌초가 임박한 선박 또는 침몰·좌초가 충분히 예견되는 선박
4. 제2호 및 제3호의 선박에 있는 물건
5. 침몰·좌초된 선박으로부터 분리된 선박의 일부분

정답 591. 정 592. 병 593. 갑 594. 을 595. 정

596 해상교통안전법상 해양수산부장관이 교통안전특정해역으로 지정할 수 있는 해역으로 옳지 않은 것은?

갑. 해상교통량이 아주 많은 해역
을. 200m 미만 거대선의 통항이 잦은 해역
병. 위험화물운반선의 통항이 잦은 해역
정. 15노트 이상의 고속여객선의 통항이 잦은 해역

 교통안전특정해역의 설정
- 해상교통량이 아주 많은 해역
- 거대선, 위험화물운반선, 고속여객선 등의 통항이 잦은 해역으로서 대형 해양사고가 발생할 우려가 있는 해역을 해양수산부장관이 설정할 수 있다.

597 해상교통안전법상 해양수산부장관은 해양시설 부근 해역에서 선박의 안전항행과 해양시설의 보호를 위한 수역을 설정할 수 있다. 이 수역을 무엇이라고 하는가?

갑. 교통안전특정해역 을. 교통안전관할해역
병. 보호수역   정. 시설 보안해역

 해양수산부장관은 제3조제1항제4호에 따른 해양시설 부근 해역에서 선박의 안전항행과 해양시설의 보호를 위한 수역(이하 "보호수역"이라 한다)을 설정할 수 있다.

598 해상교통안전법상 어로에 종사하고 있는 선박 중 항행 중인 선박은 될 수 있으면 (   )의 진로를 피해야 한다. (   )안에 들어갈 내용으로 알맞은 것은?

갑. 운전부자유선, 기동성이 제한된 선박
을. 수중작업선, 범선
병. 운전부자유선, 범선
정. 정박선, 대형선

599 해상교통안전법상 지정항로를 이용하지 않고 교통안전특정해역을 항행할 수 있는 경우로 옳지 않은 것은?

갑. 해양경비·해양오염방제 등을 위하여 긴급히 항행할 필요가 있는 경우
을. 해양사고를 피하거나 인명이나 선박을 구조하기 위해 부득이한 경우
병. 교통안전해역과 접속된 항구에 입출항 하지 아니하는 경우
정. 해상교통량이 적은 경우

 지정항로를 이용하지 않고 교통안전특정해역을 항행할 수 있는 경우
1. 해양경비·해양오염방제 및 항로표지의 설치 등을 위하여 긴급히 항행할 필요가 있는 경우
2. 해양사고를 피하거나 인명이나 선박을 구조하기 위하여 부득이한 경우
3. 교통안전특정해역과 접속된 항구에 입·출항하지 아니하는 경우

정답 596. 을 597. 병 598. 갑 599. 정

600 해상교통안전법상 안전한 속력을 결정할 때 고려할 사항으로 옳지 않은 것은?

갑. 해상교통량의 밀도
을. 선박의 정지거리, 선회성능, 그 밖의 조종성능
병. 선박의 흘수와 수심과의 관계
정. 주간의 경우 항해에 영향을 주는 불빛의 유무

> **해설** 안전한 속력 결정 시 고려 사항
> - 시계의 상태
> - 해상교통량의 밀도
> - 선박의 정지거리 · 선회성능, 그 밖의 조종성능
> - 야간의 경우에는 항해에 지장을 주는 불빛의 유무
> - 바람 · 해면 및 조류의 상태와 항행장애물의 근접상태
> - 선박의 흘수와 수심과의 관계
> - 레이더의 특성 및 성능
> - 해면상태 · 기상, 그 밖의 장애요인이 레이더 탐지에 미치는 영향
> - 레이더로 탐지한 선박의 수 · 위치 및 동향

601 해상교통안전법상 통항분리수역을 항행하는 경우의 준수사항으로 옳지 않은 것은?

갑. 통항로 안에서는 정하여진 진행방향으로 항행한다.
을. 분리선이나 분리대에서 될 수 있으면 붙어서 항행한다.
병. 통항로의 출입구를 통하여 출입하는 것이 원칙이다.
정. 통항로를 횡단하여서는 안 된다.

> **해설** 선박이 통항분리수역을 항행하는 경우에는 다음 사항을 준수해야한다.
> 1. 통항로 안에서는 정하여진 진행방향으로 항행할 것
> 2. 분리선이나 분리대에서 될 수 있으면 떨어져서 항행할 것
> 3. 통항로의 출입구를 통하여 출입하는 것을 원칙으로 하되, 통항로의 옆쪽으로 출입하는 경우에는 그 통항로에 대하여 정하여진 선박의 진행방향에 대하여 될 수 있으면 작은 각도로 출입할 것

602 해상교통안전법상 2척의 범선이 서로 접근하여 충돌할 위험이 있는 경우의 항행방법으로 옳지 않은 것은?

갑. 각 범선이 다른 쪽 현에 바람을 받고 있는 경우에는 우현에 바람을 받고 있는 범선이 다른 범선의 진로를 피해야 한다.
을. 두 범선이 서로 같은 현에 바람을 받고 있는 경우에는 바람이 불어오는 쪽의 범선이 바람이 불어가는 쪽의 범선의 진로를 피하여야 한다.
병. 각 범선이 다른 쪽 현에 바람을 받고 있는 경우에는 좌현에 바람을 받고 있는 범선이 다른 범선의 진로를 피하여야 한다.
정. 좌현에 바람을 받고 있는 범선은 바람이 불어오는 쪽에 있는 다른 범선을 본 경우로서 그 범선이 바람을 좌우 어느 쪽에 받고 있는지 확인 할 수 없는 때에는 그 범선의 진로를 피하여야 한다.

정답 600. 정 601. 을 602. 갑

603 해상교통안전법상 길이 7m 미만이고 최대속력이 7노트 미만인 동력선이 표시해야 하는 등화는?

갑. 흰색 전주등 1개
을. 흰색 전주등 1개, 선미등 1개
병. 흰색 전주등 1개, 섬광등 1개
정. 현등 1개, 예선등 1개.

> 해설 길이 7m 미만이고 최대속력이 7노트 미만인 동력선이 표시해야 하는 등화는 다른 규모의 동력선 등화를 대신하여 흰색 전주등 1개만을 표시할 수 있으며, 가능한 경우 현등 1쌍도 표시할 수 있다.

604 해상교통안전법상 해상교통량의 폭주로 충돌사고 발생의 위험성이 있어 통항분리방식이 적용되는 수역이라고 볼 수 없는 곳은?

갑. 영흥도 항로
을. 보길도 항로
병. 홍도 항로
정. 거문도 항로

> 해설 해상교통안전법 시행규칙 제54조 별표15에 의하면, 통항분리방식이 적용되는 수역은 보길도, 홍도, 거문도 항로 3곳이 지정되어 있다.

605 해상교통안전법상 범선이 기관을 동시에 사용하고 있는 경우 표시하여야 할 형상물로 옳은 것은?

갑. 마름모꼴 1개
을. 원형 1개
병. 원뿔꼴 1개
정. 네모형 1개

> 해설 범선이 기관을 동시에 사용하여 진행하고 있는 경우, 앞쪽의 가장 잘 보이는 곳에 원뿔꼴로 된 형상물 1개를 그 꼭대기가 아래로 향하도록 표시하여야 한다.

606 해상교통안전법상 조종제한선에 해당되지 않는 것은?

갑. 측량작업 중인 선박
을. 그물을 감아올리고 있는 선박
병. 준설작업 중인 선박
정. 항로표지의 부설작업 중인 선박

> 해설 조종제한선을 규정하고 있는데, "조종제한선"(操縱制限船)이란 다음 각 목의 작업과 그 밖에 선박의 조종성능을 제한하는 작업에 종사하고 있어 다른 선박의 진로를 피할 수 없는 선박을 말한다.
> • 항로표지, 해저전선 또는 해저파이프라인의 부설·보수·인양작업
> • 준설, 측량 또는 수중작업
> • 항행 중 보급, 사람 또는 화물의 이송작업
> • 항공기의 발착작업
> • 기뢰제거작업
> • 진로에서 벗어날 수 있는 능력에 제한을 많이 받는 예인작업

정답 603. 갑 604. 갑 605. 병 606. 을

607 해상교통안전법상 유지선의 항법을 설명한 것이다. ( )안에 들어갈 말로 바르게 연결된 것은?

> 침로와 속력을 유지하여야 하는 선박(유지선)은 피항선이 이 법에 따른 적절한 조치를 취하고 있지 아니하다고 판단되면 스스로의 조종만으로 피항선과 충돌하지 아니하도록 조치를 취할 수 있다. 이 경우 유지선은 부득이하다고 판단되는 경우 외에는 자기 선박의 ( )쪽에 있는 선박을 향하여 침로를 ( )으로 변경해서는 안 된다.

갑. 좌현-오른쪽
을. 좌현-왼쪽
병. 우현-오른쪽
정. 우현-왼쪽

608 해상교통안전법상 야간항해중 상대선박의 양 현등이 보이고, 현등보다 높은 위치에 백색등이 수직으로 2개 보인다. 이 상대선박과 본선의 조우상태로 옳은 것은?

갑. 상대선박은 길이 50m 이상의 선박으로 마주치는 상태
을. 상대선박은 길이 50m 미만의 선박으로 마주치는 상태
병. 상대선박은 길이 50m 이상의 선박으로 앞지르기 상태
정. 상대선박은 길이 50m 미만의 선박으로 앞지르기 상태

 항행 중인 동력선은 다음 각 호의 등화를 표시하여야 한다.
- 앞쪽에 마스트등 1개와 그 마스트등보다 뒤쪽의 높은 위치에 마스트등 1개. 다만, 길이 50미터 미만의 동력선은 뒤쪽의 마스트등을 표시하지 아니할 수 있다.
- 현등 1쌍(길이 20미터 미만의 선박은 이를 대신하여 양색등을 표시할 수 있다.)
- 선미등 1개

609 해상교통안전법상 선박에서 등화를 표시하여야 하는 시간은?

갑. 해지는 시각 30분 전부터 해 뜨는 시각 30분 후까지
을. 해지는 시각부터 해 뜨는 시각까지
병. 해지는 시각 30분 후부터 해 뜨는 시각 30분 전까지
정. 하루종일

 선박은 주간에는 형상물을, 야간에는 등화를 통해 본선의 양태를 표시한다.
선박은 해지는 시각부터 해뜨는 시각까지를 등화를 표시하여야 한다.

610 해상교통안전법상 항행 중인 공기부양정은 항행 중인 동력선이 표시해야 할 등화와 함께 추가로 표시하여야하는 등화로 옳은 것은?

갑. 황색 예선등
을. 황색 섬광등
병. 홍색 섬광등
정. 흰색 전주등

정답 607. 을 608. 갑 609. 을 610. 을

611 해상교통안전법상 항행 중인 범선이 표시해야하는 등화로 옳은 것은?

갑. 현등 1쌍, 선미등 1개
을. 마스트등 1개, 현등 1쌍
병. 현등 1쌍, 황색 섬광등 1개
정. 마스트등 1개

612 해상교통안전법상 트롤 외 어로에 종사하고 있는 선박이 항행여부와 관계없이 수직선에 표시하여야 하는 등화의 색깔로 옳은 것은?

갑. 위 : 붉은색, 아래 : 녹색
을. 위 : 녹색, 아래 : 흰색
병. 위 : 녹색, 아래 : 붉은색
정. 위 : 붉은색, 아래 : 흰색

- 수직선 위에는 붉은, 아래는 흰색전주등 1개 또는 수직선 위에 두 개의 원뿔을 그 꼭대기에서 위아래로 결합한 형상물 1개
- 수평거리로 150미터가 넘는 어구를 선박 밖으로 내고 있는 경우 어구를 내고 있는 방향으로 흰색 전주등 1개 또는 꼭대기를 위로 한 원뿔꼴의 형상물 1개

613 해상교통안전법상 흘수제약선이 동력선의 등화에 덧붙여 표시하여야 할 등화로 옳은 것은?

갑. 붉은색 전주등 1개
을. 붉은색 전주등 2개
병. 붉은색 전주등 3개
정. 붉은색 전주등 4개

614 해상교통안전법상 도선 업무에 종사하고 있는 선박이 표시하여야 할 등화의 색깔로 옳은 것은?

갑. 마스트의 꼭대기나 그 부근에 수직선 위쪽에는 흰색 전주등, 아래쪽에는 붉은 색 전주등 각 1개
을. 마스트의 꼭대기나 그 부근에 수직선 위쪽에는 녹색 전주등, 아래쪽에는 흰색 전주등 각 1개
병. 마스트의 꼭대기나 그 부근에 수직선 위쪽에는 황색 전주등, 아래쪽에는 황색 전주등 각 1개
정. 마스트의 꼭대기나 그 부근에 수직선 위쪽에는 흰색 전주등, 아래쪽에는 흰색 전주등 각 1개

도선업무에 종사하고 있는 선박은 다음 각 호의 등화나 형상물을 표시하여야 한다.
- 마스트의 꼭대기나 그 부근에 수직선 위쪽에는 흰색 전주등, 아래쪽에는 붉은색 전주등 각 1개
- 항행 중에는 제1호에 따른 등화에 덧붙여 현등 1쌍과 선미등 1개
- 정박 중에는 제1호에 따른 등화에 덧붙여 제88조에 따른 정박하고 있는 선박의 등화나 형상물
  - 도선선이 도선업무에 종사하지 아니할 때에는 그 선박과 같은 길이의 선박이 표시하여야 할 등화나 형상물을 표시하여야 한다.

615 해상교통안전법상 정박 중인 선박이 가장 잘 보이는 곳에 표시하여야 할 형상물로 옳은 것은?

갑. 둥근꼴의 형상물 1개
을. 둥근꼴의 형상물 2개
병. 원통형의 형상물 2개
정. 마름모꼴의 형상물 1개

정답 611. 갑 612. 정 613. 병 614. 갑 615. 갑

616 해상교통안전법상 얹혀있는 선박이 가장 잘 보이는 곳에 표시하여야 할 형상물로 옳은 것은?

갑. 수직으로 둥근꼴의 형상물 1개
을. 수직으로 둥근꼴의 형상물 2개
병. 수평으로 둥근꼴의 형상물 2개
정. 수직으로 둥근꼴의 형상물 3개

 얹혀있는 선박은 가장 잘 보이는 곳에 다음의 등화나 형상물을 표시해야 한다.
- 수직으로 붉은색의 전주등 2개
- 수직으로 둥근꼴의 형상물 3개

617 해상교통안전법상 항행장애물의 위험성 결정에 필요한 사항으로 옳지 않은 것은?

갑. 항행장애물의 크기, 형태, 구조
을. 항행장애물의 상태 및 손상의 형태
병. 항행장애물의 가치
정. 해당 수역의 수심 및 해저의 지형

 항행장애물의 위험성 결정에 필요한 사항
- 항행장애물의 크기·형태 및 구조
- 항행장애물의 상태 및 손상의 형태
- 항행장애물에 선적된 화물의 성질·양과 연료유 및 윤활유를 포함한 기름의 종류·양
- 침몰된 항행장애물의 경우에는 그 침몰된 상태
- 해당 수역의 수심 및 해저의 지형
- 해당 수역의 조차·조류·해류 및 기상 등 수로조사 결과
- 해당 수역의 주변 해양시설과의 근접도
- 선박의 국제항해에 이용되는 통항대(通航帶) 또는 설정된 통항로와의 근접도
- 선박 통항의 밀도 및 빈도
- 선박 통항의 방법
- 항만시설의 안전성
- 국제해사기구에서 지정한 특별민감해역 또는 「1982년 해양법에 관한 국제연합협약」 제211조제6항에 따른 특별규제 조치가 적용되는 수역

618 해상교통안전법상 위험물의 정의로 해당하지 않는 것은?

갑. 고압가스 중 인화가스로서 총톤수 500톤 이상의 선박에 산적된 것
을. 인화성 액체류로서 총톤수 1천톤 이상의 선박에 산적된 것
병. 200톤 이상의 유기과산화물로서 총톤수 300톤 이상의 선박에 적재된 것
정. 해당 위험물을 내린 후 선박 내에 남아있는 인화성 가스로서 화재 또는 폭발의 위험이 있는 것

해상교통안전법상 위험물의 범위(다만, 해당 선박에서 연료로 사용되는 것은 제외)
- 화약류로서 총톤수 300톤 이상의 선박에 적재된 것
- 고압가스 중 인화성 가스로서 총톤수 1천톤 이상의 선박에 산적된 것
- 인화성 액체류로서 총톤수 1천톤 이상의 선박에 산적된 것
- 200톤 이상의 유기과산화물로서 총톤수 300톤 이상의 선박에 적재된 것
- 제2호 및 제3호에 따른 위험물을 산적한 선박에서 해당 위험물을 내린 후 선박 내에 남아 있는 인화성 가스로서 화재 또는 폭발의 위험이 있는 것

정답 616. 정 617. 병 618. 갑

619. 해상교통안전법상 해양수산부장관의 허가를 받지 아니하고도 보호수역에 입역할 수 있는 사항으로 옳지 않은 것은?

갑. 선박의 고장이나 그 밖의 사유로 선박 조종이 불가능한 경우
을. 해양사고를 피하기 위하여 부득이한 사유가 있는 경우
병. 인명을 구조하거나 급박한 위험이 있는 선박을 구조하는 경우
정. 관계 행정기관의 장이 해상에서 관광을 위한 업무를 하는 경우

 허가없이 보호수역에 입역할 수 있는 경우
- 선박의 고장이나 그 밖의 사유로 선박 조종이 불가능한 경우
- 해양사고를 피하기 위하여 부득이한 사유가 있는 경우
- 인명을 구조하거나 또는 급박한 위험이 있는 선박을 구조하는 경우
- 관계 행정기관의 장이 해상에서 안전 확보를 위한 업무를 하는 경우
- 해양시설을 운영하거나 관리하는 기관이 그 해양시설의 보호수역에 들어가려고 하는 경우

620. 해상교통안전법상 해양경찰서장이 항로에서 수상레저행위를 하도록 허가를 한 경우 그 허가를 취소하거나 해상교통안전에 장애가 되지 아니하도록 시정을 명할 수 있는 사유로 옳지 않은 것은?

갑. 항로의 해상교통여건이 달라진 경우
을. 허가조건을 잊은 경우
병. 거짓으로 허가를 받은 경우
정. 정박지 해상교통 여건이 달라진 경우

 시정을 명할 수 있는 사유
- 항로나 정박지 등 해상교통여건이 달라진 경우
- 허가조건을 위반한 경우, 거짓이나 그 밖의 부정한 방법으로 허가를 받은 경우

621. 해상교통안전법상 해양사고의 발생사실과 조치 사실을 신고하여야 하는 대상은?

갑. 광역시장
을. 해양수산부장관
병. 해양경찰서장
정. 관세청장

 선장이나 소유자는 해양사고가 일어나 선박이 위험하게 되거나 항행안전에 위험을 줄 우려가 있는 경우 지체없이 해양경찰서장이나 지방해양수산청장에게 신고해야 한다.

622. 해상교통안전법상 항만의 수역 또는 어항의 수역에서는 해상교통의 안전에 장애가 되는 스킨다이빙, 스쿠버다이빙, 윈드서핑 등의 행위를 하여서는 아니 된다. 이러한 수상레저 행위를 할 수 있도록 허가할 수 있는 관청은?

갑. 대통령
을. 해양수산부장관
병. 해양수산청장
정. 해양경찰서장

정답 619. 정 620. 을 621. 병 622. 정

623 해상교통안전법상 선박에 해양사고가 발생한 경우 선장이 관할관청에 보고하도록 규정된 내용으로 옳지 않은 것은?

갑. 해양사고 발생일시 및 장소
을. 조치사항
병. 사고개요
정. 상대선박의 소유자

 해양사고 발생한 경우 선장이 관할관청에 보고하는 내용은 다음과 같다.
- 해양사고 발생일시 및 장소
- 선박의 명세
- 사고개요 및 피해상황
- 조치사항
- 그 밖에 해양사고의 처리 및 항행안전을 위하여 해수부장관이 필요하다고 인정되는 사항

624 해상교통안전법상 항로 등을 보전하기 위하여 항로상에서 제한하는 행위로 옳지 않은 것은?

갑. 선박의 방치
을. 어망의 설치
병. 폐어구 투기
정. 항로 지정 고시

 항로에서 금지되는 행위
- 선박의 방치
- 어망 등 어구의 설치나 투기

625 해상교통안전법의 내용 중 ( )안에 적합한 것은?

| 보기 |
누구든지 수역등 또는 수역등의 밖으로부터 ( ) 이내의 수역에서 선박 등을 이용하여 수역등이나 항로를 점거하거나 차단하는 행위를 함으로써 선박통항을 방해해서는 아니된다.

갑. 5km
을. 10km
병. 15km
정. 20km

626 해상교통안전법상 선박안전관리증서의 유효기간은 얼마인가?

갑. 1년
을. 3년
병. 5년
정. 9년

 선박안전관리증서와 안전관리적합증서의 유효기간은 5년으로 한다.

정답 623. 정 624. 정 625. 을 626. 병

627 해상교통안전법상 술에 취한 상태에서의 조타기 조작 등 금지에 대한 설명으로 옳지 않은 것은?

갑. 총톤수 5톤 미만의 선박도 대상이 된다.
을. 해양경찰청 소속 경찰공무원은 운항을 하기 위해 조타기를 조작하거나 조작할 것을 지시하는 사람이 술에 취하였는지 측정할 수 있으며, 해당 운항자 또는 도선사는 이 측정 요구에 따라야 한다.
병. 술에 취하였는지를 측정한 결과에 불복하는 사람에 대해서는 해당 운항자 또는 도선사의 동의 없이 혈액채취 등의 방법으로 다시 측정할 수 있다.
정. 해양경찰서장은 운항자 또는 도선사가 정상적으로 조타기를 조작하거나 조작할 것을 지시할 수 있는 상태가 될 때까지 필요한 조치를 취할 수 있다.

> 해설 측정결과에 불복하는 사람에 대해서는 해당 운항자 또는 도선사의 동의를 받아 혈액 채취할 수 있다.

628 해상교통안전법상 항행안전을 위해 음주 중의 조타기 조작 등 금지에 대한 설명으로 옳지 않은 것은?

갑. 누구든지 술에 취한 상태에서 운항을 위하여 조타기를 조작하거나 그 조작을 지시해서는 아니 된다.
을. 해양경찰청 소속 경찰공무원은 해상교통의 안전과 위험방지를 위하여 선박 운항자가 술에 취하였는지 측정할 수 있다.
병. 술에 취한 상태의 기준은 혈중 알콜농도 0.08%이상으로 한다.
정. 측정한 결과에 불복한 경우에 혈액채취 등의 방법으로 다시 측정할 수 있다.

> 해설 술에 취한 상태의 기준은 혈중 알콜농도 0.03%이상으로 한다.

629 해상교통안전법상 충돌을 피하기 위한 동작으로 옳지 않은 것은?

갑. 충돌을 피하거나 상황을 판단하기 위한 시간적 여유를 얻기 위해 필요하면 전속으로 항진하여 다른 선박을 빨리 비켜나야 한다.
을. 될 수 있으면 충분한 시간적 여유를 두고 적극적으로 조치해야 한다.
병. 적절한 시기에 큰 각도로 침로를 변경해야 하다
정. 침로나 속력을 소폭으로 연속적으로 변경해서는 아니 된다.

> 해설 충돌을 피하기 위한 동작으로 속력을 감속하여 타 선박과의 조우관계를 파악해야 한다.

630 해상교통안전법에서 정의하고 있는 시계상태에 대한 설명으로 옳지 않은 것은?

갑. 모든 시계상태
을. 서로 시계 안에 있는 상태
병. 유효한 시계 안에 있는 상태
정. 제한된 시계

정답 627. 병 628. 병 629. 갑 630. 병

해설 해상교통안전법은 모든 시계 상태, 제한된 시계, 서로 시계 안에 있는 때에서의 항법 등을 각각 정의하고 있다.

631 해상교통안전법상 통항분리대 또는 분리선을 횡단하여서는 안 되는 경우는?

갑. 통항로를 횡단하는 경우
을. 통항로에 출입하는 경우
병. 급박한 위험을 피하기 위한 경우
정. 길이 20미터 이상의 선박

해설 통항분리대 또는 분리선을 횡단할 수 있는 경우는 다음과 같다.
- 길이 20미터 미만의 선박
- 범선
- 어로에 종사하고 있는 선박
- 인접한 항구로 입출항 하는 선박
- 연안통항대 안에 있는 해양시설 또는 도선사의 승하선 장소에 출입하는 선박
- 급박한 위험을 피하기 위한 선박

632 해상교통안전법상 시계가 제한된 수역이나 그 부근에 정지하여 대수속력이 없는 동력선이 울려야 하는 기적신호는?

갑. 장음 사이의 간격을 2초 정도로 연속하여 장음을 2회 울리되, 2분을 넘지 아니하는 간격으로 울려야 한다.
을. 장음 사이의 간격을 3초 정도로 연속하여 장음을 3회 울리되, 2분을 넘지 아니하는 간격으로 울려야 한다.
병. 장음 사이의 간격을 2초 정도로 연속하여 장음을 3회 울리되, 3분을 넘지 아니하는 간격으로 울려야 한다.
정. 장음 사이의 간격을 3초 정도로 연속하여 장음을 2회 울리되, 2분을 넘지 아니하는 간격으로 울려야 한다.

해설 항행 중인 동력선은 대수속력이 있는 경우 2분을 넘지 아니하는 간격으로 장음 1회, 항행 중인 동력선은 정지하여 대수속력이 없는 경우 장음 사이의 간격을 2초 정도로 연속하여 장음을 2회 울리되 2분을 넘지 아니하는 간격으로 울려야 한다.

633 해상교통안전법상 섬광등에 대한 설명으로 맞는 것은?

갑. 360도에 걸치는 수평의 호를 비추는 등화로서 일정한 간격으로 30초에 120회 이상 섬광을 발하는 등
을. 125도에 걸치는 수평의 호를 비추는 등화로서 일정한 간격으로 30초에 120회 이상 섬광을 발하는 등
병. 360도에 걸치는 수평의 호를 비추는 등화로서 일정한 간격으로 60초에 120회 이상 섬광을 발하는 등
정. 135도에 걸치는 수평의 호를 비추는 흰색등

정답 631. 정 632. 갑 633. 병

634 해상교통안전법상 기적이나 사이렌을 단음으로 5회 울리는 것은 무엇을 뜻하는 신호인가?

- 갑. 주의환기신호
- 을. 조종신호
- 병. 추월동의신호
- 정. 의문, 경고신호

> 해설) 다른 선박의 의도 또는 동작을 이해할 수 없거나 다른 선박이 충돌을 피하기 위하여 충분한 동작을 취하고 있는지 불분명할 때에는 다음 5회 이상으로 표시한다.

635 해상교통안전법상 선박의 왼쪽에 설치하는 현등의 색깔은 무엇인가?

- 갑. 적색
- 을. 녹색
- 병. 황색
- 정. 흰색

> 해설) 좌현은 적색, 우현은 녹색이다.

636 해상교통안전법상 선박의 음향신호 중 단음은 어느 정도 계속되는 소리를 말하는가?

- 갑. 0.5초
- 을. 1초
- 병. 2초
- 정. 4~6초

> 해설) 단음은 1초, 장음은 4~6초이다.

637 해상교통안전법상 선박의 음향신호 중 장음은 어느 정도 계속되는 소리를 말하는가?

- 갑. 1~2초
- 을. 2~3초
- 병. 3~4초
- 정. 4~6초

638 해상교통안전법의 목적으로 옳지 않은 것은?

- 갑. 선박의 안전운항을 위한 안전관리 체계를 확립
- 을. 항만 및 항만구역의 통항로 확보
- 병. 선박항행과 관련된 모든 위험과 장해를 제거함
- 정. 해사안전 증진과 선박의 원활한 교통에 이바지함

> 해설) 항만 및 항만구역의 통항로 확보는 항만법의 목적에 해당한다.

정답 634. 정 635. 갑 636. 을 637. 정 638. 을

639 해상교통안전법상 선박길이 20미터 이상인 선박이 비치하여야 하는 최소한의 음향신호 설비는?

갑. 기적
을. 호종
병. 기적과 호종
정. 기적, 호종, 징

> 해설
> • 길이 12미터 이상의 선박은 기적 1개
> • 길이 20미터 이상의 선박은 기적과 호종 각 1개
> • 길이 100미터 이상의 선박은 이에 덧붙여 호종과 혼동되지 아니하는 음조와 소리를 가진 징을 갖추어야 한다.

640 해상교통안전법상 음향신호장비로서 기적, 호종, 징을 비치하여야 하는 선박의 최소길이는?

갑. 12미터
을. 50미터
병. 100미터
정. 120미터

641 해상교통안전법상 항행 중인 동력선이 침로를 왼쪽으로 변경하고 있는 경우에 발하는 기적신호는?

갑. 단음 2회
을. 단음 1회
병. 장음 2회
정. 단음 3회

> 해설 침로를 오른쪽으로 변경시 단음 1회 / 침로를 왼쪽으로 변경시 단음 2회 / 기관을 후진시 단음 3회

642 해상교통안전법상 좁은 수로에서 피추월선의 추월선에 대한 추월동의 신호는?

갑. 단음2, 장음2, 단음1, 장음2
을. 단음1, 장음1, 단음1, 장음1
병. 단음2, 장음1, 단음1, 장음2
정. 장음1, 단음1, 장음1, 단음1

> 해설 선박이 좁은 수로등에서 서로 상대의 시계 내에 있는 경우
> • 타선의 우현으로 앞지르기하려는 경우 : 장음, 장음, 단음
> • 타선의 좌현으로 앞지르기하려는 경우 : 장음, 장음, 단음, 단음
> • 타선의 앞지르기에 동의할 경우 : 장음, 단음, 장음, 단음

643 해상교통안전법상 시운전 금지해역에서 금지되는 시운전의 대상으로 옳은 것은?

갑. 길이 100미터 이상의 선박
을. 길이 200미터 이상의 선박
병. 길이 300미터 이상의 선박
정. 길이 500미터 이상의 선박

정답 639. 병 640. 병 641. 갑 642. 정 643. 갑

644 해상교통안전법상 거대선, 위험화물운반선 등이 교통안전특정해역을 항행하려는 경우 항행안전을 확보하기 위해 해양경찰서장이 명할 수 있는 것으로 가장 옳지 않은 것은?

갑. 통항시각의 변경
을. 항로의 변경
병. 속력의 제한
정. 선박통항이 많은 경우 선박의 항행제한

 해양경찰서장이 명할 수 있는 것은 다음과 같다.
- 통항시각의 변경
- 항로의 변경
- 제한된 시계의 경우 항행의 제한
- 속력의 제한
- 안내선의 사용

645 해상교통안전법에서 정하고 있는 항로에서의 금지행위로 옳지 않은 것은?

갑. 선박의 방치
을. 어망의 설치
병. 어구의 투기
정. 폐기물의 투기

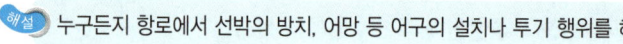

646 해상교통안전법상 통항분리수역에서의 항법으로 옳지 않은 것은?

갑. 통항로 안에서는 정하여진 진행방향으로 항행할 것
을. 통항분리수역에서 서로시계의 횡단관계가 형성되어도 분리대 진행방향으로 항행하는 선박이 유지선이 됨
병. 분리선이나 분리대내에서 될 수 있으면 떨어져서 항해할 것
정. 선박은 통항로를 부득이한 경우를 제외하고 횡단해서는 아니 된다.

 통항분리제도
- 통항로 안에서는 정하여진 진행방향으로 항행할 것
- 분리선이나 분리대에서 될 수 있으면 떨어져서 항행할 것
- 통항로의 출입구를 통하여 출입하는 것을 원칙으로 하되, 통항로의 옆쪽으로 출입하는 경우에는 그 통항로에 대하여 정하여진 선박의 진행방향에 대하여 될 수 있으면 작은 각도로 출입할 것
- 선박은 통항로를 횡단하여서는 아니 된다. 다만, 부득이한 사유로 그 통항로를 횡단하여야 하는 경우에는 그 통항로와 선수방향(船首方向)이 직각에 가까운 각도로 횡단하여야 한다.

정답 644. 정 645. 정 646. 을

647 해상교통안전법상 좁은수로 등에서의 항행에 대한 설명으로 옳지 않은 것은?

갑. 길이 30미터 미만의 선박이나 범선은 좁은 수로 등의 안쪽에서만 안전하게 항행 할 수 있는 다른 선박의 통항을 방해해서는 아니 된다.
을. 어로에 종사하고 있는 선박은 좁은 수로 등의 안쪽에서 항행하고 있는 다른 선박의 통항을 방해해서는 아니 된다.
병. 선박의 좁은 수로 등의 안쪽에서만 안전하게 항행할 수 있는 다른 선박의 통항을 방해하게 되는 경우에는 좁은 수로 등을 횡단해서는 아니된다.
정. 추월선은 좁은 수로 등에서 추월당하는 선박이 추월선을 안전하게 통과시키기 위한 동작을 취하지 아니하면 추월할 수 없는 경우에는 기적신호를 하여 추월하겠다는 의사를 나타내야 한다.

해설) 길이 20미터 미만의 선박이나 범선은 좁은 수로 등의 안쪽에서 안전하게 항행할 수 있는 다른 선박의 통항을 방해해서는 아니 된다.

648 해상교통안전법상 연안통항대에 대한 설명으로 옳지 않은 것은?

갑. 연안통항대란 통항분리수역의 육지 쪽 경계선과 해안사이의 수역을 말한다.
을. 선박은 연안통항대에 인접한 통항분리수역의 통항로를 안전하게 통과할 수 있는 경우 연안통항대를 따라 항행할 수 있다.
병. 인접한 항구로 입출항하는 선박은 연안통항대를 따라 항행할 수 있다.
정. 연안통항대 인근에 있는 해양시설에 출입하는 선박은 연안통항대를 따라 항행할 수 있다.

해설) 선박은 연안통항대에 인접한 통항분리수역의 통항로를 안전하게 통과할 수 있는 경우에는 연안통항대를 따라 항행해서는 아니된다.

649 해상교통안전법상 통항분리수역의 항행 시 준수사항으로 옳지 않은 것은?

갑. 통항로안에서는 정하여진 진행방향으로 항행할 것
을. 분리선이나 분리대에서 될 수 있으면 떨어져서 항행할 것
병. 통항로의 옆쪽으로 출입하는 경우에는 그 통항로에 대하여 정하여진 선박의 진행방향에 대하여 될 수 있으면 대각도로 출입할 것
정. 부득이한 사유로 통항로를 횡단하여야 하는 경우 통항로와 선수방향이 직각에 가까운 각도로 횡단할 것

해설) 통항로의 출입구를 통하여 출입하는 것이 원칙이나, 옆으로 출입하는 경우에는 가능한 작은 각도로 출입할 것

정답 647. 갑 648. 을 649. 병

650 해상교통안전법상 선박 A는 침로 000도, 선박 B는 침로가 185도로서 마주치는 상태이다. 이때 A선박이 취해야 할 행동은?

갑. 현 침로를 유지한다.
을. 좌현으로 변침한다.
병. 우현 대 우현으로 통과할 수 있도록 변침한다.
정. 우현으로 변침한다.

> **해설** 상호시계항법 중 마주치는 상태의 항법은 본선과 타선의 정선수 좌우현 각 6도상에서 마주치는 상태에서의 항법을 말하는 것으로서 선박 B가 174~186도상에 위치해 있을 때는 이 마주치는 항법이 적용되며, 우현변침(좌현 대 좌현)으로 항행하는 것이 맞다.

651 해상교통안전법상 선박이 야간에 서로 마주치는 상태는 어떤 경우인가?

갑. 정선수방향에서 다른 선박의 홍등과 녹등이 동시에 보일 때
을. 좌현 선수에 홍등이 보일 때
병. 우현 선수에 홍등이 보일 때
정. 우현 선수에 녹등이 보일 때

> **해설** 마주치는 상태의 항법의 요건은 상대선의 좌우현이 모두 보이는 경우를 말하는 것으로, 양현등(좌현 홍등, 우현 녹등)이 모두 보이는 경우를 말한다.

652 해상교통안전법상 추월선이란 다른 선박의 정횡으로부터 ( )도를 넘는 ( )의 위치로부터 ( )을 앞지르는 선박을 말한다. ( )속에 들어갈 말로 맞는 것은?

갑. 22.5, 후방, 다른 선박
을. 22.5, 후방, 자선
병. 25.5, 후방, 자선
정. 25.5, 전방, 다른 선박

> **해설** 추월선이 피추월선을 앞지를 때는 다른 선박의 정횡으로부터 22.5도를 넘는 후방의 위치로부터 타선을 앞지르는 것을 말한다.

653 해상교통안전법상 야간에 다음 등화 중 어떤 등화를 보면서 접근하는 선박이 추월선인가?

갑. 마스트등
을. 현등
병. 선미등
정. 정박등

> **해설** 추월선이 피추월선을 앞지를 때는 다른 선박의 정횡으로부터 22.5도를 넘는 후방의 위치로부터 타선을 앞지르는 것을 말하는데, 이는 선미등이 보이는 가시거리에 있다는 것을 의미한다.

정답 650. 정 651. 갑 652. 갑 653. 병

654 해상교통안전법상 서로 시계 내에서 진로 우선권이 가장 큰 선박은?

갑. 어로에 종사하고 있는 항행 중인 선박
을. 범선
병. 동력선
정. 흘수제약선

> **해설** 항행중인 선박은 다음의 순위에 따라 항행한다.
> 동력선 < 범선 < 어로에 종사하고 있는 선박 < 조종불능선 = 조종제한선
> • 조종불능선이나 조종제한선이 아닌 선박은 부득이하다고 인정되는 경우 외에는 흘수제약선의 통항을 방해해서는 아니된다.

655 해상교통안전법상 삼색등에서의 삼색으로 옳은 것은?

갑. 붉은색, 녹색, 황색
을. 황색, 흰색, 녹색
병. 붉은색, 녹색, 흰색
징. 황색, 흰색, 붉은색

> **해설** 삼색등이란, 선수와 선미의중심선상에 설치된 붉은색, 녹색, 흰색으로 구성된 등

656 해상교통안전법상 항행 중인 동력선이 표시하여야 하는 등화로 옳지 않은 것은?

갑. 앞쪽에 마스트등 1개와 그 마스트등보다 뒤쪽의 높은 위치에 마스트등 1개
을. 현등 1쌍
병. 선미등 1개
정. 섬광등 1개

> **해설** 항행 중인 동력선이 표시하여야 하는 등화
> • 앞쪽에 마스트등 1개와 그 마스트등보다 뒤쪽의 높은 위치에 마스트등 1개. 다만, 길이 50미터 미만의 동력선은 뒤쪽의 마스트등을 표시하지 아니할 수 있다.
> • 현등 1쌍(길이 20미터 미만의 선박은 이를 대신하여 양색등을 표시할 수 있다. 이하 이 절에서 같다)
> • 선미등 1개

657 해상교통안전법상 상호시계에 있는 동력선과 범선이 마주치는 상태에 있을 때 두 선박의 피항의무는 어떻게 되는가?

갑. 동력선이 범선의 진로를 피한다.
을. 범선이 동력선의 진로를 피한다.
병. 동력선과 범선은 각각 우현으로 피한다.
정. 동력선과 범선은 각각 좌현으로 피한다.

> **해설** 항행 중인 동력선은 다음의 선박의 진로를 피한다.
> 조종불능선, 조종제한선, 어로종사선, 범선

정답 654. 정 655. 병 656. 정 657. 갑

658 해상교통안전법상 어로에 종사하는 선박이 범선을 오른편에 두어 횡단상태에 있을 때 두 선박의 피항 의무는 어떻게 되는가?

갑. 어로에 종사하는 선박이 우현 변침하여 범선의 진로를 피하여야 한다.
을. 두 선박 모두 피항의무를 가지며, 각각 우현 변침해야 한다.
병. 범선이 어로에 종사하는 선박의 진로를 피한다.
정. 범선과 어로에 종사하는 선박은 각각 좌현으로 피한다.

> **해설** 항행 중인 범선은 다음 선박의 진로를 피해야 한다.
> 조종불능선, 조종제한선, 어로에 종사하고 있는 선박

659 해상교통안전법상 수면비행선박은 항행 중인 동력선이 표시해야할 등화와 함께 어떤 등화를 추가로 표시해야 하는가?

갑. 황색 예선등
을. 황색 섬광등
병. 홍색 섬광등
정. 흰색 전주등

660 해상교통안전법상 본선은 야간항해 중 상대선박과 서로 시계내에서 근접하여 횡단관계로 조우하여 상대선박의 현등 중 홍등을 관측하고 있다. 이 선박이 취해야 할 행동으로 옳지 않은 것은?

갑. 우현변침
을. 상대선박의 선미통과
병. 변침만으로 피하기 힘들 경우 속력을 감소한다.
정. 정선한다.

> **해설** 2척의 동력선이 상대의 진로를 횡단하는 경우로서 충돌의 위험이 있을 때에는 다른 선박을 우현 쪽에 두고 있는 선박이 그 다른 선박의 진로를 피하여야 한다. 이 경우 다른 선박의 진로를 피하여야 하는 선박은 부득이한 경우 외에는 그 다른 선박의 선수 방향을 횡단하여서는 아니 된다.

661 해상교통안전법상 음향신호설비에 대한 설명이다. 가장 옳지 않은 것은?

갑. 기적이란 단음과 장음을 발할 수 있는 음향신호장치이다.
을. 단음은 1초 정도 계속되는 고동소리를 말한다.
병. 장음이란 4초부터 6초까지의 시간동안 계속되는 고동소리를 말한다.
정. 길이 12미터 이상의 선박은 기적1개를, 길이 50미터 이상의 선박은 기적1개 및 호종1개를 갖추어 두어야 한다.

> **해설** 음향신호설비
> • 길이12미터 이상 선박은 기적1개
> • 길이20미터 이상 선박은 기적1개 및 호종1개
> • 길이100미터 이상 선박은 이에 덧붙여 혼동되지 않는 징을 갖추어야 한다.

정답 658. 병 659. 병 660. 정 661. 정

662 해상교통안전법상 호종과 혼동되지 아니하는 음조와 소리를 가진 징을 비치하여야 하는 선박으로 옳은 것은?

갑. 길이 12미터 미만의 선박
을. 길이 12미터 이상의 선박
병. 길이 20미터 이상의 선박
정. 길이 100미터 이상의 선박

663 해상교통안전법상 항행 중인 동력선이 상대 선박과 서로 시계 안에 있는 경우, 기관 후진 시 기적신호로 옳은 것은?

갑. 단음 1회
을. 단음 2회
병. 단음 3회
정. 장음 1회

>
> - 단음 1회 우현변침
> - 단음 2회 좌현변침
> - 단음 3회 기관후진
> - 장음 1회 만곡부 신호

664 해상교통안전법상 선박이 좁은 수로 등에서 서로 시계 안에 있는 경우, 추월당하는 선박이 다른 선박의 추월에 동의할 경우, 동의의사의 표시방법으로 옳은 것은?

갑. 장음 2회, 단음 1회의 순서로 의사표시 한다.
을. 장음 2회와 단음 2회의 순서로 의사표시 한다.
병. 장음 1회, 단음 1회의 순서로 2회에 걸쳐 의사표시 한다.
정. 단음 1회, 장음 1회, 단음 1회의 순서로 의사표시 한다.

> 선박이 좁은 수로 등에서 서로 상대의 시계안에 있는 경우
> - 우현으로 추월시   장 / 장 / 단
> - 좌현으로 추월시   장 / 장 / 단 / 단
> - 피추월선의 동의표시   장 / 단 / 장 / 단

665 해상교통안전법상 좁은 수로등의 굽은 부분이나 장애물 때문에 다른 선박을 볼 수 없는 수역에 접근하는 선박의 기적신호로 옳은 것은?

갑. 단음 1회
을. 단음 2회
병. 장음 1회
정. 장음 2회

> 좁은 수로 등의 굽은 부분이나 장애물 때문에 타선을 볼 수 없는 경우 만곡부 신호 장음 1회를 울려야 하고, 상대선박은 이 기적신호를 들은 경우에는 응답신호로서 장음 1회를 울려야 한다.

정답 662. 정 663. 병 664. 병 665. 병

666 보기의 ( ) 칸에 들어갈 순서로 옳은 것은?

> **보기**
> 해상교통안전법상 항행 중인 동력선은 대수속력이 있는 경우에는 (A)을 넘지 아니하는 간격으로 (B) 울려야 한다.

갑. A : 2분 B : 단음을 2회
을. A : 1분 B : 단음을 2회
병. A : 1분 B : 장음을 1회
정. A : 2분 B : 장음을 1회

해설 제한된 시계 안에서의 음향신호
• 항행 중인 동력선은 대수속력이 있는 경우 2분을 넘지 않는 간격으로 장음 1회
• 항행 중인 동력선은 대수속력이 없는 경우 2분을 넘지 않는 간격으로 장음 2회

667 해상교통안전법상 조종제한선에 표시하여야 하는 등화 또는 형상물로 옳은 것은?

갑. 가장 잘 보이는 곳에 수직선상으로 붉은색의 전주등 2개
을. 가장 잘 보이는 곳에 수직으로 둥근꼴이나 그와 비슷한 형상물 2개
병. 가장 잘 보이는 곳에 수직으로 위쪽과 아래쪽에는 둥근꼴, 가운데는 마름모꼴의 형상물 각 1개
정. 가장 잘 보이는 곳에 수직으로 위쪽과 아래쪽에는 흰색 전주등, 가운데는 붉은색 전주등 각 1개

해설 조종불능선과 조종제한선
• 조종제한선은 기뢰제거작업에 종사하는 경우 외에는 다음 각 호의 등화나 형상물을 표시해야 한다.
• 가장 잘 보이는 곳에 수직으로 위쪽과 아래쪽에는 둥근꼴, 가운데는 마름모꼴의 형상물 각 1개

668 해상교통안전법상 해양경찰청장이 교통안전특정해역에서 6개월의 범위에서 공사나 작업의 전부 또는 일부의 정지를 명할 수 있는 경우는?

갑. 거짓이나 그 밖의 부정한 방법으로 허가를 받은 경우
을. 정지명령을 위반하여 정지기간 중에 공사를 계속한 경우
병. 정지명령을 위반하여 정지기간 중에 작업을 계속한 경우
정. 공사나 작업이 부진하여 이를 계속할 능력이 없다고 인정되는 경우

669 해상교통안전법상 선박의 법정형상물에 포함되지 않는 것은?

갑. 둥근꼴
을. 원뿔꼴
병. 마름모꼴
정. 정사각형

해설 정사각형은 법정형상물에 포함되지 않는다.

정답 666. 정 667. 병 668. 정 669. 정

670 해상교통안전법상 유조선통항금지해역에서 원유를 몇 리터 이상 싣고 운반하는 선박은 항해할 수 없는가?

갑. 500킬로리터
을. 1,000킬로리터
병. 1,500킬로리터
정. 2,000킬로리터

> 해설) 원유, 중유, 경유 또는 이에 준하는 「석유 및 석유대체연료 사업법」 제2조제2호가목에 따른 탄화수소유, 같은 조 제10호에 따른 가짜석유제품, 같은 조 제11호에 따른 석유대체연료 중 원유·중유·경유에 준하는 것으로 해양수산부령으로 정하는 기름 1천500킬로리터 이상을 화물로 싣고 운반하는 선박은 항행할 수 없다.

671 해상교통안전법상 등화의 종류에 대한 설명으로 옳지 않은 것은?

갑. 마스트등은 선수미선상에 설치되어 235도에 걸치는 수평의 호를 비추되, 그 불빛이 정선수 방향으로부터 양쪽 현의 정횡으로부터 뒤쪽 27.5도까지 비출 수 있는 흰색등을 말한다.
을. 현등은 정선수 방향에서 양쪽 현으로 각각 112.5도에 걸치는 수평의 호를 비추는 등화이다.
병. 선미등은 135도에 걸치는 수평의 호를 비추는 흰색등으로서 그 불빛이 정선미 방향으로부터 양쪽 현의 67.5도까지 비출 수 있도록 선미 부분 가까이에 설치된 등이다.
정. 예선등은 선미등과 같은 특성을 가진 황색등이다.

> 해설) 마스트등은 선수미선상에 설치되어 225도에 걸치는 수평의 호를 비추되, 그 불빛이 정선수 방향으로부터 양쪽 현의 정횡으로부터 뒤쪽 22.5도까지 비출 수 있는 흰색등을 말한다.

672 해상교통안전법상 항해중인 선박으로서 현등 1쌍을 대신하여 양색등을 표시할 수 있는 선박은?

갑. 길이 10m인 동력선
을. 길이 20m인 동력선
병. 길이 30m인 동력선
정. 길이 40m인 동력선

673 해상교통안전법에서 정의하고 있는 조종제한선으로 보기 가장 어려운 것은?

갑. 어구를 끌고 가며 작업 중인 어선
을. 준설 작업 중인 선박
병. 화물의 이송 작업 중인 선박
정. 측량 중인 선박

> 해설) **조종제한선**
> • 항로표지, 해저전선 또는 해저파이프라인의 부설·보수·인양 작업
> • 준설(浚渫)·측량 또는 수중 작업
> • 항행 중 보급, 사람 또는 화물의 이송 작업
> • 항공기의 발착(發着)작업
> • 기뢰(機雷)제거작업
> • 진로에서 벗어날 수 있는 능력에 제한을 많이 받는 예인(曳引)작업

정답 670. 병 671. 갑 672. 갑 673. 갑

674 해상교통안전법상 시정이 제한된 상태에서 피항동작이 변침만으로 이루어 질 때 해서는 안 될 동작은?

갑. 정횡보다 전방의 선박에 대한 대각도 변침
을. 정횡보다 전방의 선박에 대한 우현 변침
병. 정횡보다 전방의 선박에 대한 우현 대각도 변침
정. 정횡보다 전방의 선박에 대한 좌현 변침

해설) 제한된 시계에서의 항법은 정횡보다 전방의 선박에 대한 좌현변침은 절대로 해서는 아니 된다.

675 해상교통안전법상 해양경찰서장의 허가를 받아야 하는 해양레저 행위의 종류로 옳지 않은 것은?

갑. 스킨다이빙
을. 윈드서핑
병. 요트활동
정. 낚시어선 운항

해설) 누구든지 항만의 수역 또는 어항의 수역 중 대통령령으로 정하는 수역에서는 해상교통의 안전에 장애가 되는 스킨다이빙, 스쿠버다이빙, 윈드서핑 등 대통령령으로 정하는 행위를 하여서는 아니 된다.

676 해양환경관리법상 항만관리청으로 옳지 않은 것은?

갑. 「항만법」의 관리청
을. 「어촌·어항법」의 어항관리청
병. 「해운법」에 따른 해양진흥공사
정. 「항만공사법」에 따른 항만공사

해설) 어항관리청 및 「항만공사법」에 따른 항만공사를 말한다.

677 해양환경관리법상 용어의 정의로 옳은 것은?

갑. "유해액체물질"이라 함은 해양환경에 해로운 결과를 미치거나 미칠 우려가 있는 액체물질(기름을 포함한다)과 그 물질이 함유된 혼합 액체물질로서 해양수산부령이 정하는 것을 말한다.
을. "포장유해물질"이라 함은 포장된 형태로 선박에 의하여 운송되는 유해물질 중 해양에 배출되는 경우 해양환경에 해로운 결과를 미치거나 미칠 우려가 있는 물질로서 해양수산부령이 정하는 것을 말한다.
병. "잔류성오염물질"이라 함은 해양에 유입되어 생물체에 농축되는 경우 단기간 지속적으로 급성의 독성 또는 발암성을 야기하는 화학물질로서 해양수산부령으로 정하는 것을 말한다.
정. "대기오염물질"이라 함은 해양에 유입 또는 해양으로 배출되어 해양환경에 해로운 결과를 미치거나 미칠 우려가 있는 폐기물·기름·유해액체물질을 말한다.

정답 674. 정 675. 정 676. 병 677. 을

678 선박에서의 오염방지에 관한 규칙상 선박으로부터 기름을 배출하는 경우 지켜야 하는 요건에 해당되지 않는 것은?

갑. 선박(시추선 및 플랫폼을 제외한다)의 항해 중에 배출할 것
을. 배출액 중의 기름 성분이 0.0015퍼센트(15ppm) 이하일 것
병. 기름오염방지설비의 작동 중에 배출할 것
정. 육지로부터 10해리 이상 떨어진 곳에서 배출할 것

 선박에서의 오염방지에 관한 규칙 제9조(선박으로부터의 기름 배출)에 명시
• 선박(시추선 및 플랫폼을 제외한다)의 항해 중에 배출할 것
• 배출액 중의 기름 성분이 0.0015퍼센트(15ppm) 이하일 것
• 기름오염방지설비의 작동 중에 배출할 것

679 해양환경관리법상 분뇨마쇄소독장치를 설치한 선박에서 분뇨를 배출할 수 있는 해역은?

갑. 항만법 제2조에 의한 항만구역
을. 해양환경관리법 제15조에 의한 환경보전해역
병. 해양환경관리법 제15조에 의한 특별관리해역
정. 영해기선으로부터 3해리 이상의 해역

 선박에서의 오염방지에 관한 규칙 제8조(선박에서 발생하는 폐기물의 배출방법 등)제1호 별표2(선박 안의 일상생활에서 생기는 분뇨의 배출해역별 처리기준 및 방법)

680 해양환경관리법상 10톤 미만 FRP 선박을 해체하고자 하는 자는 누구에게 선박해체 해양오염방지 작업계획 신고서를 제출해야 하는가?

갑. 해당 지자체장
을. 해양경찰청장 또는 해양경찰서장
병. 경찰서장
정. 해양수산청장

해양오염방지 작업계획서를 수립하여 작업개시 7일전까지 해양경찰청장에게 신고하여야 한다.

681 해양환경관리법상 선박 또는 해양시설에서 고의로 기름을 배출 할 때의 벌칙은?

갑. 5년 이하의 징역 또는 5천만원 이하의 벌금에 처한다.
을. 3년 이하의 징역 또는 3천만원 이하의 벌금에 처한다.
병. 2년 이하의 징역 또는 2천만원 이하의 벌금에 처한다.
정. 1년 이하의 징역 또는 1천만원 이하의 벌금에 처한다.

선박 또는 해양시설로부터 기름·유해액체물질·포장유해물질을 배출한 자는 5년 이하의 징역 또는 5천만원 이하의 벌금에 처한다.

정답 678. 정 679. 정 680. 을 681. 갑

682 해양환경관리법상 선박으로부터 오염물질이 배출되는 경우 신고자의 신고사항으로 옳지 <u>않은</u> 것은?

갑. 해양오염사고의 발생일시 · 장소 및 원인
을. 사고선박의 명칭, 종류 및 규모
병. 주변 통항 선박 선명
정. 해면상태 및 기상상태

683 해양환경관리법상 해역관리청이 취할 수 있는 해양환경개선조치로 옳지 <u>않은</u> 것은?

갑. 오염물질 유입 · 확산방지시설의 설치
을. 폐기물을 제외한 오염물질의 수거
병. 폐기물을 포함한 오염물질의 처리
정. 연안습지정화, 연약지반 보강 등 해양환경복원사업의 실시

> 해설 오염물질(폐기물은 제외한다)의 수거 및 처리

684 해양환경관리법상 모터보트 안에서 발생하는 유성혼합물 및 폐유의 처리방법으로 옳지 <u>않은</u> 것은?

갑. 폐유처리시설에 위탁 처리한다.
을. 보트 내에 보관 후 처리한다.
병. 4노트 이상의 속력으로 항해하면서 천천히 배출한다.
정. 항만관리청에서 설치 · 운영하는 저장 · 처리시설에 위탁한다.

> 해설 4노트 이상의 속력으로 항해하면서 천천히 배출하는 것은 분뇨에 관한 사항임.

685 해양환경관리법상 대기오염물질로 옳지 <u>않은</u> 것은?

갑. 오존층파괴물질
을. 휘발성 유기화합물
병. 온실가스 중 이산화탄소
정. 기후 · 생태계 변화유발물질

> 해설 "대기오염물질"이란 오존층파괴물질, 휘발성유기화합물과 온실가스 중 이산화탄소를 말한다.

686 해양환경관리법에서 말하는 '기름'의 종류로 옳지 <u>않은</u> 것은?

갑. 원유
을. 석유제품
병. 액체상태의 유해물질
정. 폐유

> 해설 "기름"이라 함은 「석유 및 석유대체연료 사업법」에 따른 원유 및 석유제품(석유가스를 제외한다)과 이들을 함유하고 있는 액체상태의 유성 혼합물 및 폐유를 말한다.

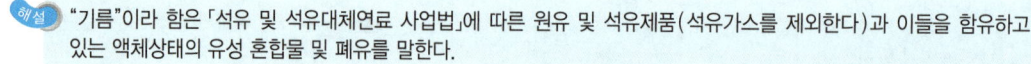

정답 682. 병 683. 병 684. 병 685. 정 686. 병

687 해양환경관리법상 선박의 소유자가 해당 선박에서 발생하는 물질을 폐기물처리업자로 하여금 수거·처리하게 할 수 있는 경우에 해당하지 않는 것은?

갑. 조선소에서 건조 완료 후 어선법에 따라 등록하기 전에 시운전하는 선박
을. 총톤수 30톤 미만의 소형선박
병. 조선소에서 건조 중인 선박
정. 해체 중인 선박

> 해설 총톤수 20톤 미만의 소형 선박의 경우 폐기물처리업자로 하여금 수거·처리하게 할 수 있다.

688 선박에서의 오염방지에 관한 규칙상 폐유저장용기를 비치하여야 하는 선박의 크기로 옳은 것은?

갑. 모든 선박
을. 총톤수 2톤 이상
병. 총톤수 3톤 이상
정. 총톤수 5톤 이상

> 해설 **폐유저장용기 비치기준**
>
> | 대상 선박 | 폐유저장용기(단위:리터) |
> |---|---|
> | 총톤수 5톤 이상 10톤 미만의 선박 | 20 |
> | 총톤수 10톤 이상 30톤 미만의 선박 | 60 |
> | 총톤수 30톤 이상 50톤 미만의 선박 | 100 |
> | 총톤수 50톤 이상 100톤 미만으로서 유조선이 아닌 선박 | 200 |

689 선박에서의 오염방지에 관한 규칙상 선박으로부터 기름을 배출하는 경우 배출액 중의 기름 성분은 얼마 이하여야 하는가?

갑. 10ppm
을. 15ppm
병. 20ppm
정. 5ppm

690 선박에서의 오염방지에 관한 규칙상 선박의 폐기물을 수용시설 또는 다른 선박에 배출할 때 폐기물기록부에 작성하여야 하는 사항으로 옳지 않은 것은?

갑. 배출일시
을. 항구, 수용시설 또는 선박의 명칭
병. 폐기물 종류별 배출량
정. 선박소유자의 서명

> 해설 **선박오염물질기록부의 기재사항 등**
> • 배출일시
> • 항구, 수용시설 또는 선박의 명칭
> • 배출된 폐기물의 종류
> • 폐기물 종류별 배출량(단위는 미터톤)
> • 작업책임자의 서명

정답 687. 을 688. 정 689. 을 690. 정

691 선박에서의 오염방지에 관한 규칙상 총톤수 10톤 이상 30톤 미만의 선박이 비치하여야 하는 폐유저장용기의 저장용량으로 옳은 것은?

갑. 20리터
을. 60리터
병. 100리터
정. 200리터

> **해설** 선박에서의 오염방지에 관한 규칙 제15조제1항 별표 7 폐유저장용기 비치기준 참고
> 총톤수 10톤 이상~30톤 미만의 선박은 폐유저장용기 60ℓ

692 해양환경관리법, 선박에서의 오염방지에 관한 규칙상 기름기록부를 비치하지 않아도 되는 선박은?

갑. 선저폐수가 생기지 아니하는 선박
을. 총톤수 400톤 이상의 선박
병. 경하배수톤수 200톤 이상의 경찰용 선박
정. 선박검사증서 상 최대승선인원이 15명 이상인 선박

693 해양환경관리법상 선박오염물질기록부(기름기록부, 폐기물기록부)의 보존기간은 언제까지인가?

갑. 최초기재를 한 날부터 1년
을. 최종기재를 한 날부터 2년
병. 최종기재를 한 날부터 3년
정. 최종기재를 한 날부터 5년

> **해설** 선박오염물질기록부의 보존기간은 최종기재를 한 날부터 3년으로 하며, 그 기재사항·보관방법 등에 관하여 필요한 사항은 해양수산부령으로 정한다.

694 해양환경관리법상 해양시설로부터의 오염물질 배출을 신고하려는 자가 신고 시 신고하여야 할 사항으로 옳지 않은 것은?

갑. 해양오염사고의 발생일시, 장소 및 원인
을. 배출된 오염물질의 종류, 추정량 및 확산상황과 응급조치상황
병. 사고선박 또는 시설의 명칭, 종류 및 규모
정. 해당 해양시설의 관리자 이름, 주소 및 전화번호

> **해설** 해당 해양시설의 관리자 이름 등은 신고의무 사항은 아님

정답 691. 을 692. 갑 693. 병 694. 정

695 해양환경관리법상 선박에서 해양오염방지관리인이 될 수 있는 자는?

갑. 선장
을. 기관장
병. 통신장
정. 통신사

> **해설** 해양오염방지관리인의 자격·업무내용 등)에서 대리자로 지정될 수 있는 사람은 선박직원법 제2조 제3호에 따른 선박직원(선장·통신장 및 통신사는 제외한다.)으로 한다.

696 해양환경관리법에서 말하는 '해양오염'에 대한 정의로 옳은 것은?

갑. 오염물질 등이 유출·투기되거나 누출·용출되는 상태
을. 해양에 유입되어 생물체에 농축되는 경우 장기간 지속적으로 급성·만성의 독성 또는 발암성을 야기할 수 있는 상태
병. 해양에 유입되거나 해양에서 발생되는 물질 또는 에너지로 인하여 해양환경에 해로운 결과를 미치거나 미칠 우려가 있는 상태
정. 해양생물 등의 남획 및 그 서식지 파괴, 해양질서의 교란 등으로 해양생태계의 본래적 기능에 중대한 손상을 주는 상태

697 해양환경관리법 적용범위로 옳지 않은 것은?

갑. 한강 수역에서 발생한 기름 유출 사고
을. 우리나라 영해 및 내수 안에서 해양시설로부터 발생한 기름 유출 사고
병. 대한민국 영토에 접속하는 해역 안에서 선박으로부터 발생한 기름 유출 사고
정. 해저광물자원 개발법에서 지정한 해역에서 해저광구의 개발과 관련하여 발생한 기름 유출 사고

698 해양환경관리법상 선박 안에서 발생하는 폐기물 중 해양환경관리법에서 정하는 기준에 의해 항해 중 배출할 수 있는 물질로 옳지 않은 것은?

갑. 음식찌꺼기
을. 화장실 및 화물구역 오수(汚水)
병. 해양환경에 유해하지 않은 화물잔류물
정. 어업활동으로 인하여 선박으로 유입된 자연기원물질

> **해설** 선박 내 거주구역에서 목욕, 세탁, 설거지 등으로 발생하는 중수(中水)는 배출 가능하나 화장실 및 화물구역 오수는 제외

정답 695. 을 696. 병 697. 갑 698. 을

699 해양환경관리법상 해양환경 보전·관리·개선 및 해양오염방제사업, 해양환경·해양오염 관련 기술개발 및 교육훈련을 위한 사업 등을 위하여 설립된 기관은?

갑. 한국환경공단
을. 해양환경공단
병. 해양수산연수원
정. 한국해운조합

700 전파법상 벌칙 및 과태료에 대한 내용이다. 가장 큰 순서대로 나열된 것은?

> A. 조난통신의 조치를 방해한 자
> B. 적합성평가를 받은 기자재를 복제·개조 또는 변조한 자
> C. 선박이나 항공기의 조난이 없음에도 불구하고 무선설비로 조난통신을 한 자
> D. 업무종사의 정지를 당한 후 그 기간에 무선설비를 운용하거나 그 공사를 한 자

갑. A 〉 B 〉 C 〉 D
을. A 〉 C 〉 B 〉 D
병. C 〉 B 〉 A 〉 D
정. C 〉 A 〉 B 〉 D

- A : 10년 이하의 징역 또는 1억원 이하의 벌금
- B : 3년 이하의 징역 또는 3천만원 이하의 벌금
- C : 5년 이하의 징역
- D : 200만원 이하의 과태료

정답 699. 을 700. 을

CHAPTER

03

실기시험 가이드

SECTION 01 / 실기시험 기초

(1) 일반조종면허 실기시험에 사용하는 수상레저기구

선체	빗물·햇빛을 차단할 수 있도록 조종석에 지붕이 설치되어 있을 것		
길이	5~6m	전폭	2~3m
최대출력	100마력 이상	최대속도	30놋트 이상
탑승인원	4인승 이상	기관	제한 없음
부대장비	나침반(지름 100mm 이상) 1개, 속도계(MPH) 1개, RPM게이지 1개, 예비노, 소화기 및 자동정지줄		

(2) 실기시험 관련 용어

① **이안(離岸)**: 계류줄을 걷고 계류장에서 이탈하여 출발할 수 있도록 준비하는 행위를 말한다.

② **출발(出發)**: 정지된 상태에서 속도전환 레버를 조작하여 전진 또는 후진하는 것을 말한다.

③ **활주(滑走)**: 모터보트의 속력과 양력(揚力)이 증가되어 선수 및 선미가 수면과 평행 상태가 되는 것을 말한다.

④ **침로(針路)**: 모터보트가 진행하는 방향의 나침방위를 말한다.

⑤ **변침(變針)**: 모터보트가 침로를 변경하는 것을 말한다.

⑥ **사행(蛇行)**: 50m 간격으로 설치된 3개의 부이를 각기 좌우로 방향을 달리(첫 번째 부이는 왼쪽부터 회전)하면서 회전하는 것을 말한다.

⑦ **사행준비 또는 사행침로 유지**: 사행코스에 설치된 3개의 부이와 일직선이 되도록 시험선의 침로를 유지하는 것을 말한다.

⑧ **접안(接岸)**: 시험선을 계류할 수 있도록 접안 위치에 정지시키는 동작을 말한다.

(3) 실기시험 운항코스

- **계류장** : 2대 이상 동시 계류가 가능해야 하고, 비트(bitt)를 설치할 것
- **고정 부이** : 3개 이상 5개 이하로 설치할 것
- **이동 부이** : 시험용 수상레저기구마다 1개씩 설치할 것
- **사행코스에서의 부이와 부이 사이의 거리** : 50m로 할 것

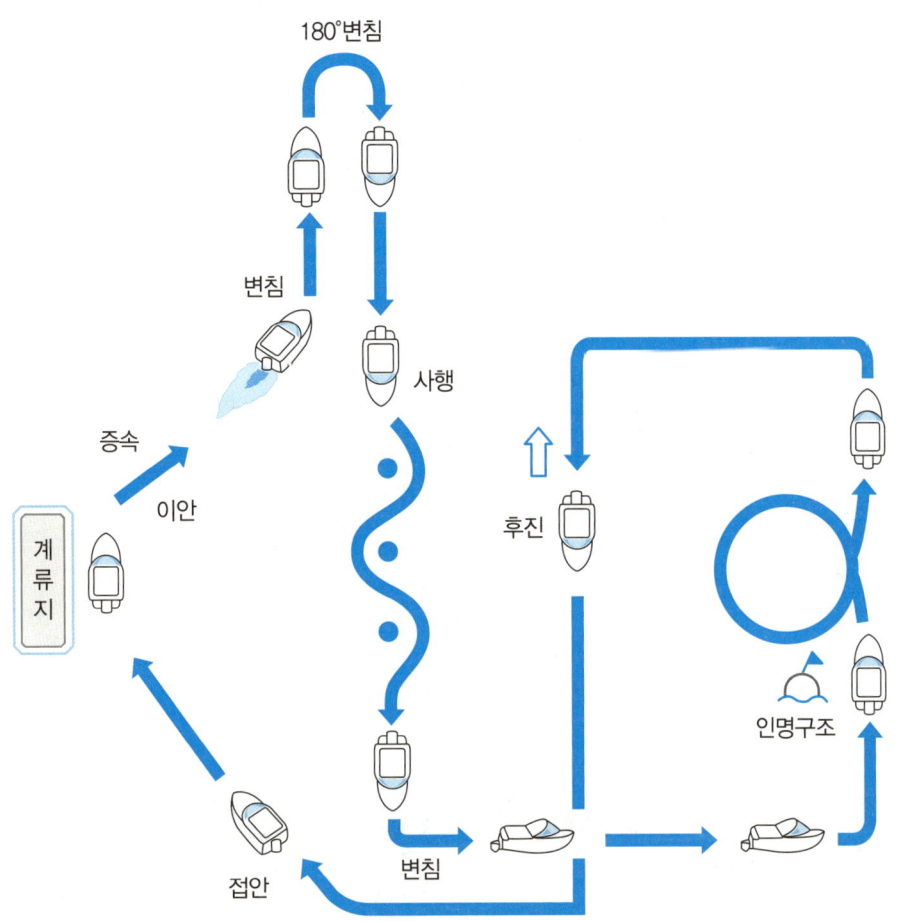

실기시험 실격 사유

- 3회 이상의 출발 지시에도 출발하지 못하거나 응시자가 시험포기의 의사를 밝힌 경우(3회 이상 출발 불가 및 응시자 시험포기)
- 속도전환 레버 및 핸들의 조작 미숙 등 조종능력이 현저히 부족하다고 인정되는 경우(조종능력 부족으로 시험진행 곤란)
- 부이 등과 충돌하는 등 사고를 일으키거나 사고를 일으킬 위험이 현저한 경우(현저한 사고위험)
- 술에 취한 상태이거나 취한 상태는 아니더라도 음주로 원활한 시험이 어렵다고 인정되는 경우(음주상태)
- 사고 예방과 시험 진행을 위한 시험관의 지시 및 통제에 따르지 않거나 시험관의 지시 없이 2회 이상 임의로 시험을 진행하는 경우(지시·통제 불응 또는 임의 시험 진행)
- 이미 감점한 점수의 합계가 합격기준에 미달함이 명백한 경우(중간점수 합격기준 미달)

SECTION 02 / 실기시험 채점기준

(1) 출발 전 점검 및 확인

항목	세부 내용	감점	채점 요령
구명조끼 착용 불량	구명조끼를 착용하지 않았거나 올바르게 착용하지 않은 경우(구명조끼 착용 불량)	3	출발 전 점검 시 착용 상태를 기준으로 1회만 채점한다.
점검 불이행	출발 전 점검사항(구명튜브, 소화기, 예비 노, 엔진, 연료, 배터리, 핸들, 속도전환 레버, 계기판, 자동정지 줄)을 확인하지 않은 경우(점검사항 누락)	3	• 점검사항 중 한 가지 이상 확인하지 않은 경우 1회만 채점한다. • 확인사항을 행동 및 말로 표시하지 않은 경우에도 확인하지 않은 것으로 본다. 다만, 특별한 신체적 장애 또는 사정이 있으면 말로 표시하지 않을 수 있다.

(2) 출발

항목	세부 내용	감점	채점 요령
시동요령 부족	속도전환 레버를 중립에 두지 않고 시동을 건 경우 또는 엔진의 시동상태에서 시동키를 돌리거나 시동이 걸린 후에도 시동키를 2초 이상 돌린 경우(시동 불량)	2	세부 내용에 대하여 1회만 채점한다.
이안(離岸) 불량	• 계류줄을 걷지 않고 출발한 경우(계류줄 묶임) • 출발 시 보트 선체가 계류장 또는 다른 물체와 부딪치거나 접촉한 경우(출발 시 선체 접촉)	2	각 세부 내용에 대하여 1회만 채점한다.
출발시간 지연	출발 지시 후 30초 이내에 출발하지 못한 경우(30초 이상 출발 지연)	3	• 세부 내용에 대하여 1회만 채점한다. • 다른 항목의 세부 내용이 원인이 되어 출발하지 못한 경우에도 적용하며 병행 채점한다. • 출발하지 못한 사유가 시험선 고장 등 조종자의 책임이 아닌 경우는 제외한다.
속도 전환 레버 등 조작불량	• 속도전환 레버를 급히 조작하거나 급히 출발한 경우(급조작·급출발) • 속도전환 레버 조작불량으로 클러치 마찰음이 발생하거나 엔진이 정지된 경우(레버 마찰음 발생 또는 엔진정지) • 지시받지 않고 엔진 트림(trim) 조절 스위치를 조작한 경우(트림 스위치 작동)	2	• 각 세부 내용에 대하여 1회만 채점한다. • 탑승자의 신체 일부가 젖혀지거나 엔진의 회전소리가 갑자기 높아지는 경우에도 급출발로 채점한다.
안전 미확인	• 자동정지 줄을 착용하지 않고 출발한 경우(자동정지 줄 미착용) • 전후좌우의 안전상태를 확인하지 않거나 탑승자가 앉기 전에 출발한 경우(안전 미확인, 앉기 전 출발)	3	• 각 세부내용에 대하여 1회만 채점한다. • 고개를 돌려서 안전상태를 확인하고, 말로 이상 없음을 표시하지 않은 경우에도 확인하지 않은 것으로 본다.

출발 침로(針路) 유지 불량	• 출발 후 15초 이내에 지시된 방향의 ±10° 이내의 침로를 유지하지 못한 경우(15초 이내 출발 침로 ±10°이내 유지 불량) • 출발 후 일직선으로 운항하지 못하고 침로가 ±10°이상 좌우로 불안정하게 변한 경우(출발 침로 ±10°이상 불안정)	3	각 세부 내용에 대하여 1회만 채점한다.

(3) 변침

항목	세부 내용	감점	채점 요령
변침 불량	• 제한시간 내(45°·90°내외의 변침은 15초, 180° 내외의 변침은 20초)에 지시된 침로의 ±10° 이내로 변침하지 못한 경우(지시 각도 ±10° 초과) • 변침 완료 후 침로가 ±10°이내에서 유지되지 않은 경우(±10°이내 침로 유지 불량)	3	• 각 세부 내용에 대하여 2회까지 채점할 수 있다. • 변침은 좌현·우현을 달리하여 3회 실시하고, 변침 범위는 45°·90°및 180°내외로 각 1회 실시해야 하며, 나침반으로 변침 방위를 평가한다. • 변침 후 10초 이상 침로를 유지하는지 확인해야 한다.
안전확인 및 선체 동요	• 변침 전 변침방향의 안전상태를 미리 확인하고 말로 표시하지 않은 경우(변침 전 안전 상태) • 변침 시 선체의 심한 동요 또는 급경사가 발생한 경우(선체 동요) • 변침 시 10놋트 이상 15놋트 이내의 속력을 유지하지 못한 경우(변침속력)	2	각 세부 내용에 대하여 2회까지 채점할 수 있다.

(4) 운항

항목	세부 내용	감점	채점 요령
조종자세 불량	• 핸들을 정면으로 하여 조종하지 않거나 창틀에 팔꿈치를 올려놓고 조종한 경우(핸들 비정면, 창틀 팔) • 시험관의 조종자세 교정 지시에 따르지 않은 경우(교정 지시 불응) • 한 손으로만 계속 핸들을 조작하거나 필요 없이 자리에서 일어나 조종한 경우(한 손 조종, 서서 조종) • 필요 없이 속도를 조절하는 등 불필요하게 속도전환 레버를 반복 조작한 경우(불필요한 레버 조작)	2	• 각 세부 내용에 대하여 1회만 채점한다. • 특별한 신체적 장애 또는 사정으로 이 항목을 적용하기 어려운 경우에는 감점하지 않는다.
지정속력 유지 불량	• 증속 및 활주 지시 후 15초 이내에 활주 상태가 되지 않은 경우(활주시간 15초 초과) • 시험관의 지시가 있을 경우 까지 활주 상태를 유지하지 못한 경우(활주 상태 유지 불량) • 15놋트 이하 또는 25놋트 이상으로 운항한 경우(저속 또는 과속)	4	• 각 세부 내용에 대하여 2회까지 채점할 수 있다. • 시험관은 세부 내용에 대하여 1회 채점 시 시정 지시를 하여야 하며, 시정 지시 후에도 시정하지 않거나 다시 기준을 위반하는 경우 2회 채점한다.

(5) 사행(蛇行)

항목	세부 내용	감점	채점 요령
반대방향진행	첫 번째 부이(buoy)로부터 시계방향으로 진행하지 않고 반대방향으로 진행한 경우(반대방향 진행)	3	• 세부 내용에 대하여 1회만 채점한다. • 반대방향으로 진행하는 경우라도 과제 5.의 다른 항목은 정상적인 사행으로 보고 적용한다.
통과간격 불량	• 부이로부터 3m 이내로 접근한 경우(부이 3m 접근) • 첫 번째 부이 전방 25m 지점과 세 번째 부이 후방 25m 지점의 양쪽 옆 각 15m 지점을 연결한 수역을 벗어난 경우 또는 부이를 사행하지 않은 경우(15m 초과, 미사행)	9	• 각 세부 내용에 대하여 2회까지 채점할 수 있다. • 부이를 사행하지 않은 경우란 부이를 중심으로 왼쪽 또는 오른쪽으로 반원(타원)형으로 회전하지 않은 경우를 말한다.
침로 이탈	• 첫 번째 부이 약 30m 전방에서 3개의 부이와 일직선으로 침로를 유지하지 못한 경우(사행진입 불량) • 세 번째 부이 사행 후 3개의 부이와 일직선으로 침로를 유지하지 못한 경우(사행 후 침로 불량)	3	각 세부 내용에 대하여 1회만 채점한다.
핸들 조작 미숙	• 사행 중 핸들 조작 미숙으로 선체가 심하게 흔들리거나 선체 후미에 급격한 쏠림이 발생하는 경우(심한 요동, 쏠림) • 사행 중 갑작스런 핸들 조작으로 선회가 부자연스러운 경우(부자연스러운 선회)	3	• 각 세부 내용에 대하여 1회만 채점한다. • 선회가 부자연스러운 경우란 완만한 곡선으로 회전이 이루어지지 않은 경우를 말한다.

(6) 급정지 및 후진

항목	세부 내용	감점	채점 요령
급정지 불량	• 급정지 지시 후 3초 이내에 속도전환 레버를 중립으로 조작하지 못한 경우(급정지 3초 초과) • 급정지 시 후진 레버를 사용한 경우 (후진 레버 사용)	4	각 세부 내용에 대하여 1회만 채점한다.
후진동작 미숙	• 후진 레버 사용 전 후방의 안전상태를 확인하지 않거나 후진 중 지속적으로 후방의 안전상태를 확인하지 않은 경우(후진방향 미확인) • 후진 시 진행침로가 ±10°이상 벗어난 경우 (후진침로 ±10°이상) • 후진 레버를 급히 조작하거나 급히 후진한 경우(후진 레버 급조작·급후진)	2	• 각 세부 내용에 대하여 1회만 채점한다. • 탑승자의 신체 일부가 후진으로 한쪽으로 쏠리거나 엔진 회전소리가 갑자기 높아지는 경우, 이 항목 세부 내용 "후진 레버 급조작·급후진"으로 채점한다. • 응시자는 시험관의 정지 지시가 있을 경우까지 후진해야 하며, 후진은 후진거리를 고려하여 15초에서 20초 이내로 한다.

(7) 인명구조

항목	세부 내용	감점	채점 요령
물에 빠진 사람에의 접근 불량	• 물에 빠진 사람이 있음을 고지 한 후 3초 이내에 5놋트 이하로 속도를 줄이고 물에 빠진 사람의 위치를 확인하지 않은 경우(3초 이내 물에 빠진 사람 미확인) • 물에 빠진 사람이 있음을 고지한 후 5초 이내에 물에 빠진 사람이 발생한 방향으로 전환하지 않은 경우(5초 이내 물에 빠진 사람 발생방향 미전환) • 물에 빠진 사람을 조종석 1m 이내로 접근시키지 않은 경우(조종석 1m 이내 접근 불량)	3	• 각 세부 내용에 대하여 1회만 채점한다. • 물에 빠진 사람의 위치 확인 시 확인 유·무를 말로 표시하지 않은 경우도 미확인으로 채점한다.
속도조정 불량	• 물에 빠진 사람 방향으로 방향 전환 후 물에 빠진 사람으로부터 15m 이내에서 3놋트 이상의 속도로 접근한 경우(3놋트 이상 접근) • 물에 빠진 사람이 시험선의 선체에 근접하였을 경우 속도전환 레버를 중립으로 하지 않거나 후진 레버를 사용한 경우(레버 미중립, 후진 레버 사용)	3	각 세부 내용에 대하여 1회만 채점한다.
구조실패	• 물에 빠진 사람(부이)과 충돌한 경우(물에 빠진 사람과 충돌) • 물에 빠진 사람이 있음을 고지한 후 2분 이내에 물에 빠진 사람을 구조하지 못한 경우(2분 이내 구조 실패)	6	• 각 세부 내용에 대하여 1회만 채점한다. • 시험선의 방풍막을 기준으로 선수부(船首部)에 물에 빠진 사람이 부딪히는 경우에는 충돌로 채점한다. 다만, 바람, 조류, 파도 등으로 시험선의 현측(舷側)에 가볍게 접촉하는 경우는 제외한다. • 물에 빠진 사람을 조종석 1m 이내로 접근시키지 않은 경우에는 응시자로 하여금 다시 접근하도록 해야 한다.

(8) 접안(接岸)

항목	세부 내용	감점	채점 요령
접근속도 불량	계류장으로부터 30m의 거리에서 속도를 5놋트 이하로 낮추어 접근하지 않은 경우 또는 계류장 접안 위치에서 속도를 3놋트 이하로 낮추지 않거나 속도전환 레버가 중립이 아닌 경우(후진을 사용하는 경우를 포함한다) (접안속도 초과)	3	• 세부 내용에 대하여 1회만 채점한다. • 접안 시 시험관은 정확한 접안 위치를 응시자에게 알려주어야 한다.
접안 불량	• 접안 위치에서 시험선과 계류장이 1m 이내의 거리로 평행이 되지 않은 경우(평행상태 불량) • 계류장과 선수(船首) 또는 선미(船尾)가 부딪친 경우(계류장 충돌) • 접안 위치에 접안을 하지 못한 경우(접안 실패)	3	• 각 세부 내용에 대하여 1회만 채점한다. • 선수란 방풍막을 기준으로 앞쪽 굴곡부를 지칭한다.

SECTION 03 / 조종면허 실기시험 절차 및 방법

※ 다음의 실기시험 절차 및 방법은 일반적인 절차를 가장 간략하게 정리한 것입니다. 따라서, 실기 시험장에 따라 약간의 차이가 있을 수 있음을 주의하시기 바랍니다.

구분	시험관(명령어)	응시생(조치사항)
1	응시번호 ○○○번 앞으로 나와 준비하십시오.	• 구명조끼 착용(몸에 꼭 맞게 착용)
2	출발 전 점검하십시오.	• 배터리확인, 엔진확인, 연료확인, 예비노확인, 구명부환확인, 소화기확인, 나침반 및 각종계기판확인, 핸들유격확인, 자동정지줄확인, 레버중립확인(10개)
3	시동하십시오.	• 자동정지줄 착용(구명조끼 고리에 착용) 후 시동
4	이안하십시오.	• 계류줄 풀어주시고 배 좀 밀어주십시오.
5	나침의 방위, ○○도로 출발하십시오.	• 전·후·좌·우 확인(시선을 돌려준다) • 15초 이내 출발침로 ±10° 이내 유지(1500~2000 RPM)
6	10~15노트로 증속하십시오.	• 변침속력(10~15노트, 3400~4000 RPM) 유지 • 서서히 증속
7	나침의 방위, ○○도로 변경하십시오.	• 변침 방향 확인(변침 방향으로 시선을 돌려준다) • 15초 이내 지시각도 ±10° 이내로 변침
8	현 침로 ○○도 유지	• 현 침로 ±10° 이내 10초 동안 유지
9	증속하여 활주상태를 유지하십시오.	• 15초 이내 활주상태(4300~5000 RPM) 유지 • 저속 및 과속 금지
10	사행 준비하십시오.	• 부이 3개가 일직선 되게 침로 유지
11	사행 시작	• 부이 왼쪽으로 진입 • 부이 3m 이내로 접근하지 않고 15m 이내로 통과
12	급정지	• 급정지 지시 후 3초 이내 속도전환 레버 중립
13	현 침로 유지하면서 후진하십시오.	• 후진방향 확인 • 후방 침로 ±10° 이내 유지
14	정지하십시오.	• 레버 중립
15	나침의 방위, ○○도 출발하십시오.	• 전·후·좌·우 확인(시선을 돌려준다)
16	증속, 활주상태 유시하십시오.	• 활주상태(4300~5000 RPM) 속력 유지
17	좌(우)현 익수자 발생	• 익수자 확인(시선을 돌려준다) • 감속(1200 RPM) → 익수자 확인 → 좌(우)현 방향전환 → 2분 이내 조종석 1m 이내로 익수자에게 접근
18	○번 계류장에 접안하겠습니다. 출발하십시오.	• 전·후·좌·우 확인(시선을 돌려준다) • 접안속도 초과금지 : 계류장으로 부터 30m 거리에서 5노트(1200 RPM) 속도 이하로 접근 • 평행상태 불량 : 시험선이 계류장과 1m 이내 평행 • 계류장과 충돌주의
19	수고하셨습니다. 엔진 정지하십시오.	• 엔진 정지

최신판!

동력수상레저기구
조종면허시험 1·2급 필기+실기

2026년 01월 05일 인쇄
2026년 01월 20일 발행

편　저　수상레저연구회
발행처　(주)도서출판 책과상상
등록번호　제2020-000205호
발행인　이강복
주　소　경기도 고양시 일산동구 장항로 203-191
대표전화　(02)3272-1703~4
팩　스　(02)3272-1705
홈페이지　www.sangsangbooks.co.kr

ISBN 979-11-6967-247-4
Copyright© 2026　Book & SangSang Publishing Co.

정가 : 17,000원

※저자와의 협의하에 인지를 생략합니다.